A Cinética do Invisível

Coleção Estudos
Dirigida por J. Guinsburg

Equipe de realização – Edição de Texto: Adriano Carvalho Araujo e Sousa; Revisão: Marcio Honorio de Godoy; Sobrecapa: Sergio Kon; Produção: Ricardo W. Neves e Raquel Fernandes Abranches.

Matteo Bonfitto

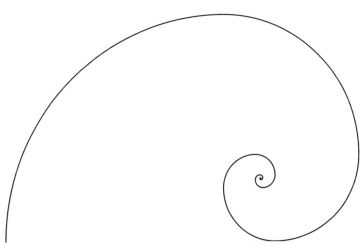

A CINÉTICA DO INVISÍVEL

PROCESSOS DE ATUAÇÃO
NO TEATRO DE PETER BROOK

PREFÁCIO: DAVID BRADBY

Dados Internacionais de Catalogação na Publicação (CIP)
(Câmara Brasileira do Livro, SP, Brasil)

Bonfitto, Matteo
A cinética do invisível : processos de atuação no teatro de
Peter Brook / Matteo Bonfitto. – São Paulo: Perspectiva:
Fapesp, 2009. – (Estudos ; 268)

ISBN 978-85-273-0865-6

1. Brook, Peter – Crítica e interpretação 2. Teatro – História
e crítica I. Título. II. Série.

09-07118   CDD-809.2

Índices para catálogo sistemático:

1. Teatro : História e crítica   809.2

Direitos reservados à
EDITORA PERSPECTIVA S.A.

Av. Brigadeiro Luís Antônio, 3025
01401-000 São Paulo SP Brasil
Telefax: (011) 3885-8388
www.editoraperspectiva.com.br

2009

Sumário

Prefácio xv

Introdução xix

1. Do Intraculturalismo ao Transculturalismo: Exploração,
   Expansão, Conexão 1

   Treinamento como Poiesis: *Ampliando o
   Campo Perceptivo* 3
   *Modos de Improvisação e Forma Flutuante:
   O Ator Mensageiro.* 43

2. Investigando a Arte de Contar Histórias: Um
   Catalisador Teatral. 83

   *Uma Fissura Operacional: Explorando
   Narrativas.* 83
   *Da Fluidez ao Momento Presente: Um Modelo
   Gerativo* 92

3. Rede de Tensões: O Contador de Histórias
no Teatro de Peter Brook 169

Entre o Pessoal e o Impessoal: Não-Ação,
Vazio, Não-Eu 170
Intenção e Intensão: Perseguindo o Não-Saber ... 185
Destilando o Invisível. 197

Apêndice. 209

Entrevistas 210
Workshops *e Experiências Práticas* 215
Compondo o Invisível: Performa. 227

Bibliografia 237

Para Gisela Dória, materializadora
de muitos invisíveis

Para Bibi, Pedro e Isabella,
cujos percursos tenho o privilégio
de acompanhar

Agradecimentos

Agradeço primeiramente ao prof. David Bradby, meu orientador, pelo apoio e generosidade.

Alison Hodge, minha coorientadora, por me fazer perceber, de maneira ao mesmo tempo delicada e profunda, que as práticas de atuação podem ser complexas e estimulantes fontes de conhecimento.

Yoshi Oida, Tapa Sudana e Sotigui Kouyaté: "Mais-Que-Atores".

Georges Banu, Eugenia Casini-Ropa, Jacó Guinsburg, Sílvia Fernandes Telesi, Luiz Fernando Ramos, pelo apoio e interlocução.

Cassiano Sydow Quilici, pela generosidade e pelas observações que tornaram esse trabalho mais preciso.

Yedda Carvalho Chaves, que testemunhou o desenvolvimento dos diferentes estágios dessa pesquisa.

Capes, instituição que concedeu a minha bolsa de estudos, sem a qual esse trabalho não se realizaria.

Fapesp, que apoiou a publicação deste trabalho.

Minha família, pelo amor permanente e incondicional.

Os seres humanos atuam somente quando no sentido pleno da palavra, são seres humanos, e eles são completamente seres humanos somente quando atuam.

F. SCHILLER. Carta XV, *Cartas sobre a Educação Estética da Humanidade.*

Prefácio

A análise feita por Matteo Bonfitto sobre Peter Brook é tão útil quanto original. Se levarmos em consideração a vasta literatura crítica produzida sobre o trabalho de Brook até o momento, praticamente em sua totalidade diz respeito ao seu *status* como diretor e ao exame de suas contribuições para o desenvolvimento da arte do diretor teatral no século xx. O trabalho de Bonfitto é produto de uma nova abordagem: visa explorar e entender a filosofia que sustenta os processos de atuação e que fazem com que o trabalho da companhia de Brook seja tão excepcional. Seguindo esse percurso, Bonfitto nos faz perceber inúmeras questões relacionadas seja com a prática dos atores que colaboraram com Brook ao longo dos anos, seja com a teoria e a prática produzidas pelo diretor inglês residente na França há mais de trinta anos. Enfatizando a natureza colaborativa da arte teatral produzida por Brook e seus atores, Bonfitto abre caminho para um novo e mais eficaz entendimento dos aspectos que tornam o trabalho desse diretor, mundialmente conhecido, tão diferenciado.

Uma vez que a carreira criativa de Brook atravessa um período de mais de cinquenta anos, teria sido fácil para Bonfitto optar por concentrar a sua análise somente sobre um período específico. Ele poderia, por exemplo, ter escolhido examinar somente o trabalho do Centre International de Création Théâtrale (CICT) – no teatro Les Bouffes du Nord, em Paris, produzido desde 1973. Mas Bonfitto optou por um caminho mais desafiador, que se revelou mais gratificante. Ele inicia o seu estudo a respeito do trabalho de Brook com os processos de atuação escolhendo o período de *O Teatro da Crueldade* que foi apresentado na The London Academy of Music and Dramatic Art (Lamda) no início dos anos de 1960, e a partir daí ele examina o desdobramento das ideias e práticas de Brook, materializadas nas produções feitas junto à Royal Shakespeare Company durante a mesma década. Somente após ter abordado esse ponto é que Bonfitto se voltará para o que poderíamos chamar de recomeço da carreira de Brook, que se tornou possível quando o diretor fixou o seu grupo internacional em Paris no início dos anos de 1970.

O seu estudo explora as ideias de Brook relacionadas ao treinamento do ator, ao processo de ensaios e aos processos criativos de diversos espetáculos. Ele demonstra que, em contraste com muitos outros diretores, Brook não seguiu simplesmente as necessidades produzidas em cada espetáculo, mas, involuntariamente ou não, produziu um tipo particular de modelo, complexo e coerente ao mesmo tempo, para práticas criativas no teatro, e que envolve tanto a dimensão ética quanto a criativa. Nesse percurso, Bonfitto aborda em detalhe as relações entre as práticas desenvolvidas por Brook, e aquelas produzidas: seja por grandes precursores tais como Zeami, Stanislávski, Artaud e Feldenkrais; seja por um grupo de diretores contemporâneos os quais Brook admira, Grotóvski em particular. Como resultado dessas explorações, Bonfitto consegue revelar os modos através dos quais Brook desenvolveu o que é chamado no ensaio de modelo gerativo, que examina um percurso que envolve desde os primeiros ensaios até a apresentação dos espetáculos.

Um leque de referências filosóficas serviu como fonte de inspiração para Bonfitto, possibilitando assim uma análise crítica em relação aos estudos já existentes. Ele encontrou estímulos, igualmente em sua experiência direta através de *workshops* e entrevistas feitas com três importantes colabora-

PREFÁCIO XVII

dores de Brook: Yoshi Oida, Tapa Sudana e Sotigui Kouyaté. Aí, Bonfitto consegue demonstrar de maneira eficaz como o modelo gerativo opera. Escrito na primeira década do século XXI, Bonfitto está atento para os debates em curso sobre a natureza da atuação. Ele questiona ideias vigentes, segundo as quais a personalidade do ator representa o principal material de sua arte, e pergunta se os processos significativos de atuação não poderiam ser vistos também como o desenvolvimento de uma experiência que pode ser denominada "impessoal". Tal ideia é examinada à luz da longa influência de Gurdjieff sobre o trabalho de Brook, assim como em função de seu interesse pela filosofia budista. As afinidades estéticas de Brook encontram ressonâncias perceptíveis com o pensamento Zen, e Bonfitto nos mostra como tais afinidades são, de certa forma, traduzidas em termos éticos e estéticos em seus espetáculos.

Para Brook, todo teatro digno desse nome revela uma dupla necessidade: a de investigar rigorosamente os processos sensíveis do ser humano e seus modos criativos mais eficazes; e, ao mesmo tempo, a de permanecer aberto a todas as ocorrências do mundo exterior, fenomênico. Isso significa que as descobertas feitas pelos atores que embarcam nessa viagem de exploração com Brook necessitam ser reavaliadas constantemente, através do embate com diferentes tipos de público, procurando perceber o *feedback* dado por eles. É esse intrínseco processo de mão-dupla, que envolve qualquer criação teatral, que faz o trabalho de Brook ser ao mesmo tempo profundo e em sintonia com as carências presentes em diferentes comunidades nesse início de século. Assim, a determinação de Bonfitto em investigar não somente as ideias, discursos e espetáculos, mas principalmente os processos criativos colocados em prática pelos atores de Brook é o fator determinante para que este estudo seja verdadeiramente pioneiro.

Em um de seus escritos, Brook escreveu que vê a sua vida como uma longa viagem repleta de descobertas; Bonfitto, também, fez uma longa viagem, do Brasil para Londres e Paris, e mais tarde de volta ao Brasil. Sua investigação sobre as mentalidades, sobre a poesia e sobre os processos criativos que encontrou em suas viagens é vital para todos aqueles que se interessam pelo futuro do teatro e contribuem para a sua construção e renovação.

David Bradby
Pesquisador teatral, escritor e tradutor. Professor emérito
de Teatro e Drama da Royal Holloway University of London

Introdução

Pôr-do-sol silencioso. Lentamente, sons pouco familiares se tornam mais e mais perceptíveis... suas vibrações produzem a visualização de imagens sobrepostas. Pode-se sentir o aroma de diferentes tipos de flores... Um homem aparece. Suas palavras preenchem imediatamente o espaço, tornando-o mais denso. Há três pedras colocadas no centro de um círculo, elas se assemelham, mas não têm o mesmo tamanho. Outro homem, quase desprovido de peso, atravessa meu olhar... O encontro entre um rapaz e uma garota transforma completamente a atmosfera... Eles não se movem simplesmente, eles deslizam suavemente sobre uma superfície coberta de areia... Uma trama está sendo encenada. Mas o que está acontecendo não é somente a representação de partes selecionadas de uma história. Há algo relacionado às ações... Que as permeiam, e as fazem dilatar, flutuar... Por que eu as percebo dessa maneira? Como elas produzem esse efeito?... Os músicos param de tocar. Novamente silêncio, mas esse é um silêncio diferente, particular... Só agora me dei conta que anoiteceu...

Essas são memórias fragmentadas de uma experiência inesquecível, registradas em um pequeno caderno de anotações: a apresentação ao ar livre de *A Tempestade* de Shakes-

XX A CINÉTICA DO INVISÍVEL

peare, espetáculo dirigido por Peter Brook. Tal apresentação ocorreu em julho de 1991 num parque de Verona, na Itália. Foi a primeira vez que experienciei um espetáculo com os atores do Centro Internacional de Criação Teatral (CICT), que tive um contato direto com eles. Fui então tocado por uma corrente de estímulos, sensações e sentimentos que não podiam ser traduzidos em palavras. Tais estímulos, sensações e sentimentos ficaram guardados em mim por muitos anos. Tornei-me ator, e, mesmo com o passar do tempo, esse espetáculo permaneceu como um evento para o qual eu sabia que deveria olhar novamente. Nesse sentido, a possibilidade de examinar os processos de atuação no teatro de Peter Brook representou a oportunidade de re-habitar aquele lugar, e retornar para aquela tarde em que o tempo fluiu de maneira inusitada e a visão não produziu somente imagens descritíveis.

Aspectos importantes relacionados à atuação serão examinados aqui, cobrindo um horizonte que atravessa desde questões gerais, tais como o treinamento do ator, a improvisação, a criação de seres ficcionais, até elementos mais complexos e sutis, como a tensão entre o pessoal e o impessoal, a alteridade, a intencionalidade e a individuação, dentre outros. O treinamento do ator é visto nesse caso como *poiesis*. Nesse sentido, ele não representa a aplicação de modelos preestabelecidos, mas é percebido como uma combinação de procedimentos que emergem da "lógica da prática" do ator. Modos diferenciados de improvisação são analisados separadamente e mais tarde articulados, produzindo assim implicações significativas, como por exemplo as "formas flutuantes", que podem gerar, por sua vez, diferentes categorias de seres ficcionais. A partir da abordagem desenvolvida por Brook sobre a arte de contar histórias (*storytelling*), verifica-se também nesse estudo os processos envolvidos na produção da fluidez na atuação assim como aqueles relacionados com o que podemos chamar de "momento presente". Portanto, a relevância dessa pesquisa é resultante não somente da análise desenvolvida sobre o trabalho do ator no teatro de Peter Brook – análise que cobre mais de quatro décadas de experimentações –, mas é resultante também da variedade e da amplitude dos processos focalizados aqui.

Sendo assim, esta pesquisa pode ser considerada complementar em relação àquela feita por mim anteriormente em *O Ator Compositor*, publicada em 2002. Em ambos os casos, a elaboração conceitual emergiu diretamente das experiências práticas vividas em primeira pessoa, como ator. No entanto, se no trabalho anterior o objetivo foi refletir, a partir da ação física, sobre a dimensão palpável que constitui o ofício do ator, aqui procurou-se investigar processos mais subjetivos, quase impalpáveis, que o permeiam, independentemente dos gêneros e opções estéticas que possam caracterizá-lo. Ou seja, buscou-se aqui lidar, através das práticas desenvolvidas por Brook e seus atores, com um aspecto extremamente complexo e fugidio: o invisível na atuação.

A questão do invisível permeia a nossa existência em muitos níveis. Seja nas ciências, nas filosofias, nas religiões e nas artes, nos deparamos inevitavelmente com a relação, ou seria melhor dizer com a tensão, que envolve, de um lado, o ver/não-ver; e do outro o saber, o perceber, o sentir, o imaginar, e o criar. O saber pode nos fazer ver ou não ver, assim como o não saber pode gerar as mesmas possibilidades. A visão, assim como os outros sentidos, não é simplesmente objetiva; ela não é pura nem neutra. A visão tem muitas camadas que não se cristalizam necessariamente. Ela é catalisadora de muitos processos, fato que a torna, por sua vez, indissociável do invisível. É nesse sentido que podemos compreender a tensão mencionada acima, na medida em que consideramos o ver e o não ver não como fatos que se excluem, mas como polos de um *continuum* que envolve as impressões, as sensações, as percepções, os sentimentos, as ideias... Neste caso, tal tensão foi investigada a partir de alguns processos de atuação do ator. Sem pretender esgotar o tema, a atenção foi dirigida aqui para uma grande variedade de ocorrências expressivas que não são vistas, mas podem ser captadas e percebidas, seja pelo ator, seja pelo espectador. Uma das implicações que emerge deste olhar é o emprego neste ensaio do termo "atuar". Esta palavra foi aqui ressignificada, passando a funcionar como um verbo que envolve as conotações produzidas ao mesmo tempo pelo verbo inglês *to play* e pelo verbo francês *jouer*. Dessa forma, as expressões "atuar a personagem" ou "atuar determinado material" estão relacionadas a processos de criação do ator em que a personagem em foco e/ou o material utilizado são investidos tentativamente de significados polissêmicos.

Por fim, é importante esclarecer que, mesmo sendo este um estudo crítico sobre processos artísticos, as conclusões apresentadas aqui não devem ser vistas como fixas ou definitivas. Elas constituem elaborações que podem ser úteis para o desenvolvimento de investigações práticas e teóricas que tenham algum nível de relação com a atuação. Tais conclusões podem, assim, funcionar como estímulos e produzir novas reflexões e práticas; elas têm como objetivo primeiro perceber a complexidade associada à atuação do ator. Portanto, ainda que a análise de vários aspectos relacionados ao trabalho de Peter Brook represente o seu eixo principal, esta pesquisa é antes de tudo um convite ao leitor para que ele testemunhe a construção de um diálogo dinâmico entre prática e teoria, entre experiência e elaboração, em relação a um campo específico do saber: o trabalho do ator.

1. Do Intraculturalismo ao Transculturalismo:

Exploração, Expansão, Conexão

O percurso artístico de Peter Brook no teatro é geralmente dividido em três fases, tal como descrito por Marshall e Williams[1]. De acordo com essa divisão, a primeira fase cobre o período de 1945 a 1963, e corresponde ao período do aprendizado profissional de Brook, durante o qual ele trabalhou "em um contexto teatral variado, explorando diferentes formas e estilos"[2]. Em relação à segunda fase (1964-1970), chamada por Trewin de "teatro do distúrbio"[3], ela constituiu um período de reavaliação e maturação profissional. Finalmente, o terceiro período compreende o trabalho desenvolvido por Brook e seus atores desde 1970, que inicia com a abertura do Centro Internacional de Pesquisa Teatral (CIRT).

Dentre os vários aspectos que caracterizam as fases mencionadas acima, um processo pode ser observado no trabalho de Brook, o qual, em termos pavisianos, pode ser referido como um movimento que inicia com o intraculturalismo e vai

---

1 Ver Peter Brook: Transparency and the Invisible Network, em A. Hodge (org.), *Twentieth Century Actor Training*.
2 Idem, p. 174. A não ser nos casos em que houver uma indicação específica, todas as traduções presentes nesse estudo foram feitas pelo autor.
3 *Peter Brook: A Biography*, p. 199.

2   A CINÉTICA DO INVISÍVEL

em direção ao transculturalismo[4]. De fato, enquanto nos anos de 1940 e 1950 questões e tradições nacionais haviam atraído a atenção do diretor inglês, dos anos 60 em diante as práticas desenvolvidas por ele e seus atores são permeadas progressivamente pela busca de valores, princípios e qualidades que transcendem culturas específicas a fim de capturar a universalidade da condição humana[5]. É útil notar, nesse sentido, os valores e potencialidades atribuídas por ele ao teatro elizabetano e, especialmente, a Shakespeare. Se durante os anos de 1940 e 1950 Brook tentou "resgatar" procedimentos associados por ele ao teatro elizabetano a fim de construir sua identidade profissional como diretor, depois dos anos de 1960 o teatro elizabetano e Shakespeare tornaram-se para ele modelos de princípios universais[6]. Dessa forma, aspectos relacionados com uma visão transcultural permearam progressivamente o discurso e a prática de Brook desde os anos de 1960. Implicações desse processo serão discutidas ao longo deste ensaio.

Dada a extensão do trabalho produzido por Brook no teatro, a divisão em fases mencionada acima representa um instrumento útil para que pesquisadores tenham uma ideia mais clara dos contrastes reconhecíveis associados ao seu percurso artístico. De qualquer forma, como descrito na introdução, processos de atuação representam o foco principal desta pesquisa. Consequentemente, é possível dizer que, se por um lado a divisão em fases tem uma função instrumental, por outro, quando analisada do ponto de vista da atuação, tais fronteiras temporais relacionadas ao trabalho de Brook podem ser questionadas.

---

4 Ver P. Pavis (org.), *The Intercultural Performance Reader*, p. 5-6.
5 Conforme apontado por David Williams, Brook parece adotar duas concepções de cultura: "Primeiramente, ele se refere à cultura como sendo uma delimitação artificial, uma dimensão empobrecida por dados naturalizados, construídos por esteriótipos", e ao mesmo tempo ele parece reconhecer a existência de uma "cultura originária", que necessita ser restaurada, ver D. Williams, "Remembering the Others that Are Us": Transculturalism and Myth in the Theatre of Peter Brook, em P. Pavis (org.), op. cit., p. 72. Através de seu trabalho no teatro, Brook parece querer restaurar essa cultura originária. Seu transculturalismo emerge precisamente disso, uma vez que, a seu ver, tal cultura originária transcenderia culturas particulares.
6 Ver P. Brook, Tell me Lies in America, *The Times*; *The Shifting Point*, p. 69-102; *The Open Door*, p. 119-144; *Evoking Shakespeare (and Forgetting!)*.

DO INTRACULTURALISMO AO TRANSCULTURALISMO 3

Conforme apontado por Zarrilli, a construção de uma consciência crítica em relação à atuação implica no reconhecimento de uma atividade dinâmica, que envolve "a complex, ongoing set of intellectual and psychophysiological negotiations" (um complexo processo de negociações intelectuais e psicofisiológicas)[7]. Nesse sentido, enquanto o percurso de Brook como diretor teatral permite o reconhecimento de mudanças localizadas temporalmente, quando consideramos suas investigações no campo da atuação, o estabelecimento de fronteiras torna-se uma tarefa muito mais árdua. *Marat/Sade* (1964), por exemplo, pode ser considerada uma produção que marca o início da segunda fase de sua carreira. No entanto, a complexidade de *Marat/Sade* em termos de atuação é percebida de maneira mais efetiva se relacionada com o trabalho feito anteriormente, em *O Teatro da Crueldade* (1964). De fato, *Marat/Sade* funcionou como um catalisador de processos colocados em prática durante as experimentações apresentadas no teatro da LAMDA[8]. Da mesma forma, se considerarmos a exploração de processos improvisacionais por Brook e seus atores, *O Teatro da Crueldade* pode ser visto como o ponto extremo de um *continuum* que iniciou em *O Balcão* (1960) e *Moderato Cantabile* (1960) e foi desenvolvido ulteriormente em *Rei Lear* (1962).

No entanto, conforme dito anteriormente, o objetivo deste estudo não é reconstituir a carreira teatral de Brook em termos gerais, mas sim examinar alguns dos aspectos mais relevantes relativos à atuação, colocados em prática por ele e seus atores ao longo do tempo, desde o início dos anos de 1960. A fim de perseguir esse objetivo, três aspectos inter-relacionados serão examinados nesse capítulo: treinamento, improvisação e forma.

TREINAMENTO COMO *POIESIS*: AMPLIANDO O CAMPO PERCEPTIVO

Apesar do treinamento do ator no Ocidente ter sido sistematizado primeiramente por Konstantin Serguêievitch

---

7 P. Zarrilli (org.), *Acting (Re)considered*, p. 2.
8 As experimentações relativas a *O Teatro da Crueldade* foram apresentadas no teatro da London Academy of Music and Dramatic Art (LAMDA).

4 A CINÉTICA DO INVISÍVEL

Stanislávski, a tentativa de produzir resultados consistentes nessa área através de uma combinação de práticas já havia sido feita anteriormente por outros, tais como Konrad Ekhof, que em 1753 criou a Theatralische Akademie[9]. É interessante notar como o treinamento do ator cumpriu diferentes funções ao longo do tempo no Ocidente. Se até o trabalho desenvolvido por Stanislávski a exploração do treinamento do ator seguia, na maioria das vezes, necessidades utilitárias, preparando os atores para a caracterização das personagens, mais tarde a relação entre treinamento e produção de resultados artísticos tornou-se muito mais complexa. O treinamento do ator envolveu progressivamente procedimentos relacionados ao trabalho sobre si mesmo, que passou assim a representar um estágio que precede à criação artística. Graças não somente a Stanislávski, mas também a François Delsarte, Edward Gordon Craig, Adolphe Appia, Émile Jacques-Dalcroze, Meierhold, Evguéni Vakhtángov, Jacques Copeau, Dullin, entre muitos outros, o treinamento do ator adquiriu, ao longo do tempo, um valor em si mesmo: "o treinamento não ensina a atuar, a ser hábil, ele não prepara para a criação"[10].

A fim de analisar o treinamento do ator no trabalho de Peter Brook, um percurso específico será seguido nessa seção. A atenção será voltada aqui para práticas desenvolvidas por ele e seus atores entre 1964 e 1970. Dessa forma, alguns aspectos serão apontados, tais como a relação entre essas práticas e procedimentos associados a sistemas de atuação e formulações nessa área, por exemplo, aqueles concebidos por Stanislávski, Bertolt Brecht, Jerzy Grotóvski e Antonin Artaud. Além disso, analogias com outras referências, como o *happening*, serão igualmente estabelecidas.

No entanto, as práticas desenvolvidas por Brook e seus atores durante o período mencionado acima não serão examinadas aleatoriamente, mas através do processo de criação

---

9 Ekhof buscou desenvolver uma abordagem segundo a qual a atuação seria o resultado de uma espécie de gramática. Sua tentativa é considerada por Molinari como o esforço mais completo e orgânico de construção de um treinamento do ator antes de Stanislávski. Ver Cesare Molinari, Le antiche scuole di teatro, em N. Savarese e C. Brunetto (orgs.), *Training!*, p. 45.

10 E. Barba, Le Protagoniste absent, em E. Barba; C. Müller (orgs.), *Le Training de l'acteur*, p. 85-86.

DO INTRACULTURALISMO AO TRANSCULTURALISMO

de seis espetáculos dirigidos por ele: *O Teatro da Crueldade*; *Marat/Sade*; *US* (1966); *Édipo* (1968); *A Tempestade* (1968); e *Sonho de uma Noite de Verão* (1970). Olharemos para esses processos de criação separadamente. Como resultado, a análise de cada um deles revelará uma específica rede de inferências e associações. Uma vez concluída essa análise, verificar-se-á em que nível a combinação de práticas de atuação que foram exploradas por Brook e seus atores nesses casos pode ser considerada como treinamento do ator.

*Analisando Processos Criativos –
de* O Teatro da Crueldade *à* Sonho

O Processo Criativo de *O Teatro da Crueldade*

Nesse caso, um grupo experimental filiado ao Royal Shakespeare Company foi dirigido por Brook em parceria com o diretor americano Charles Marowitz[11]. Baseado nas notas escritas por este último[12], é possível trabalhar com a hipótese de que o processo de criação de *O Teatro da Crueldade* envolveu vários aspectos elaborados por Stanislávski. Mesmo sendo genéricas, as instruções dadas por Brook e Marowitz aos atores podem ser relacionadas às circunstâncias dadas. Além disso, outros elementos apontados por Marowitz podem ser associados ao sistema criado pelo artista russo, por exemplo: a conexão entre intenção e emoção; a procura pelo contato; e a necessidade de executar ações em vez de conceitos[13]. De qualquer forma, um problema emerge nesse caso. Como referido por Marowitz em suas notas, durante os ensaios ele e Brook tinham

---

11 Charles Marowitz e Brook se conheceram no início dos anos de 1960. Marowitz era então um dos editores da revista *Encore* e logo depois ele foi convidado para trabalhar como diretor assistente na produção de *Rei Lear*. Como resultado dessa colaboração, e dado que "eles compartilhavam a mesma admiração por Artaud", ver C. Marowitz, Peter Brook at Eighty, *Swans Commentary*, em <www.swans.com/library/art11/cmarow19.html>. Brook o convidou novamente para codirigir *O Teatro da Crueldade*.

12 Notes on the Theatre of Cruelty, *The Tulane Drama Review*, n. 21.

13 Idem, p. 155-157, 160, 162, 167-168.

6 A CINÉTICA DO INVISÍVEL

pontos de vista diferentes sobre como explorar, na prática, o método de Stanislávski.

Eu senti a necessidade de partir do zero, de mergulhar os atores em exercícios elementares do método antes de demolir a ética stanislavskiana. Brook discordou. Para ele o nível dos atores nos permitia iniciar o trabalho experimental diretamente. Julguei essa decisão um erro, pois Stanislávski era a gramática através da qual nós iríamos construir uma nova sintaxe completamente diferente e eu queria que essa base fosse conquistada antes de mudar de direção[14].

Em suas notas, Marowitz estabelece conexões entre as práticas desenvolvidas pelos atores e os procedimentos associados com o sistema de Stanislávski, expressando uma visão pessoal sobre o processo criativo de *O Teatro da Crueldade* não compartilhada por Brook. Nesse caso, em relação às explorações de práticas stanislavskianas, não é possível ir além das hipóteses descritas acima.

Por outro lado, a importância de Artaud é clara no processo criativo de *O Teatro da Crueldade*. Mesmo não sendo a exata reconstrução de suas ideias, a influência das formulações de Artaud pode ser aqui facilmente reconhecida[15]. O trabalho sobre as sonoridades, por exemplo, pode ser relacionado com a maneira pela qual Artaud propôs a produção de qualidades metafísicas através da materialização da palavra falada, que visa "fazer com que a palavra transmita o que ela não transmite normalmente. Ou seja, usá-la em uma nova, inusual forma [...] fragmentá-la e distribuí-la ativamente no espaço"[16]. Influenciados por Artaud, Brook e Marowitz consideravam as sonoridades vocais fontes de vibrações e ressonâncias que afetam a percepção e produzem associações. Além

---

14 Idem, p. 154.

15 Brook conheceu os escritos de Artaud ao menos três anos antes do início dos ensaios de *O Teatro da Crueldade*. De fato, alguns aspectos tais como o "teatro necessário", a conexão entre teatro e vida, e a natureza da personagem, os quais foram explorados nesse processo, já tinham sido referidos por Brook em um artigo publicado em 1961 intitulado "Search for a Hunger" (Em Busca da Fome). Nesse artigo, os aspectos mencionados acima foram associados a passagens extraídas de *O Teatro e seu Duplo* de Artaud.

16 A. Artaud, *O Teatro e Seu Duplo*, p. 51.

DO INTRACULTURALISMO AO TRANSCULTURALISMO 7

disso, eles exploraram movimentos, ações e gestos a fim de reduzir a função utilitária normalmente assumida pela palavra. Enquanto o trabalho com a palavra desenvolvido anteriormente, por exemplo, em *Medida por Medida* (1950) e *Rei Lear* (1962), envolveu a articulação entre ritmo e entonação, agora Brook e Marowitz desejavam que os atores incorporassem o que Artaud chamou de linguagem física: "Mais urgente me parece determinar em que consiste essa linguagem física, essa linguagem material e sólida através da qual o teatro pode se distinguir da palavra [...] Esta linguagem feita para os sentidos deve antes de mais nada tratar de satisfazê-los"[17].

Além das possíveis conexões com Stanislávski e Artaud, outras influências devem ser apontadas, tais como os *happenings* de Allan Kaprow. Alguns procedimentos, como a colagem e a montagem, as quais foram profundamente exploradas por Brook em *O Teatro da Crueldade*, tiveram um papel fundamental nos *happenings* criados por Kaprow desde os anos de 1950[18]. As ocorrências caleidoscópicas que agiram nesses eventos podem ser relacionadas com *O Teatro da Crueldade*, através por exemplo da colagem *The Public Bath* (O Banheiro Público) criada por Brook.

Os atores trabalharam sobre as laterais inclinadas do teatro, onde os espectadores costumavam sentar. Na extremidade de um dos corredores Glenda Jackson apareceu. Ela estava distante "fisicamente". Ela vestia – se me lembro bem – roupas convencionais de uma prostituta de alta classe: vestido preto justo, meia-calça preta, salto alto. Ela representava Christine Keeler. Então, ainda distante, ela começou a despir-se. Ela não fez um *striptease*, aquela espécie de ação que vemos normalmente em picantes *music-halls* ou clubes de *striptease*. As roupas eram simplesmente tiradas. Glenda Jackson ficou completamente nua. Uma vez nua, seu corpo tornou-se um objeto a mostra. As roupas a tornavam disponível: o corpo nu era somente aquilo – um corpo nu, frio e neutro. Ela veio, foi conduzida – por quem? Abaixou em direção à superfície do palco, ainda nua, menos distante fisicamente, mas ainda um objeto. Ela foi colocada em um banheiro público. Quando ela pisou fora da banheira, o corpo nu foi vestido com um tecido cinza-azulado.

17 Idem, p. 51-52.
18 Ver A. Kaprow, *Assemblage, Environments & Happenings*.

8 A CINÉTICA DO INVISÍVEL

Sapatos estranhos. Meias grossas. Todo o apelo sexual explorado anteriormente foi cancelado. Ela tornou-se uma prisioneira diante de nossos olhos. Ela ajoelhou-se perto da banheira. A banheira era um caixão. O caixão é carregado para fora de cena. Eu associei o caixão com a morte de Stephen Ward. Isso é o que me lembro vinte anos mais tarde. [...] Havia um juíz dizendo um texto na parte de cima das escadas. Havia homens bem vestidos brincando com ela e a manipulando. Os mesmos homens manifestaram suas condolências quando ela se ajoelhou perto do caixão. [...] O que permaneceu comigo por vinte anos foi a imagem da atriz e sua "neutralidade"[19].

Marowitz descreveu essa colagem como uma articulação entre as matérias de jornal sobre o funeral de Kennedy e o testemunho de Christine Keeler. No entanto, mais do que uma ilustração de tais eventos, essa colagem produziu uma estrutura narrativa aberta, através da qual muitas associações podem ser feitas. *O Banheiro Público* nos faz perceber diferentes aspectos gerados por processos narrativos, tais como a suposição e a sobreposição, referidos por John Holloway. De fato, o desenvolvimento das ações nesse caso produz uma espécie de espiral, através do que interpretações emergem e são mais tarde sobrepostas por outras[20]. No que diz respeito à colagem descrita acima, além da descontinuidade espaço-temporal, a exploração de actantes – em termos greimasianos, entidade "que realiza ou recebe o ato, independentemente de qualquer determinação"[21] – pode ser considerada como evidência de uma outra conexão entre Kaprow e Brook nesse caso.

O trabalho sobre narrativas não-lineares representou o núcleo central das investigações desenvolvidas em *O Teatro da Crueldade*, fato esse admitido por Brook: "estávamos tentando produzir uma expressão direta, uma forma não sustentada pela linearidade da narrativa". Muitos exercícios desenvolvi-

---

19 A. Hunt, G. Reeves, *Peter Brook*, p. 80-81.
20 De acordo com Holloway, a suposição e a sobreposição representam elementos constitutivos das estruturas narrativas, graças às quais inferências e associações podem ser produzidas em muitos níveis. Ver J. Holoway, *Narrative and Structure: Exploratory Essays*.
21 A noção de actante foi extraída por Greimas das elaborações do gramático L. Tesnière. Ver A. Greimas e J. Courtés, *Dictionnaire raisonné de la théorie du langage* apud P. Pavis, *Dicionário de Teatro*, p. 7.

DO INTRACULTURALISMO AO TRANSCULTURALISMO

dos pelos atores, tais como "cena interrompida", "improvisação descontínua", e "trocando marchas", eram permeados pela exploração desse aspecto[22]. Através do trabalho com as narrativas não-lineares, alguns elementos, como associação, flexibilidade e prontidão, foram significativamente utilizados pelos atores a fim de ativar a conexão entre processos interiores e exteriores.

Além da importância dos elementos descritos acima, é possível perceber nesses exercícios uma busca por resultados que ultrapassam a expressão individual. Em *O Teatro da Crueldade*, para Brook, talvez mais do que para Marowitz, as experiências pessoais dos atores não representaram o foco central do trabalho. Nesse caso, Brook queria produzir uma forma não sustentada pela linearidade da narrativa[23], e dessa maneira os atores eram estimulados a explorar processos actanciais. Além da definição já mencionada, em que actantes são vistos como entidades que executam ou sofrem ações, actantes aqui podem ser percebidos de maneira mais precisa, como signos ambíguos, significantes móveis, identidades instáveis em movimento. Sendo assim, actantes podem ser associados, por exemplo, com imagens, tal como exploradas por Ezra Pound. Como examinado por Schneidau, para Pound "o termo imagem remete não somente a um instrumento literário mas a uma combinação de impressões, a configurações que o leitor 'captura' algo de alguma coisa ou alguém"[24].

Apesar da frustração de Brook com relação às apresentações de *O Teatro da Crueldade* – "nossos exercícios de *O Teatro da Crueldade*, ao serem apresentados em público, levaram os atores rapidamente à variação de seus próprios clichês"[25] – muitos aspectos importantes emergiram dessa experiência, como por exemplo a exploração de diferentes modos de expressão e de recepção. No que diz respeito à primeira exploração, além do trabalho com as sonoridades e ações, os atores

---

22 A descrição desses exercícios – *disrupted-set-piece, discontinuous improvisation* e *changing gears* – assim como de outros foi feita por C. Marowitz, cf. Notes on the Theatre of Cruelty, op. cit., p. 153, 154, 163.

23 Questões relativas ao conceito de narrativa serão tratadas no segundo capítulo desse estudo.

24 *Ezra Pound: The Image and The Real*, p. 27.

25 P. Brook, Tell me Lies in America, op. cit., p. 125.

10 A CINÉTICA DO INVISÍVEL

eram solicitados, por exemplo, a interagir com pinturas feitas sobre telas, procedimento esse colocado em prática no exercício *speaking with paints* (falando com as cores)[26]. No tocante à exploração de modos de recepção, havia dois momentos no espetáculo que eram considerados livres:

um, as improvisações, as formas que mudavam todas as noites sem que os atores fossem avisados com antecedência; e dois, um momento no final da segunda parte, em que inseríamos qualquer coisa que pudéssemos considerar "especial". Na primeira noite, Brook usou esse momento para ensaiar uma cena de *Ricardo III*. Outra noite, esse momento foi usado para desenvolver um diálogo entre Brook e eu, em que questionávamos os motivos que fazem o público vir ao teatro, e o ponto nesse caso era o que estávamos fazendo ali[27].

O Processo Criativo de *Marat/Sade*

Apesar das limitadas informações disponíveis sobre os ensaios de *Marat/Sade*, espetáculo baseado no texto de Peter Weiss – *A Perseguição e o Assassinato de Jean-Paul Marat tal como Encenado pelos Pacientes do Manicômio de Charenton sob a Direção do Marquês de Sade* – alguns aspectos podem ser examinados. Vários procedimentos colocados em prática por Brook e seus atores nesse caso podem ser vistos como explorações do sistema de Stanislávski. Por exemplo, durante os ensaios os atores eram estimulados a "escavar" suas memórias pessoais com o objetivo de estabelecer conexões com o tema que estava sendo focalizado, nesse caso: a loucura. As visitas a hospitais psiquiátricos franceses e ingleses foram permeadas pelo mesmo objetivo[28]. Esses procedimentos podem ser relacionados com vários aspectos elaborados pelo artista russo, tais como a "observação ativa"; as circunstâncias dadas; e a "identificação". Práticas de matriz brechtiana foram igualmente exploradas em *Marat/Sade*. Além da presença de um narrador e a utilização de canções que exerciam uma fun-

26 Cf. C. Marowitz, Notes on the Theatre of Cruelty, op. cit., p. 164.
27 Idem, p. 166.
28 Ver A. Hunt; G. Reeves, op. cit., p. 84-86.

DO INTRACULTURALISMO AO TRANSCULTURALISMO

ção crítica no espetáculo, gerando impressões de um mundo dissonante, não harmonioso, efeitos de estranhamento foram constantemente produzidos pelos seres ficcionais criados por Weiss. Segundo Pavis, em *Marat/Sade* "cada ator trata sua personagem à sua própria maneira, procurando o *gestus* vocal que melhor corresponde à sua doença e seu papel"[29]. Em sintonia com princípios brechtianos, o *gestus* nesse caso reforçava o modo como a violência pode guiar o comportamento social em muitos níveis[30]. No tocante às formulações feitas por Artaud, durante o processo criativo de *Marat/Sade* alguns aspectos parecem ter sido aprofundados, se comparados com os ensaios de *O Teatro da Crueldade*. A procura pela linguagem física artaudiana permeou o desenvolvimento daquele processo. Contudo, a articulação entre Artaud e Stanislávski não produziu resultados satisfatórios em tal ocasião; Brook e Marowitz haviam tentado então explorar a linguagem física artaudiana através de circunstâncias dadas de Stanislávski, e tal estratégia limitou extremamente as possibilidades da investigação em termos práticos. Em contraste com esse processo, em *Marat/Sade* a identificação foi buscada pelos atores, mas a escavação de experiências pessoais, memórias etc. parece ter funcionado nesse caso somente como ponto de partida do processo criativo. Os ensaios de *Marat/Sade* envolveram progressivamente procedimentos associados com outras referências, tais como o uso artaudiano de materiais pictóricos, vistos como geradores de processos psicofísicos.

Em "A Encenação e a Metafísica", Artaud faz algumas considerações sobre o quadro *Loth et ses Filles* (Loth e suas Filhas) de Lucas Van Leyden, e nesse sentido ele escreveu: "Parece que o pintor teve conhecimento de alguns segredos relativos à harmonia linear e dos meios de fazer com que ela atue diretamente sobre o cérebro"[31]. Quando Artaud menciona o cérebro,

---

29 *A Análise dos Espetáculos*, p. 102.

30 O termo *gestus* provém do latim e significa originalmente gesto. Brecht, utilizando-o, quis enfatizar conotações sociais relativas às atitudes assumidas entre os indivíduos: "O reino das atitudes adotadas pelas personagens entre si é o que chamamos o reino do gesto. Atitude física, tom de voz e expressão facial são determinadas pelo gesto social". B. Brecht; J. Willett, *Brecht on Theatre*, p. 168.

31 Op. cit., p. 49.

ele o associa aos processos produzidos pelo sistema nervoso e, nesse sentido, sua percepção do trabalho de Van Leyden está em grande sintonia com o conceito de sensação em Gilles Deleuze. Antes de tudo porque para o filósofo francês "a sensação atua imediatamente sobre o sistema nervoso"[32] e, além disso, em função do fato de que Deleuze se refere à sensação a fim de analisar materiais pictóricos. Por sua vez, a associação entre Artaud e Deleuze está diretamente relacionada com o modo através do qual Brook e seus atores exploraram materiais pictóricos durante o processo criativo de Marat/Sade: "ele [os atores] olharam para as faces criadas por Goya não como modelos a serem imitados mas como estímulos que encorajam sua segurança para assim poder dar vazão aos mais delicados e arriscados impulsos interiores"[33]. Apesar das implicações específicas relacionadas com cada um deles, a associação entre Brook, Artaud e Deleuze é pertinente nesse caso, uma vez que para todos eles materiais pictóricos podem funcionar como fontes de processos psicofísicos.

Outro ponto de convergência entre Artaud e Brook em Marat/Sade provém da percepção específica que Brook manifestou sobre a possessão. Comentando no final dos anos de 1960 sobre o processo criativo de Marat/Sade, ele afirmou que em tal ocasião o ator "tinha que cultivar um ato de possessão"[34]. Ao invés de relacionar tal ato com rituais dionisíacos, Brook apontou na época uma conexão entre possessão e inteligência[35]. Artaud, por sua vez, associou processos de transe com o rigor e a precisão[36]. Mesmo gerando implicações específicas, em ambos os casos é possível reconhecer uma ligação entre transe ou possessão e consciência, a partir da qual o corpo-mente do ser humano pode funcionar como catalisador de processos que ultrapassam os limites da expressão pessoal.

Tendo examinado a versão cinematográfica de Marat/ Sade de Brook, é possível perceber de maneira clara a co-

---

32 G. Deleuze, Francis Bacon: The Logic of Sensation, p. 3.
33 P. Brook, Tell me Lies in America, op. cit., p. 139.
34 Idem, ibidem.
35 Idem, p. 139-140.
36 Ver A. Virmaux, Artaud e o Teatro, p. 39-42, 61-76.

1. Os trabalhos de Goya foram usados como fontes geradoras de processos psicofísicos em Marat/Sade. El de la Rollona, *da* série Los Caprichos *(1797).*

2. Frame *da versão cinematográfica de* Marat/Sade *dirigida por Brook (1966). Em cena, Susan Williamson atua a personagem Simone Everard e Ian Richardson atua Jean-Paul Marat.*

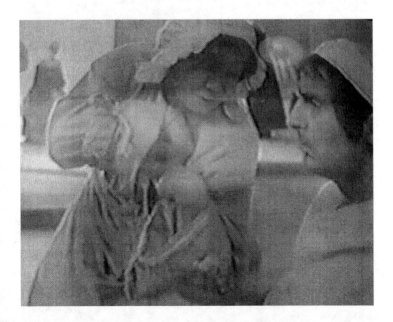

14 A CINÉTICA DO INVISÍVEL

nexão já mencionada entre essa produção e aquela anterior, ou seja, *O Teatro da Crueldade*. Nelas, o trabalho do ator foi profundamente permeado pela exploração de associações, flexibilidade e prontidão, a fim de ativar conexões dinâmicas entre processos interiores e exteriores. De qualquer forma, se em *O Teatro da Crueldade* esses elementos e processos haviam sido explorados com o objetivo de desenvolver uma investigação em torno das potencialidades das narrativas não-lineares no teatro, em *Marat/Sade* eles contribuíram para a incorporação (*embodiment*) das personagens criadas por Weiss. Observando na versão cinematográfica de *Marat/Sade* o desempenho de Glenda Jackson, que fez o papel da paciente/Charlotte Corday, por exemplo, pode-se perceber claramente qualidades expressivas que haviam sido exploradas em *O Teatro da Crueldade* como nos exercícios "mudando as marchas" e "improvisação descontínua", que se tornaram instrumentos e geraram resultados surpreendentes em termos de atuação. Além da relação intrínseca entre processos interiores e exteriores, as ações executadas por Jackson eram profundamente permeadas por descontinuidades, aspecto esse que tornou tais ações imprevisíveis.

O Processo Criativo de *US*

Durante os ensaios de *US*, uma grande variedade de procedimentos de atuação foi colocada em prática por Brook e seus atores. No que diz respeito à exploração do sistema stanislavskiano, processos de identificação foram buscados não através da representação de personagens já criados em textos dramáticos, mas através de elementos extraídos da vida, os quais eram de diferentes modos ligados a um evento específico: a guerra do Vietnã. *US* condenou explicitamente esse conflito. Já a forma pela qual as canções eram cantadas pelos atores pode ser associada, sob diferentes pontos de vista, com procedimentos concebidos por Brecht. De fato, além de serem cantadas diretamente para o público, tais canções desempenhavam uma função crítica, focalizando sobre as contradições relacionadas a essa guerra. Outro procedimento extrema-

DO INTRACULTURALISMO AO TRANSCULTURALISMO 15

mente explorado durante os ensaios de *us* pode ser associado
a Brecht. Ele foi chamado por Brook de "efeito-*happening*"
(*happening effect*): "O efeito de distanciamento e o efeito-
-*happening* são semelhantes e opostos – o choque do *happening* está presente para quebrar todas as barreiras impostas pela
razão, e o distanciamento para trazer à tona o melhor que a
razão pode produzir"[37].

Brook sugere nessa passagem a construção de uma relação dialética entre o efeito de distanciamento de Brecht e princípios associados com o *happening*. A improvisação feita por
Mike Williams durante os ensaios pode ser considerada um
exemplo de tal procedimento.

[...] e então Mike Williams repentinamente demonstrou o tipo de
linguagem teatral que estávamos procurando[...]. Ele pôs uma cadeira sobre a mesa, amassou uma folha de papel e pegou um fósforo. Então, dizendo palavras simples extraídas de uma carta sobre
borboletas, ele subiu na cadeira e fingiu jogar gasolina sobre si.
No momento em que disse as palavras "Não é maravilhoso escutar
algo que você normalmente vê?", ele acendeu o fósforo[38].

O texto da carta sobre borboletas não é revelado no escrito de Hunt. De qualquer forma, o que é sugerido nesse fragmento é que há um contraste entre a atmosfera criada pelo
texto e a ação violenta executada pelo ator. A montagem entre
a questão levantada por Williams e a ação de colocar fogo na
borboleta de papel teve como objetivo produzir o efeito dese-
jado por Brook.

A implicação que emerge nesse caso é clara: a criação de
uma consciência crítica coletiva em relação às atrocidades da
guerra no Vietnã pode ser desencadeada através da produção
de um choque sensorial, perceptivo. Sendo assim, tal procedimento pode ser relacionado de certa forma com o princípio
meierholdiano chamado *rakurs*. Esse termo, também conhecido como *raccourci* (atalho), diz respeito a um procedimento
explorado por Meierhold segundo o qual o ator deve explorar
modos inusuais de representação a fim de ativar, nele mesmo

---

37 A. Hunt; M. Kustow, G. Reeves, *The Book of us*, p. 72.
38 Idem, p. 20.

16 A CINÉTICA DO INVISÍVEL

assim como no espectador, novas percepções[39]. Esse parece ter sido o objetivo perseguido por Brook e seus atores nesse caso, ou seja, ativar a percepção do público a fim de transformar a atitude coletiva em relação à guerra do Vietnã.

Além dos aspectos relacionados a Stanislávski, Brecht e Meierhold, o trabalho desenvolvido por Grotóvski com o elenco de *US* contribuiu significativamente para o desenvolvimento dos ensaios. O diretor polonês foi convidado por Brook e trabalhou diretamente com seus atores. Em alguns exercícios, colocados em prática após o encontro com Grotóvski, a influência exercida pelo diretor polonês é perceptível, como por exemplo em "Morte ou Nada" ou "Caminhando para a Morte".

Morte ou Nada

Eu quero que você comece explorando profundamente a ideia de estar morto. Não a imaginação ou a ideia de ter morrido; apenas tente e se aproxime o máximo que puder do problema de ser nada, agora.

(próximo estágio)

Você não está morto, você está vivo. Ouça profundamente, da maneira mais serena, a sensação de estar vivo. Qual é a menor diferença entre esse nada, esse vazio e estar vivo. Ouça isso.

(próximo estágio)

Agora você tem somente uma possibilidade: você pode colocar ao seu lado uma pessoa, uma pessoa que está respirando com você, a pessoa que está mais próxima de você. Então, você está em coma, mas vivo e consciente que está vivo, com uma pessoa bem próxima de você. Isso é tudo. Não há nenhum outro elemento disponível para você.

(próximo estágio)

Uma possibilidade de escolha: você pode dispor de um de seus sentidos – fala, visão, tato, movimento, sexo, paladar. Mas você pode ter somente um. Ouça profundamente a vida que há em você. Vá em direção à pessoa que você mais precisa. Deixe o sentido escolhido por você florescer. Teste a sua escolha – ela é satisfatória? Você pode encontrar completamente a vida nessa escolha? Explore-a com a pessoa que está ao seu lado.

(próximo estágio)

---

39 Ver B. Picon-Vallin, *Meyerhold*, p. 120.

DO INTRACULTURALISMO AO TRANSCULTURALISMO

Você tem outra possibilidade: você pode trazer à vida um ponto de seu corpo – sua cabeça ou mãos, ou as pontas dos dedos, ou braços, ou pernas, ou genitais. Dê vida a esse ponto. Faça-o precisamente; qual ponta de qual dedo? Toque o outro com esse ponto escolhido. Centralize-se sobre esse ponto, mova-se ao redor desse ponto, acaricie-o.

(próximo estágio)

Agora uma nova possibilidade: você pode viver com o seu corpo inteiro – mas somente em um pequeno espaço fechado. Procure as coisas e pessoas que você precisa para viver. Qual é o mínimo que você realmente precisa para viver? Quantas coisas? Quantas pessoas? Jogue fora as coisas ou pessoas não estritamente necessárias. Verifique cada objeto em detalhe. Você pode precisar viver com ele por muito tempo.

(próximo estágio)

Saia desse espaço e vá para fora, entre no mundo. No momento em que você puser sua mão na maçaneta da porta, decida qual é a coisa que faz com que você sinta a necessidade de sair – uma experiência, uma luz, um som, uma cor, pessoas.

"Caminhando para a Morte" – o mesmo exercício no sentido oposto, em que o ator tem que dar seis passos que o levam para a extremidade de um banco e para fora dele. Porém, cada passo pode ser dado pelo ator somente após:

descartar o mundo e a sua importância
descartar o ambiente fechado com seus preciosos pertences
descartar o sentido escolhido
descartar a pessoa que julgava necessária
descartar o sentimento de estar vivo, aceitar a morte[40]

Como já mencionado, esses exercícios foram colocados em prática por Brook e seus atores após o trabalho feito com Grotóvski. Antes da chegada do diretor polonês, Brook e o elenco de *US* haviam concluído a primeira parte do espetáculo, e o impacto gerado pelo encontro com Grotóvski é claro. De fato, a criação da segunda parte de *US* foi extremamente influenciada por esse encontro. Nesse sentido, os exercícios descritos acima podem ser vistos como tentativas colocadas em prática por Brook a fim de explorar aspectos relacionados

---

40 A. Hunt; M. Kustow; G. Reeves, op. cit., p. 114-115.

com o trabalho do diretor polonês sobre a atuação, como por exemplo a "autopenetração"[41]. Porém, enquanto em Grotóvski a autopenetração é produzida através de uma combinação de procedimentos que deveria ser repetida até a exaustão pelos atores, no caso de Brook esse aspecto foi explorado através de improvisações. Nos exercícios descritos acima, por exemplo, através da percepção da ausência e da privação, Brook pareceu acreditar que a autoconsciência do ator poderia expandir-se, gerando assim um nível de contato mais profundo não somente consigo mesmo mas também com seus parceiros. Tendo explorado procedimentos associados com o efeito-*happening* na primeira parte de *us*, na segunda parte desse espetáculo Brook e seus atores decidiram buscar tocar o público através da exploração de meios mais sutis. De qualquer maneira, processos internos e externos deveriam ser integrados pelo ator em ambas as partes de *us*, como comentou Brook mais tarde:

> Os atores precisavam estar conscientes de que eles estavam tentando criar uma nova linguagem de atuação, através de uma articulação entre os elementos extraídos de várias referências. O ator precisava escavar dentro de si a fim de obter respostas, mas ao mesmo tempo ele deveria estar disponível para reagir a estímulos externos. A atuação do ator era um casamento entre esses dois processos[42].

Além do contato com Grotóvski, a necessidade apontada por Brook nessa passagem, de acordo com a qual o ator necessita escavar dentro de si, foi gerada também pelas dificuldades surgidas durante a primeira fase de ensaios. Durante uma improvisação chamada "ataque aéreo" (*air raid*), por exemplo, os atores deveriam reproduzir a experiência de camponeses vietnamitas em um vilarejo que estava sob ataque inimigo. Com o desenvolvimento dessa improvisação, Brook notou que os atores

---

41 A autopenetração no trabalho de Grotóvski representou, no final dos anos de 1960, um processo profundo de pesquisa sobre si mesmo, em que o ator deveria explorar suas experiências pessoais, memórias, sensações, a fim de acessar as regiões mais recônditas de seu ser: "O ator que busca o ato de autopenetração, que revela a si mesmo e sacrifica a parte mais íntima de si mesmo – a mais dolorosa, que não é mostrada aos olhos do mundo – deve ser capaz de manifestar seus impulsos mais sutis", ver J. Grotowski, *Towards a Poor Theatre*, p. 35.
42 A. Hunt; M. Kustow; G. Reeves, op. cit., p. 29.

DO INTRACULTURALISMO AO TRANSCULTURALISMO

estavam na verdade simulando reações e ferimentos[43]. Diretamente associado a esse processo, outra questão significativa emergiu durante o processo criativo de *US*: a diferença entre "interpretar" e "ser". Essa questão já havia aparecido no discurso de Brook anteriormente, na reflexão sobre *The Connection* (A Conexão), espetáculo encenado pelo The Living Theatre em 1959. Brook ficou na época maravilhado pelo "naturalismo saturado" incorporado pelos atores: "Os atores que estão atuando[44] essas personagens mergulharam totalmente, em um nível de naturalismo saturado que vai além do método stanislavskiano, dessa forma eles não estão interpretando, eles estão sendo"[45].

Considerando os processos já descritos, não somente em relação a *US*, mas também aqueles desenvolvidos em *O Teatro da Crueldade* e *Marat/Sade*, algumas implicações relativas à questão abordada por Brook na passagem acima podem ser apontadas. Se em *O Teatro da Crueldade* associações, flexibilidade e prontidão não foram gerados pela exploração de experiências pessoais em primeiro lugar, em *Marat/Sade*, apesar do trabalho sobre a identificação, a investigação sobre a loucura foi desenvolvida através de um percurso que envolveu aspectos como sensação e possessão. Nesses casos Brook evitou, em termos de atuação, cair no reducionismo produzido pelo behaviorismo psicológico. Sendo assim, de que maneira podemos perceber a diferença capturada por Brook entre interpretar e ser?

A fim de lidar com essa questão, um processo ocorrido entre o final dos anos de 1950 e o final dos anos de 1960 será agora considerado. Enquanto nos anos 50 e início dos anos 60 interpretar e ser pareciam ser para ele dois aspectos irreconciliáveis em termos de atuação, em *The Empty Space* (O Teatro e o Seu Espaço), publicado inicialmente em 68, Brook manifestou um ponto de vista diferente sobre essa questão. Ao invés de usar os termos interpretar e ser, ele se refere a um processo que deve ser colocado em prática pelo ator, segundo o qual a sinceridade e a insinceridade não estariam em oposição, mas são vistos como aspectos intrinsecamente relacionados.

---

43 Idem, p. 23.

44 Como mencionado na Introdução deste ensaio, o termo *atuar* é aqui ressignificado, abrangendo a acepção do termo *play*, em inglês e *jouer*, em francês.

45 From Zero to the Infinite, *The Encore Reader*, n. 29, p. 37.

20 A CINÉTICA DO INVISÍVEL

Há uma armadilha perigosa ligada à palavra sinceridade [...] A atuação é em muitos sentidos única nas dificuldades que apresenta uma vez que o artista deve usar o traiçoeiro, mutável e misterioso material que constitui o si mesmo como *medium* criativo. O ator deve estar completamente envolvido e ao mesmo tempo distante – separado sem separação. Ele precisa ser sincero, ele precisa ser insincero: ele precisa saber como ser insincero com sinceridade e como mentir verdadeiramente[46].

Em termos de atuação, ser sincero e insincero não são percebidos como processos antitéticos por Brook, mas como componentes de uma relação dialética. Com o objetivo de buscar esclarecer esse aspecto, examinaremos o processo criativo de *Édipo*, em que o trabalho sobre o ritual exerceu um papel fundamental.

O Processo Criativo de *Édipo*

A importância do ritual já havia sido referida por Brook ao menos oito anos antes do início dos ensaios de *Édipo*, em um artigo escrito por ele, chamado "From Zero to the Infinite" (Do Zero ao Infinito):

Nós sabemos onde estamos em relação ao real e ao irreal, à superfície da vida e suas correntes subterrâneas, ao abstrato e ao concreto, à história e ao ritual? O que são os "fatos" hoje? [...] E estamos seguros que em relação ao modo de vida do século xx, as grandes abstrações – velocidade, tensão, espaço, excitação, energia, brutalidade – não são mais concretas, não afetam mais diretamente nossas vidas que as assim chamadas questões concretas? Não podemos relacionar essas perguntas com o ator e o ritual da atuação a fim de encontrar o modo de fazer teatral que precisamos?[47]

As práticas desenvolvidas por Brook e seus atores durante o processo criativo de *Édipo* podem ser relacionadas diretamente com a passagem citada acima. Através da exploração do ritual eles queriam superar a oposição entre o abstrato e o

46 P. Brook, Tell me Lies in America, op. cit., p. 130-131.
47 Op. cit, p. 36

DO INTRACULTURALISMO AO TRANSCULTURALISMO

concreto, e o material escolhido nesse caso foi o texto de Sêneca. Em termos de atuação, a exploração do ritual gerou uma descoberta significativa: a fim de encenar *Édipo*, Brook decidiu investigar qualidades específicas que seriam produzidas pelo que denominou "atuação impessoal". Contudo, a tentativa de aplicar a atuação impessoal não foi uma necessidade imposta pelo texto de Sêneca; ela representava para Brook uma questão central do trabalho do ator.

Como a atuação pode ser impessoal? Posso imaginar imediatamente o que aconteceria se um ator, ouvindo esse termo e tentando ser fiel ao que é sugerido, tentasse despersonalizar-se: sua face tensa, sua voz velada, ele produziria ritmos não naturais. Talvez ele pensasse que estaria assim ocupando um lugar no teatro ritual – mas por mais hierático que pudesse parecer para ele mesmo, sua busca seria artificial para nós. E ainda assim, se ele simplesmente desse livre curso à própria personalidade, se ele visse a atuação como uma forma de expressão pessoal, outra artificialidade poderia facilmente surgir, devastando o texto com gemidos e gritos, gerados pela pronta exposição de suas próprias fobias e medos. As piores características do teatro experimental provêm de uma sinceridade que é essencialmente insincera. Tal estado é revelado quando as palavras vêm à tona, uma vez que as falsas emoções são um obstáculo à clareza. Obviamente, a atuação é feita por pessoas e, portanto, é pessoal. Ainda assim, é importante tentar distinguir entre uma forma de expressão pessoal que é inútil e que busca somente a autossatisfação, e uma qualidade de expressão onde ser impessoal e ser verdadeiramente individual são uma única coisa. Essa confusão representa um problema central da atuação contemporânea e a tentativa de encenar *Édipo* faz com que esse problema seja percebido[48].

O retrabalhar obras já criadas foi algo sempre feito, como comenta Brook: os gregos retrabalharam lendas; os romanos retrabalharam obras criadas pelos gregos; Shakespeare retrabalhou Sêneca etc. Refletindo sobre esse tema, ele atribuiu a necessidade de retrabalhar materiais à revelação de segredos que concernem à humanidade em muitos níveis. Dessa forma, o poeta poderia funcionar como um veículo, como um mensageiro. De qualquer forma, a fim de ser um mensageiro

---

48 A. Hunt; G. Reeves, op. cit., p. 64-65.

e transmitir segredos, de acordo com Brook era necessário ao poeta que ele submetesse seu trabalho a um processo complexo que deveria envolver ao mesmo tempo o mais profundo envolvimento pessoal e a eliminação do que está mais superficialmente conectado com a sua identidade como sujeito. Isso foi o que Ted Hughes tentou alcançar no que diz respeito à sua adaptação do texto de Sêneca.

O poeta é um mensageiro, suas palavras são mensageiras. Sendo assim, um significado é colhido em uma rede. Palavras são os nós dessa rede. Não é por acaso que Ted Hughes, o mais individualizado dos poetas, é também o que produz a obra mais concentrada. É através de uma eliminação rigorosa de toda decoração desnecessária, de toda expressão inútil da própria personalidade, que ele atinge a forma que é ao mesmo tempo impessoal e sua[49].

Nesse caso, a exploração de elementos relacionados com as formulações de Artaud pode ser reconhecida na escolha de Sêneca como material para a investigação do ritual, e através da noção de atuação impessoal. De fato, enquanto em relação ao teatro balinês Artaud apontou o modo como a impessoalidade impregnava tal trabalho[50], em seu "Primeiro Manifesto do Teatro da Crueldade" ele se referiu à impessoalidade como sendo um dos princípios constitutivos de sua concepção de atuação:

O ator é ao mesmo tempo um elemento de primeira importância, pois é da eficácia de sua interpretação que depende o sucesso do espetáculo, e uma espécie de elemento passivo e neutro, pois toda iniciativa pessoal lhe é rigorosamente interdita[51].

Entrevistado por Margaret Croyden, Colin Blakely, que fez o papel de Creonte, descreveu os ensaios de *Édipo* num depoimento em que se pode perceber outros aspectos com relação à procura da atuação impessoal. Nessa entrevista Blakely menciona, por exemplo, o uso do figurino assim como a exploração de máscaras faciais.

49 P. Brook, *Conversations with Peter Brook 1970-2000*, p. 66.
50 A. Artaud, op. cit., p. 71-88.
51 Idem, p. 125-126.

DO INTRACULTURALISMO AO TRANSCULTURALISMO 23

Os romanos usaram máscaras porque não havia, de fato, personagens envolvidas. Cada ser ficcional representava a humanidade em um sentido coletivo. Portanto, você estaria em desvantagem se buscasse características de personalidade. As personagens eram somente instrumentos para que o autor pudesse veicular a sua mensagem. Eles utilizaram máscaras, então, para eliminar as cores humanas que poderiam aparecer quando o ator dissesse sua falas. Nós tentamos explorar esse processo com os figurinos; todos nós vestimos o mesmo figurino escuro – terno escuro e cacharréu preta de gola alta. Usar máscaras reais não funcionou, uma vez que elas impunham uma personalidade. Assim, usamos nossas faces, mas de maneira completamente imóvel. Não queríamos parecer uma máscara, precisava ser um ser humano dizendo as falas – e ao mesmo tempo não queríamos parecer uma pessoa. Não podíamos explorar expressões que remetessem a uma personalidade específica, e não podíamos dar vida às nossas faces. Isso também poderia distinguir nossas personagens[52].

Máscaras faciais já haviam sido exploradas por Grotóvski em *Akropolis* (1962). De qualquer forma, naquele caso, elas exerceram uma função diferente. Enquanto os atores em *Akropolis* manipularam suas próprias faces a fim de transmitir "a imagem da humanidade destruída"[53], os atores em *Édipo* eram estimulados a explorar a neutralidade, exceto no caso de Irene Worth, que fez o papel de Jocasta, e John Gielgud, que fez o protagonista. Eles eram os únicos atores que podiam explorar "máscaras ativas": "John Gielgud utilizou dois tapa-olhos para denotar a cegueira, e atuou com um grito mudo para denotar agonia. Irene Worth utilizou o mesmo procedimento. Tais procedimentos foram criados por eles"[54]. De qualquer forma, o objetivo de buscar a impessoalidade permaneceu o mesmo nesses casos.

No tocante ao trabalho com as palavras e sonoridades, a busca por uma atuação impessoal envolveu procedimentos associados seja a Artaud, seja a Grotóvski. Com relação ao primeiro, além de descartar a pontuação do texto e explorar tons de voz a fim de capturar as potencialidades expressivas dos

---

52 The Exploration of the Ugly: Brook's work on *Oedipus*, *The Drama Review*, n. 3, p. 121.
53 J. Kumiega, *The Theatre of Jerzy Grotowski*, p. 63.
54 M. Croyden, The Exploration of the Ugly…, op. cit., p. 121.

24 A CINÉTICA DO INVISÍVEL

significantes, exercícios de respiração foram praticados durante os ensaios: "nós conectamos as falas a um tipo de respiração, não o tipo que é normalmente utilizado em exercícios vocais"[55]. De acordo com as formulações de Artaud, o trabalho com a respiração deveria exercer uma importante função: ele representou um meio através do qual processos internos e externos seriam gerados, como descrito em "Um Atletismo Afetivo"[56]. Porém, enquanto em Artaud existia uma conexão entre sentimento e respiração, em *Édipo* os exercícios de respiração não foram associados a ativação de processos afetivos. Com relação a Grotóvski, os atores de Brook trabalharam com os ressoadores, procedimento altamente explorado pelo diretor polonês desde o final dos anos de 1950[57]. Blakely afirmou nesse sentido: "Nós fizemos também exercícios de ressonância muito úteis. No início, todos usamos o timbre natural para produzir um som e então você traz isso à tona em diferentes partes de seu corpo: sua cabeça, costas ou peito"[58].

Além da conexão com ideias e procedimentos desenvolvidos por Artaud e Grotóvski, a experiência da atuação impessoal durante o processo criativo de *Édipo* gerou outras implicações que são relevantes aqui. Investigando "uma espécie de expressão em que ser impessoal e ser verdadeiramente individual como uma e mesma coisa"[59], e perguntando se o ator, como o poeta, poderia um dia tornar-se um "mensageiro"[60], o diretor inglês nos faz perceber outro importante aspecto envolvido em seu trabalho sobre a atuação: a individuação.

O conceito de individuação é referido por diferentes disciplinas, tais como a sociologia, a psicologia, a psicanálise, a antropologia etc. Em termos gerais, ele diz respeito a processos onde o indiferenciado tende a ser individual, ou processos através dos quais as componentes tendem a se transformar em uma unidade indivisível. Associando as práticas desenvolvidas durante o processo criativo de *Édipo* com o fato de que os atores eram solicitados a experienciar um processo

---

55 Idem, p. 120.
56 Ver A. Artaud, op. cit., p. 162-171.
57 Ver J. Grotowski, op. cit.
58 M. Croyden, The Exploration of the Ugly..., op. cit., p. 124.
59 Ver A. Hunt; G. Reeves, op. cit., p. 64-65.
60 *Conversations with Peter Brook*, p. 67.

que considerava "o ser impessoal e ser verdadeiramente individual como uma e mesma coisa", a individuação, tal como colocada em prática nesse caso, pode ser relacionada especificamente com as formulações de Carl Gustav Jung.

Para Jung, a individuação "denota o processo através do qual uma pessoa se torna um 'in-divíduo' psicológico, ou seja, uma separada, indivisível unidade ou totalidade"[61], onde "todos os elementos da psique, ambos conscientes e inconscientes, são amalgamados"[62]. O inconsciente para Jung é associado não somente a processos individuais, mas, graças ao papel exercido por arquétipos e seus símbolos, ele passa a ser revelador de uma conexão entre os seres humanos, independentemente de suas diversidades culturais e sociais. A integração entre consciente e inconsciente produzida pela individuação gera, assim, um movimento de expansão do ego em direção ao *self*[63]. Considerando o conceito de individuação em Jung, é possível perceber que o objetivo perseguido por Brook durante o processo criativo de *Édipo*, segundo o qual o ator era solicitado a ser ao mesmo tempo "impessoal" e "verdadeiramente individual", não representa necessariamente um paradoxo. Dada a integração entre consciente e inconsciente e o movimento correlativo de expansão do ego em direção ao *self*, o elo entre ser impessoal e ser verdadeiramente individual pode ser visto como um processo em que potencialidades expressivas não associadas a experiências de vida de uma pessoa são trazidas à tona. Em outras palavras, através da exploração da individuação em termos junguianos, o ator pode ampliar suas próprias potencialidades expressivas, ultrapassando os limites impostos pelas suas experiências pessoais. Isso parece ter sido exatamente o que Brook queria de seus atores nesse caso, enquanto trabalhava com palavras, sons e máscaras faciais durante o processo criativo de *Édipo*. Portanto, a concepção junguiana de individuação representa um caminho possível de reconciliação dos elementos almejados pelo diretor inglês[64].

---

61 *Man and his Symbols*, p. 212.
62 Idem, p. 229.
63 Idem, p. 47, 56-79, 87-171, 229.
64 Cabe acrescentar que Brook não faz nenhuma referência direta a Jung em seus escritos. Essa conexão, portanto, representa uma das muitas hipóteses construídas aqui.

O Processo Criativo de *A Tempestade*

A Tempestade marcou outro estágio significativo do trabalho de Brook como diretor teatral. De maneira semelhante ao que havia ocorrido durante o processo criativo de *O Teatro da Crueldade* quatro anos antes, ele tentou não somente desenvolver um novo processo de experimentação no teatro, mas questionar os meios convencionais de produção do fenômeno teatral. De fato, enquanto em *O Teatro da Crueldade* ele e Marowitz conseguiram oferecer melhores condições de trabalho[65], em *A Tempestade*, graças a Jean-Louis Barrault e o Théâtre des Nations, Brook pôde organizar uma compania internacional de artistas, atores, diretores e cenógrafos. Mesmo considerando o fato de que a criação de uma compania internacional dirigida por Brook aconteceria de maneira estável somente dois anos mais tarde com a abertura do CIRT, *A Tempestade* deve ser considerada como o início desse processo. De qualquer forma, é importante apontar que o texto de Shakespeare não foi a primeira escolha feita por Brook.

Inicialmente os ensaios ocorreram em Paris, em um galpão governamental de móveis e tapetes chamado Mobilier National. O objetivo de Brook era então produzir um espetáculo baseado em *O Balcão* de Jean Genet. Como colocado por David Williams, através desse projeto Brook "exercitaria uma reflexão crítica sobre o caos político em curso na França da época"[66], conhecido como maio de 68, que paralisou partes do país e levou ao fim o governo do general Charles de Gaulle. No entanto, Brook mudou sua escolha e *O Balcão* foi assim abandonado em favor do texto de Shakespeare. Essa mudança de direção foi considerada uma manifestação de indiferença da parte de Brook para com os eventos ocorridos em Paris. Segundo Hunt e Reeves, por exemplo, Brook "negociou o direito do grupo, sendo esse um grupo internacional, de quebrar a convocação de greve geral"[67]. Após um mês em Paris o grupo

---

65 Ao invés do período usual destinado aos ensaios, que oscilava na época entre três e seis semanas, Brook e Marowitz conseguiram obter três meses livres para desenvolver suas investigações com *O Teatro da Crueldade*.

66 *Towards an Art of Memory: Peter Brook, a foreigner in Paris*, em D. Bradby; M. Delgado, *The Paris Jigsaw: Internacionalism and the City's Stages*, p. 42.

67 Op. cit., p. 138.

DO INTRACULTURALISMO AO TRANSCULTURALISMO 27

foi obrigado a deixar o Mobilier National e concluir o trabalho em Londres, na Roundhouse.

Apesar da escassez de informações relativas aos ensaios de *A Tempestade*, alguns aspectos podem ser apontados. Na matéria escrita por Margaret Croyden sobre esse projeto, por exemplo, é possível perceber uma mudança no trabalho de Brook no que se refere à função exercida por certas práticas de atuação[68]. Nesse caso, certos exercícios que haviam sido explorados durante os ensaios, tais como o "espelho"[69], foram incorporados no texto espetacular de *A Tempestade* em muitos níveis. Em *Édipo*, exercícios vocais haviam sido assimilados no espetáculo, mas naquele caso eles não cumpriram o mesmo papel que o exercício do "espelho" exerceu na ocasião examinada agora. De fato, tal exercício funcionou como um verdadeiro instrumento narrativo, como um elemento constitutivo do tecido expressivo de *A Tempestade*.

Máscaras faciais continuaram a ser exploradas por Brook e seus atores, mas em vez de serem associadas à neutralidade como em *Édipo*, elas derivaram de um estudo feito sobre os sete pecados capitais, e foram produzidas a fim de retratar as personagens que estavam a bordo do navio antes da tempestade.

De maneira semelhante àquela ocorrida na experiência com *O Teatro da Crueldade* e *US*, os atores incorporaram actantes, os quais funcionaram como significantes móveis e não eram limitados pela necessidade de produzir uma unidade psicológica:

Miranda e Ferdinando encontram-se, apaixonam-se; inocentes, eles se tocam, se olham e fazem amor na posição de balanço. Isso é homossexualmente imitado e parodiado por Caliban e Ariel; outros membros do elenco, além disso, imitam Caliban e Ariel[70].

O espaço cênico na Roundhouse em Londres foi explorado de muitas maneiras, através da utilização de andaimes com plataformas de madeira, caixas, bancos, banquinhos e cadeiras dobráveis.

---

68 Peter Brook's *Tempest*, *The Drama Review*, n. 3.
69 No exercício chamado "espelho" dois atores ficam diante um do outro. Um deles copia ou reflete os movimentos executados pelo outro, como se fosse seu reflexo.
70 M. Croyden, Peter Brook's *Tempest*, op. cit., p. 127.

O Processo Criativo de *Sonho de uma Noite de Verão*

Os ensaios de *Sonho de uma Noite de Verão* foram permeados por muitas práticas associadas ao circo, as quais foram absorvidas pelo espetáculo:

> Os amantes são os cavaleiros de pôneis, malabaristas; as fadas são trapezistas; e os mecânicos são *clowns* [...] todos os circos que compõem um só. Há pratos giratórios do circo chinês; címbalos e tambores que marcam a acentuação rítmica das falas como espetáculos circenses japoneses; Bottom remete a Bolshoi; e Puck confunde os amantes sobre pernas-de-pau francesas semelhantes ao circo Medrano[71].

Além da conexão com o trabalho desenvolvido por diretores teatrais russos no início do século xx, tais como Meierhold, Vakhtángov, e Alexandre Tairov, para quem o circo representava não somente uma arte performática específica, mas um catalisador de potencialidades teatrais[72], Brook explorou o circo por um lado como meio para aprofundar as suas investigações sobre a atuação; e por outro para explorar a representação de diferentes ordens de realidade no teatro.

Baseado em David Selbourne, é possível reconhecer uma vez mais a influência de Grotóvski no trabalho de Brook. Se em *us* os atores haviam explorado a autopenetração, em *Sonho de uma Noite de Verão* práticas desenvolvidas durante os ensaios foram influenciadas pela via negativa grotovskiana. De fato, ao longo dos ensaios de *Sonho de uma Noite de Verão*, Brook não estimulou os atores a colecionar habilidades, mas a destruir seus próprios obstáculos:

> Eu posso ajudar vocês no sentido de eliminar as falsas experiências que são utilizadas. Vocês podem entender esse processo somente se extraírem material das experiências pessoais válidas. Posso perceber quando o processo não funciona, mas não posso descobrir quais são as experiências que devem ser exploradas[73].

---

71 D. Richie, *A MidsummerNight's Dream* by The Royal Shakespeare Company, *The Tulane Drama Review*, n. 2, p. 330.

72 Ver M. Slonim, *Russian Theatre*; R. Leach; V. Borovsky, *A History of Russian Theatre*.

73 Apud D. Selbourne, *The Making of* A Midsummer Night's Dream, p. 101.

3. Através da inter-relação entre as palavras, a posição corporal, e a ação de rodar o prato giratório, Alan Howard produziu uma corrente de impulsos e ritmos que contribuiu para a ressignificação das palavras de Shakespeare, em Sonho de uma Noite de Verão. Nessa foto de Laurence Burns, Alan Howard como Oberon (à esquerda) e Robert Lloyd como Puck (à direita).

Os ensaios de Sonho de uma Noite de Verão revelaram, além disso, uma abordagem mais consistente desenvolvida por Brook e seus atores sobre o trabalho corporal, vocal, assim como a integração entre eles, se comparado aos processos investigados anteriormente desde O Teatro da Crueldade. Graças também à associação prática entre impulso e ritmo[74], os atores dirigidos por Brook nesse trabalho puderam produzir resultados significativos. Na fotografia inserida acima (3), por exemplo, Alan Howard, que fez o papel de Oberon (à esquerda) está sentado no trapézio, manipulando um prato giratório e atuando o texto de Shakespeare ao mesmo tempo.

A relação estabelecida entre impulso e variação rítmica ativada por Howard contribuiu para a materialização do ob-

---

74 Ver D. Selbourne, op. cit., p. 27, 33-45, 62, 74-89, 112, 137, 156, 221, 247, 282.

jetivo estabelecido aí por Brook : a de resignificar as palavras de Shakespeare. Graças à exploração da inter-relação entre as palavras, a tensão produzida pela posição corporal e a ação de manipular o prato giratório, impulsos e variações rítmicas funcionaram como conectores. Em outras palavras, a tensão produzida pela posição corporal de Howard, uma vez articulada com a ação de girar o prato, desencadeou uma corrente de impulsos e ritmos que levaram o ator a perceber as palavras como um material expressivo a ser explorado. Dessa forma, os significados das palavras não foram estabelecidos *a priori*, através de uma análise crítica, mas foram descobertos e transmitidos em ação:

Apesar de exercícios físicos oferecerem a possibilidade de animar o grupo, há uma armadilha aqui. Você não pode substituir o movimento físico pelo pulso e vida de uma fala, mas eles podem caminhar juntos. Imagine cem pessoas cegas te escutando. O fato de você estar balançando num trapézio é irrelevante. Mas o impulso que o leva ao trapézio deveria estar presente no que você está dizendo[75].

A análise dos processos criativos desenvolvidos em seis produções teatrais dirigidas por Peter Brook entre 1964 e 1970 foi descrita acima. De qualquer forma, antes de examinar em que nível as práticas desenvolvidas por ele e seus atores nesses casos podem ser consideradas como treinamento do ator, um esclarecimento precisa ser feito. No que diz respeito ao período examinado aqui, segundo Mitter é possível perceber uma transformação no trabalho de Brook: "Os métodos usados em *Rei Lear* derivam na maioria das vezes do mais cerebral dos sistemas de Stanislávski, enquanto que em *Sonho de uma Noite de Verão*, produzido oito anos mais tarde, Brook pareceu estar bem mais próximo do trabalho somático"[76]. Se a analogia entre as práticas desenvolvidas em *Sonho de uma Noite de Verão* e aspectos associados com o trabalho somático é bem perceptível[77],

---

75 P. Brook apud D. Selbourne, op. cit. p. 261.

76 *Systems of Rehearsal*, p. 26.

77 O trabalho somático é um campo de investigação que surgiu a partir de estudos feitos em psicologia, que constituíram a psicologia somática, segundo a qual o corpo (*somat*, em grego antigo) e a mente (*psique*) são vistos como uma totalidade integrada. O psiquiatra e psicanalista austríaco Wilhelm Reich (1897-1957) é considerado o pioneiro da psicologia somática. Dentre as referências sobre esse tema, ver W. Reich, *The Sexual Revolution* e *The Impulsive Character*

DO INTRACULTURALISMO AO TRANSCULTURALISMO 31

é difícil reconhecer a relação entre as práticas exploradas por Brook e seus atores em *Rei Lear* e o "mais cerebral dos sistemas de Stanislávski", tal como referido por Mitter.

Ativando o corpo-mente do ator através da inter-relação entre impulso e variação rítmica, o trabalho desenvolvido por Brook e seus atores em *Sonho de uma Noite de Verão* está em grande sintonia com os preceitos estabelecidos pelo trabalho somático, uma vez que esse último representa uma abordagem psicológica segundo a qual o corpo e a mente são vistos como um todo integrado. Em contraste com isso, a inter-relação entre Stanislávski e o trabalho desenvolvido por Brook e seus atores durante os ensaios de *Rei Lear* é extremamente questionável. Quando Mitter se refere ao "mais cerebral dos sistemas stanislavskianos", ele faz menção, aparentemente, à primeira abordagem elaborada pelo artista russo, nomeada por ele "Linha de Forças Motivas"[78]. A questão aqui é que, como descrito por Marowitz, Brook durante os ensaios de *Rei Lear* não se concentrou sobre os aspectos relacionados com a Linha de Forças Motivas stanislavskiana, tais como memória emotiva, comunhão, ou fé cênica[79]. Além disso, apesar das discussões feitas no início dos ensaios, elas não buscaram definir unidades e objetivos. *Rei Lear* representa um momento de transição no trabalho de Brook, um período de reavaliação onde processos de atuação eram desenvolvidos através de explorações de referências não teatrais. De fato, durante os ensaios de *Rei Lear*, ao invés de Stanislávski, Brook se referiu, por exemplo, ao trabalho colocado em prática pelo pintor moderno: "Minha analogia é com a pintura. Um pintor moderno inicia seu trabalho somente com o instinto e um vago sentido de direção [...] O ponto que se chega determina como se deve seguir"[80]. Como mencionado por Marowitz nesse artigo, durante o processo criativo de *Rei Lear* "Eu não sei" foi a frase mais usada por Brook, mais do que qualquer outra[81]. Retornemos agora ao aspecto a ser tratado nesta parte de nossa pesquisa.

---

and Other Writings; e I. Macnaughton, *Body, Breath and Consciousness: A Somatics Anthology*.

78 Ver C. Stanislavski, *An Actor Prepares*, p. 263-270.
79 Lear Log, *The Tulane Drama Review*, n. 2, p. 103-121.
80 Apud C. Marowitz, Lear Log, op. cit., p. 108.
81 Idem, ibidem.

32 A CINÉTICA DO INVISÍVEL

Territórios Híbridos: o Treinamento do Ator no Trabalho de Peter Brook (1964-1970)

Conforme já examinado, durante os anos 60, Brook e seus atores exploraram aspectos extraídos de sistemas de atuação, tais como aqueles elaborados por Stanislávski, Meierhold, Brecht e Grotóvski. Além disso, práticas associadas ao *happening* e formulações feitas por Artaud exerceram um papel significativo durante esse período do trabalho de Brook no teatro. De qualquer forma, é importante reconhecer aqui não somente a aplicação de práticas extraídas de sistemas de atuação e formulações teatrais, mas também um processo de recriação de práticas por Brook e seus atores durante os anos 60. Se por um lado a memória emotiva, a imaginação, a visualização, a identificação, o efeito de distanciamento, a autopenetração, a via negativa, a linguagem física e a poesia espacial foram explorados na prática por eles durante o período mencionado acima, por outro a inter-relação entre esses elementos produziu territórios híbridos, onde processos de atuação foram profundamente investigados. Nesse sentido, procedimentos foram reinventados por Brook e seus atores, tais como o efeito-*happening*, através do qual o efeito de distanciamento brechtiano foi combinado com princípios do *happening*, gerando dessa forma resultados expressivos específicos. Uma vez extraídos de seus sistemas originais de atuação, elementos e procedimentos puderam exercer diferentes funções e produzir resultados inesperados no trabalho desenvolvido por Brook sobre a atuação durante os anos 60.

Considerando os processos criativos examinados até agora, desde *O Teatro da Crueldade* até *Sonho de uma Noite de Verão*, podemos ver que, apesar dos aspectos envolvidos em cada caso, o ator funcionou prevalentemente como um veículo de modos híbridos de representação, que geraram por sua vez uma espécie de dramaturgia de interrupções em diferentes níveis de ficcionalidade. O próprio Brook reconheceu tal fato durante os ensaios de *US*:

Eu estou pedindo a vocês enquanto atores que façam uma das coisas mais desafiadoras: que lidem com uma série de ações frag-

DO INTRACULTURALISMO AO TRANSCULTURALISMO 33

mentadas, formas mutáveis em meio a personagens selvagemente contraditórias – e nunca reduzam isso a uma fala confortável, a uma resolução que seja "familiar" para vocês mesmos enquanto atores[82].

A questão que emerge nesse ponto é se é possível reconhecer ou não, a partir dos processos examinados aqui, a produção de um treinamento do ator por Brook e seus atores durante os anos 60. Nesse sentido, Marshall e Williams afirmaram:

Os anos 60 marcaram um período de desenvolvimento significativo para Brook em termos de sua concepção sobre o treinamento de atores. Ele explorou detalhadamente técnicas de improvisação a fim de afastar o ator do reducionismo psicológico behaviorista[83].

Como já mencionado, Brook evitou a exploração do sistema de Stanislávski durante os ensaios de *O Teatro da Crueldade*, e foi exatamente com o objetivo de buscar qualidades associadas à atuação não reduzíveis ao behaviorismo que ele fez tal escolha[84]. Os processos criativos colocados em prática por Brook e seus atores durante os anos 60 produziram territórios híbridos, através dos quais práticas associadas a diferentes referências foram extraídas, recombinadas e reinventadas. De qualquer forma, pode a produção de tais territórios híbridos ser considerada como treinamento do ator? Enquanto o fragmento citado acima já contém a resposta para essa pergunta, uma vez que, como observado por Marshall e Williams "os anos 60 marcam um período de desenvolvimento significativo de Brook em termos de sua concepção de treinamento de atores", é importante perceber em que termos essa resposta pode ser aceita. Dessa forma, formulações existentes sobre o treinamento do ator serão consideradas agora.

Em relação ao treinamento do ator, seis funções foram apontadas por Richard Schechner: 1. Interpretação de um texto dramático ou do texto espetacular; 2. Transmissão de um

82 Tell me Lies in America, op. cit., p. 142.
83 Peter Brook: Transparency and the Invisible Network, em A. Hodge (org.), op. cit., p. 176.
84 Cabe ressaltar que a escolha feita por Brook aqui não implica no reconhecimento de uma associação entre Stanislávski e a psicologia behaviorista. Como sabemos, as referências de Stanislávski no campo da psicologia eram S. L. Rubenstein e Pavlov, dentre outros.

34 A CINÉTICA DO INVISÍVEL

texto espetacular; 3. Transmissão dos "segredos do espetáculo"; 4. Auto-expressão; 5. Domínio de uma técnica específica; 6. Formação do grupo[85]. Tendo analisado as práticas desenvolvidas por Brook e seus atores em diferentes processos criativos, desde *O Teatro da Crueldade* até *Sonho de uma Noite de Verão*, as funções 1, 4 e 5 podem ser reconhecidas aqui. No que diz respeito à primeira função, Brook explorou novas interpretações do texto de Weiss – *Marat/Sade* – assim como de *A Tempestade* e *Sonho de uma Noite de Verão*, ambos de Shakespeare, por exemplo. Nesses casos, o desenvolvimento de práticas de atuação teve como objetivo sensibilizar os atores durante os ensaios a fim de ampliar as possibilidades semânticas de tais textos. Além disso, Brook desconstruiu ideias cristalizadas associadas a *A Tempestade* e *Sonho de uma Noite de Verão*.

Com relação à quarta função, ou seja, a "auto-expressão", ela foi buscada por Brook e seus atores durante os anos 60, mas aqui um outro esclarecimento se faz necessário. Considerando o processo criativo das produções já analisadas até aqui, é possível afirmar que o ator não era estimulado somente a expressar-se. Ao invés disso, como já mencionado, o ator funcionou como um veículo de modos híbridos de representação. Dessa forma, tais processos foram muito além de uma afirmação do ego do ator; eles envolveram processos de individuação. Apesar das diferentes práticas de atuação exploradas nos anos 60, durante os processos criativos já vistos, o ator era solicitado a ir além da expressão de suas próprias experiências pessoais e, nesse sentido, o trabalho desenvolvido sobre a atuação impessoal em 1968 pode ser visto como um acontecimento particularmente significativo. De fato, Brook considerou tal aspecto não como uma abordagem de atuação entre outras, mas como uma questão central do trabalho do ator[86].

A quinta função descrita por Schechner – domínio de uma técnica específica – pode ser igualmente associada com as práticas desenvolvidas por Brook e seus atores nos anos 60. Dentre os exemplos que podem ser relacionados a tal função é possível mencionar a Lei das Inflexões Descendentes concebida durante os ensaios de *Rei Lear*, e o efeito-*happening* elaborado durante

85 *Between Theatre and Anthropology*, p. 229.
86 Ver P. Brook, *The Shifting Point*, p. 64-68.

DO INTRACULTURALISMO AO TRANSCULTURALISMO

os ensaios de *us*, ambos procedimentos inventados por Brook durante o trabalho com seus atores. No primeiro caso, as inflexões foram vistas como pontes existentes entre as frases dos textos dramáticos. Uma vez percebidas em sua musicalidade, Brook viu as inflexões como um elemento que pode produzir, quando proferidas pelo ator, um efeito de oclusão, que afeta por sua vez a qualidade de atenção do espectador:

vocês [Brook conversa aqui com o elenco de *Rei Lear*] precisam ter consciência da Lei das Inflexões Descendentes. Cada vez que vocês fazem uma inflexão descendente, o ritmo de uma fala é interrompido. O que acontece aqui é que vocês estão finalizando suas últimas falas com inflexões descendentes e dessa forma o espetáculo parece ser interrompido ao fim de cada cena. Vocês precisam ter em mente que uma cena termina, mas o espetáculo ainda continua. Vocês precisam manter a bola no ar e passá-la para outro sem interrupções[87].

Através da associação entre o efeito de distanciamento e o efeito-*happening*, Brook almejou destilar ao mesmo tempo a percepção do ator e do espectador, em relação a um fato específico: a guerra do Vietnã.

Baseado em tais considerações, podemos dizer que as práticas desenvolvidas por Brook e seus atores durante este período podem ser consideradas como treinamento do ator. De qualquer forma, nossa análise pode ser ulteriormente detalhada através da percepção de afinidades e contrastes entre Brook e Grotóvski com relação a isso. Conforme apontado por Savarese e Brunetto, o desenvolvimento do trabalho de Grotóvski gerou "o mito do treinamento e dos exercícios"[88]. Em outras palavras, a prática de exercícios pareceu ser uma condição *sine qua non* para aqueles que desejavam ser atores, e tal fato ocorreu, sobretudo, após 1965, quando a função do treinamento do ator se modificou no trabalho de Grotóvski, "separando-se completamente da ideia de preparação do espetáculo"[89]. Desde então, até o início de suas pesquisas para-teatrais (1970-1975), o diretor polonês concentrou seu trabalho sobre a liberação do *self* do ator "de obstáculos

87 Apud C. Marowitz, Lear Log, op. cit., p. 114.
88 Op. cit., p. 8.
89 J. Kumiega, op. cit., p. 118.

36 A CINÉTICA DO INVISÍVEL

pessoais que impedem a fluidez criativa"[90]. Dessa forma, é possível reconhecer ao mesmo tempo similaridades e diferenças entre Brook e Grotóvski no que diz respeito ao treinamento do ator. Se por um lado a superação de bloqueios e resistências por parte do ator representa um objetivo perseguido por ambos em diferentes níveis, por outro o trabalho de Grotóvski desenvolvido nos anos 50 e 60 foi norteado pelo objetivo de criar "leis que governam o ofício do ator"[91], objetivo esse não perseguido por Brook. Enquanto Grotóvski aprofundou nos anos 60 três categorias precisas de trabalho, ou seja, os exercícios plásticos, os exercícios corporais e vocais e os exercícios respiratórios[92], Brook desde *Rei Lear* até *Sonho de uma Noite de Verão* percebeu os processos criativos no teatro enquanto combinação de práticas que deveriam ser desenvolvidas através de "um instinto e um vago sentido de direção"[93]. Assim confirmou Blakely, ator que atuou em *Édipo*: "Veja bem, ele também (Brook) estava buscando respostas em relação a como desenvolver o espetáculo, mas nós não sabíamos conscientemente o que procurar. Tudo aconteceu com o decorrer dos ensaios"[94].

Apesar do objetivo perseguido por Grotóvski de criar um método específico de atuação, para o diretor polonês e para Brook o treinamento do ator consistia, durante os anos 60, numa combinação de práticas que não podem ser dissociadas do percurso individual de cada ator. Além disso, tais práticas funcionaram em ambos os casos como meios de desencadear processos psicofísicos. De qualquer maneira, se em Grotóvski as práticas de atuação funcionaram como elementos de um sistema que não estava diretamente ligado à produção de espetáculos, no caso de Brook as práticas de atuação eram constantemente experimentadas e descartadas a fim de servir a cada processo criativo.

Uma vez examinadas as funções do treinamento do ator no trabalho de Brook tal como desenvolvido nos anos 60, e tendo apontado algumas conexões entre ele e Grotóvski em

---

90 Idem, ibidem.
91 Idem, p. 117.
92 Ver idem, p. 118-125.
93 P. Brook apud C. Marowitz, Lear Log, op. cit., p. 108.
94 Apud M. Croyden, The Exploration of the Ugly..., op. cit., p. 120.

DO INTRACULTURALISMO AO TRANSCULTURALISMO

relação a esse aspecto, dois conceitos serão analisados agora: práxis e *poiesis*. Através da utilização de tais conceitos, será possível perceber de maneira mais clara que por trás dos procedimentos de atuação investigados por Brook e seus atores nos anos 60, havia uma lógica pragmática precisa.

Práxis e Poiesis

Práxis e *poiesis* são conceitos que remetem a atividades humanas, a modos de atuação. Contudo, enquanto práxis (do grego *prattein*, fazer) está associado com praticar ações, *poiesis* (do grego *poiein*, fabricar) está relacionado com a atividade de construir ações. Dentre as implicações geradas por tais diferenças, é importante ressaltar que práxis envolve, a partir de seus pressupostos, ações intencionais, ações que são um meio para um fim[95]. Diferentemente, *poiesis* remete a "ações não intencionais", a ações através das quais algo é gerado e passa assim a existir. *Poiesis* envolveria, portanto, antes de mais nada, a ação de "trazer algo à tona"[96]. Nesse sentido, é possível perceber uma significativa diferença entre práxis e *poiesis*. Apesar dos dois conceitos estarem relacionados com atividades humanas, no primeiro caso objetivos são estabelecidos *a priori*. Em outras palavras, no desenvolvimento de ações enquanto práxis os objetivos são guiados pelos seus fins. Já o desenvolvimento de ações como *poiesis* não envolve uma busca determinada por uma finalidade preestabelecida; sua função emerge do processo de seu fazer. Sendo assim, enquanto ações produzidas como práxis podem ser vistas como parte de uma estrutura ou sistema, ações produzidas como *poiesis* são percebidas através de suas qualidades específicas, cada vez que elas se manifestam. Levando em consideração tais implicações, vejamos o que pode emergir quando os conceitos de práxis e *poiesis* são aplicados ao treinamento do ator.

Como já mencionado, as funções assumidas pelo treinamento do ator se ampliaram sensivelmente ao longo do tempo.

95 Ver Aristotle, *Metaphysics*, IX, I.
96 Ver M. Heidegger, *The Question Concerning Technology and other Essays*, p. 3-35.

Se até fins do século xix ele cumpriu uma função prevalentemente utilitária, servindo necessidades geradas por linguagens teatrais e personagens já criadas, durante o século xx a relação entre treinamento e espetáculo se tornou cada vez mais distante. De fato, o treinamento do ator adquiriu progressivamente, durante esse período, um valor em si mesmo. No caso de Brook, como já examinado, os processos criativos dirigidos por ele, desde *O Teatro da Crueldade* até *Sonho de uma Noite de Verão,* envolveram uma vasta articulação de procedimentos, da aplicação de práticas extraídas de sistemas de atuação e suas recombinações à invenção de práticas designadas especificamente para cada produção teatral. É nesse ponto que os conceitos referidos acima podem ser associados não somente com o treinamento em geral, mas também com o modo através do qual Brook desenvolveu suas investigações sobre a atuação durante o período examinado aqui.

Considerando as implicações relativas aos conceitos em questão, duas categorias de treinamento do ator podem ser reconhecidas: o treinamento como práxis e o treinamento como *poiesis.* No caso do treinamento como práxis diferentes procedimentos seriam predeterminados e seus objetivos seriam estabelecidos de diversos modos: ele seria um meio que serviria a uma finalidade. No caso do treinamento como *poiesis* o objetivo mais importante seria aquele de criar as condições para que os materiais emerjam, para que eles possam vir à tona, os quais podem ser ulteriormente desenvolvidos pelos atores. Dessa maneira, procedimentos e atividades colocados em prática nesse caso não seriam necessariamente predeterminados ou elaborados antecipadamente. A função de tais procedimentos e atividades seria definida no decorrer de cada processo criativo, em direta conexão com o *modus operandi* do ator. Portanto, todos os exemplos de treinamento do ator que são estruturados e relacionados com objetivos, princípios e valores específicos, determinados *a priori,* estariam associados com o treinamento como práxis. Como vimos aqui, Brook não faria parte desse grupo. De fato, seus experimentos variaram extremamente ao longo dos anos 60; nessas ocasiões procedimentos de atuação foram constantemente aplicados e descartados.

O objetivo aqui não é estabelecer uma hierarquia entre as duas categorias de treinamento do ator elaboradas acima. Ou seja, um tipo não é colocado aqui como mais eficaz que o outro. Eles representam dois modos de conceber e colocar em prática o treinamento do ator. O contraste mais importante a ser considerado nesse caso é aquele entre treinamento estruturado (treinamento como práxis) e treinamento não estruturado (treinamento como *poiesis*). Aqui, práticas de atuação desenvolvidas por Brook e seus atores são associadas à categoria de treinamento como *poiesis*.

Enquanto o treinamento como práxis pode ser associado com a aplicação de sistemas de atuação, o treinamento como *poiesis* pode ser relacionado com a exploração de princípios. Qualquer procedimento gerador de resultados expressivos pode ser associado a esse último. De qualquer forma, tais procedimentos emergiriam de um aspecto específico: a relação entre os atores e os materiais de atuação. Em outras palavras, a exploração de procedimentos no treinamento como *poiesis* seria determinada pela relação dinâmica entre os atores e os materiais de atuação em cada processo criativo, e isso foi exatamente o que aconteceu durante os ensaios dos espetáculos dirigidos por Brook nos anos 60. A relação entre os atores e os materiais de atuação (textos dramáticos e não-dramáticos; temas, exercícios, adereços, imagens, músicas, fatos reais etc.) determinaram não somente a aplicação de procedimentos extraídos de sistemas de atuação, mas também a invenção de novos procedimentos. Portanto, essa relação representa no treinamento como *poiesis* um terreno aberto de investigação, em que práticas podem ser transformadas, recombinadas e/ou inventadas.

No treinamento como *poiesis*, procedimentos de atuação podem ser explorados de maneira ilimitada, e cumprir diferentes funções. Além de ampliar as possibilidades expressivas dos materiais usados na prática, esse processo possibilita a emergência de um espaço de invenção. No caso de Brook, procedimentos de atuação foram formulados durante os processos criativos de cada produção dirigida nos anos 60. Sendo assim, o fato que não pode passar desapercebido aí, é que esse processo foi determinado no treinamento como *poiesis*, como apontado acima, pela relação entre o ator e os materiais de atuação. No trabalho teatral de Brook, o conceito de "material de atuação" é bem amplo; ele pode envolver diferentes fontes, como já mencionado. Baseado no que já foi examinado até agora, o material de atuação compreende "qualquer elemento que pode gerar uma conexão entre processos interiores e exteriores no ator". Ou seja, qualquer fonte de estímulos que possa ativar processos psicofísicos no ator será considerada aqui um material de atuação. Dessa forma, além daqueles já referidos – textos dramáticos e não-dramáticos, temas, exercícios, adereços, imagens, músicas, fatos reais – também a formulação de questões durante os ensaios será considerada aqui como sendo um material de atuação. De fato, questões permearam e continuariam a permear significativamente os processos criativos dirigidos por Brook no teatro.

O aprofundamento do debate pode nos fazer perceber ulteriores implicações associadas com o treinamento como práxis e como *poiesis*. Considerando o primeiro, visto nesse estudo como treinamento estruturado, ele poderia ser associado a sistemas de atuação, como já dito. Sendo assim, é interessante notar como cada sistema de atuação permite o levantamento de uma série limitada de problemas durante o processo de criação de um espetáculo. O sistema concebido por Brecht, por exemplo, não é capaz de responder as questões que são implícitas no sistema grotóvskiano; da mesma forma o sistema de Stanislávski não responderá aquelas geradas pelas formulações de Artaud etc. Cada sistema de atuação carrega em si um quadro de referências, o que, por sua vez, gera processos perceptivos específicos. Como resultado, muitos aspectos podem ser desconsiderados em cada sistema referencial, não somente nas práticas artísticas, mas em qualquer campo do saber, como demonstrado por Thomas Kuhn, em *A Estrutura das Revoluções Científicas*. No sentido oposto ao do treinamento como práxis, o treinamento como *poiesis* não é limitado por sistemas de referência *a priori*; ele é gerado pela exploração de materiais, processo que pode levar à criação de procedimentos e elementos em cada processo criativo.

A relação entre o ator e os materiais de atuação representa o núcleo do treinamento como *poiesis*. Contudo, este aspecto pode ser de extrema importância também no treinamento como práxis. Se pensarmos sobre as várias abordagens de

DO INTRACULTURALISMO AO TRANSCULTURALISMO 41

atuação formuladas como sistemas, tais como aquelas concebidas por M. Tchékhov, Vakhtángov, Decroux, Vassíliev, Lecoq e Eugenio Barba, dentre muitos outros, é possível reconhecer tal fato. Porém, é importante apontar que se no treinamento como práxis a relação entre o ator e os materiais de atuação será guiada pelos pressupostos que constituem a identidade de cada sistema de atuação, no treinamento como *poiesis* esta relação não será determinada necessariamente por nenhum pressuposto ou hipótese construída *a priori*. Portanto, se a formulação de algumas questões pode ser considerada como não pertinente no treinamento como práxis, no treinamento como *poiesis* não existiriam restrições desse tipo.

No treinamento como práxis o processo criativo será geralmente determinado por valores e princípios preconcebidos; no treinamento como *poiesis* o processo criativo pode ser o resultado de procedimentos antitéticos e não-lineares. A coerência nesse caso emergiria da exploração de uma lógica específica, que é precisamente a lógica do *modus operandi* do ator, ou seja, a lógica de sua prática. Conforme apontado por Bourdieu, a lógica da prática pode envolver "princípios que não são coerentes"[97], e nesse sentido é através da exploração do treinamento como *poiesis* que esse fator pode surgir. O treinamento como *poiesis* envolve, assim, uma lógica empírica, cujas implicações podem "escapar à apreensão teórica"[98].

A combinação entre práticas extraídas de sistemas de atuação e práticas inventadas durante os processos criativos dirigidos por Brook, desde *O Teatro da Crueldade* até *Sonho de uma Noite de Verão*, produziu territórios híbridos nos quais *ethos* e técnica estavam intrinsecamente ligados, e gerou materiais que constituiriam os espetáculos. Durante esses processos os atores eram chamados a aprender a aprender a fim de ampliar suas próprias potencialidades expressivas assim como aquelas dos materiais explorados. Além dos aspectos do trabalho de Brook relacionados com as funções propostas por Schechner, também a combinação de práticas mencionada acima nos permite reconhecer a existência de um treinamento do ator no trabalho desenvolvido por Brook e seus atores nos anos 60. De

97 *The Logic of Practice*, p. 86.
98 Idem, ibidem.

42 A CINÉTICA DO INVISÍVEL

fato, tal combinação corresponde a dois princípios constitutivos do treinamento do ator referidos por Savarese e Brunetto assim como por Féral[99]: a amplificação da capacidade técnica do ator e a produção de materiais para o espetáculo.

Além disso, outro aspecto pode ser mencionado com relação ao treinamento como *poiesis*, tal como desenvolvido por Brook e seus atores nesse período. A produção do "mito" apontado por Savarese e Brunetto[100] e já comentado neste ensaio, gerou uma percepção cristalizada em relação ao treinamento do ator, também em função de um elemento específico: a repetição. Grotóvski, influenciado por práticas de atuação orientais, combinou uma sequência de exercícios que deveriam ser repetidos até a exaustão pelos atores[101]. No que diz respeito aos teatros orientais, tais como o Kathakali indiano ou o Topeng balinês, dentre outros, os processos de incorporação (*embodiment*) são produzidos através de repetições de partituras vocais e corporais. Uma vez repetidas, as partituras podem gerar conexões entre processos interiores e exteriores, ampliando dessa forma as potencialidades expressivas do ator[102]. No caso de Grotóvski, a exploração de repetições cumpriu a mesma função.

Porém, o objetivo aqui não é o de demonstrar a conexão entre as práticas desenvolvidas por teatros orientais e as práticas exploradas por Grotóvski, mas sim a de chamar a atenção para um aspecto significativo que caracteriza a abordagem de Brook sobre o treinamento do ator desenvolvida nos anos 60. Considerando as práticas desenvolvidas por ele e seus atores no período apenas mencionado, as quais são vistas aqui sob a categoria de treinamento como *poiesis*, é possível acrescentar que ao invés de repetições de partituras corporais e vocais específicas, os processos psicofísicos foram produzidos, nos processos criativos já examinados, por um "processo de veto-

99 Ver respectivamente, N. Savarese; C. Brunetto (orgs.), op. cit., p. 5-10; e Josette Féral, Vous avez dit "Training"?, em C. Müller (org.), op. cit., p. 7-27.

100 N. Savarese; C. Brunetto (orgs.), op. cit., p. 8.

101 Ver J. Kumiega, op. cit., p. 109-126.

102 E. Barba; S. Sanzenbach, The Kathakali Theatre, *The Tulane Drama Review*, n. 4, p. 37-50; P. Zarrilli, *Kathakali Dance-Drama*; I. Lendra, Bali and Grotowski: Some Parallels in the Training Process, em P. Zarrilli (org.), *Acting (Re) considered*, p. 137-154.

DO INTRACULTURALISMO AO TRANSCULTURALISMO 43

rização", através do qual uma combinação variada de procedimentos convergiu em direção à inter-relação de materiais selecionados. Em *us*, por exemplo, a conexão entre os processos interiores e exteriores do ator foi produzida através de diferentes procedimentos, os quais foram associados por um lado à exploração do efeito-*happening*, e por outro à exploração da autopenetração. Em ambos os casos os processos psicofísicos foram gerados através de uma constante combinação e recombinação de materiais.

Nesse sentido, além de Brook, outros grupos exploraram o treinamento como *poiesis* durante o período mencionado acima, tais como The Open Theatre, The Living Theatre e The Judson Church Theatre, dentre outros. Apesar das implicações associadas a cada um desses grupos, as práticas desenvolvidas por eles podem ser vistas como meios de expressão do Devising Theatre[103]: "a única regra é que o indivíduo jamais estará preparado para a situação que ele realmente encontra"[104]. Porém, como veremos mais adiante, graças ao desenvolvimento do trabalho de Brook com o CIRT nos anos 70, o treinamento como *poiesis* irá adquirir em sua produção teatral uma identidade mais profunda e precisa.

MODOS DE IMPROVISAÇÃO E FORMA FLUTUANTE: O ATOR MENSAGEIRO

Nesta seção dois aspectos do trabalho de Brook sobre a atuação serão examinados: improvisação e forma. O objetivo é perceber o modo através do qual esses elementos permearam suas investigações teatrais desde o início de sua carreira até a abertura do Les Bouffes du Nord em 1974 em Paris. Se inicialmente tais elementos serão analisados separadamente, mais adiante nossa atenção será dirigida para a inter-relação entre eles.

---

103 O Devising Theatre pode ser definido como um teatro improvisacional surgido em contextos anglo-saxões de maneira mais consistente a partir dos anos 60. Ver A. Oddey, *Devising Theatre*.
104 D. Williams, *Peter Brook and The Mahabharata*, p. 6.

44 A CINÉTICA DO INVISÍVEL

Improvisação: De O Balcão até Sonho de uma Noite de Verão *(1960 – 1970)*

A improvisação adquiriu uma importância crescente no trabalho de Brook desde o início dos anos 60. Foi durante os ensaios de *O Balcão* de Jean Genet que Brook estabeleceu um contato com esse "novo procedimento":

como surgiu a necessidade de explorar um método especial que contribuiria para a formação de um grupo em pouco tempo, eu conduzi a minha primeira experimentação com um instrumento novo e desconhecido chamado improvisação. Esse fato abriu muitas direções fascinantes que eu continuaria a explorar nos anos seguintes. Improvisar pode adquirir inúmeras formas com muitas aplicações diferentes, e eu soube na época [...] que o teatro americano, o Actor's Studio em particular, estava explorando improvisações baseadas em situações cotidianas [...] Essa prática seguia uma convicção de Stanislávski segundo a qual quanto mais os atores aprendem a improvisar cenas que não estão presentes nos textos, mais eles serão capazes de acreditar na realidade humana das personagens e situações a serem trabalhadas[105].

Durante os ensaios de *Moderato Cantabile*, produzido no mesmo ano, a improvisação permeou dois processos: por um lado, o diálogo artístico entre Brook e Duras, e, por outro, o trabalho de Brook com os seus atores. Com Duras cada detalhe foi examinado, e muitas modificações ocorreram durante a elaboração do roteiro:

Como Tchékhov, ela penetra tão profundamente em cada detalhe, até o mais banal, que ele se torna carregado de significado [...] uma porta que se abre, uma cortina sendo fechada, o telefone que toca, a taça de café quase caída, a hesitação no meio de uma sentença, um sim ou não [...] tudo se transformava num evento extraordinário[106].

Trabalhando com Jeanne Moreau, as incontáveis sugestões feitas por Brook durante os ensaios eram instantaneamente assimiladas por ela sem necessidade de explicações, e, "nesse sentido, ações surpreendentes, as quais muitos atores considerariam

---

105 P. Brook, *Threads of Time*, p. 106.
106 Idem, p. 110.

DO INTRACULTURALISMO AO TRANSCULTURALISMO   45

como não relacionadas ao universo da própria personagem, se tornaram, como acontece na vida, a revelação de uma faceta inesperada de uma mesma pessoa"[107]. Brook queria que os atores fossem "saturados pelas personagens através da exploração de cenas que não existiam no roteiro"[108]. Sendo assim, os processos improvisacionais tiveram um papel central em *Moderato Cantabile*.

Desenvolvendo o que havia aprendido em *O Balcão* e *Moderato Cantabile*, durante os ensaios de *Rei Lear*, produzido dois anos mais tarde, improvisações continuaram a ser exploradas de maneira consistente. Como já mencionado, ao invés de planejar antecipadamente o que ele faria com os atores, Brook cultivou o que chamou de "vago sentido de direção", se concentrando no que acontecia, momento por momento: "o ponto em que se chega determina como prosseguir"[109]. Em *Marat/Sade* as improvisações funcionaram como um rio. Como sabemos, a fim de produzir energia, a corrente de água necessita de um obstáculo. Essa foi a função assumida pelo texto de Weiss durante os ensaios dessa produção: ele agiu como uma roda d'água. A vitalidade do espetáculo emergiu através da fusão entre os resultados obtidos nas improvisações e o texto. As improvisações em *Sonho de uma Noite de Verão* seguiram um caminho semelhante. De qualquer forma, o diálogo entre improvisação e material literário gerou, dessa vez, implicações particulares associadas à produção de processos psicofísicos.

Mesmo considerando os elementos e procedimentos específicos envolvidos nesses casos, é possível perceber conexões entre eles, que estão diretamente ligadas, por sua vez, aos processos improvisacionais. Em todos os casos mencionados acima, improvisações foram exploradas a fim de gerar resultados que seriam utilizados de diferentes maneiras: para materializar conteúdos latentes dos textos dramáticos (*O Balcão*; *Rei Lear*); e/ou para estabelecer um diálogo com o texto, expandindo assim suas potencialidades semânticas (*Moderato Cantabile*; *Marat/Sade*; *Sonho de uma Noite de Verão*). Portanto, a improvisação aí foi explorada como instrumento.

---

107   Idem, p. 19.
108   Idem, p. 110.
109   P. Brook apud C. Marowitz, Lear Log, op. cit., p. 108.

46   A CINÉTICA DO INVISÍVEL

Em contraste com esses processos, o modo como a improvisação foi colocada em prática em *O Teatro da Crueldade* e *US* envolveu diferentes aspectos e produziram diferentes implicações. No que diz respeito ao primeiro caso, os textos explorados por Brook e seus atores, tais como *Ars Longa, Vita Brevis* de Arden-D'Arcy e *Jato de Sangue* de Artaud, assim como as colagens – *O Banheiro Público* e *Colagem Hamlet* – eram permeadas por um alto grau de autorreferencialidade. De maneira semelhante ao que aconteceu nos processos associados à improvisação como instrumento, também nesses casos havia uma conexão entre materiais e objetivos. Em outras palavras, enquanto os materiais explorados em *O Balcão, Moderato Cantabile, Marat/Sade* e *Sonho de uma Noite de Verão* eram funcionais ao desenvolvimento da improvisação como instrumento, os materiais usados em *O Teatro da Crueldade* e *US* exigiam modos de exploração. Em *O Teatro da Crueldade*, mais do que tramas, Brook e Marowitz queriam investigar diferentes modos de atuação associados a narrativas não-lineares. Assim, materiais caracterizados por um alto grau de autorreferencialidade foram vistos como um terreno promissor através do qual tais objetivos poderiam ser atingidos. No tocante a *US*, materiais e objetivos estavam igualmente ligados. Nesse caso, materiais foram criados e articulados durante os ensaios a fim de sensibilizar atores e espectadores em relação às contradições produzidas pela guerra do Vietnã.

Em *O Teatro da Crueldade* e *US*, portanto, improvisações foram exploradas de maneira semelhante. Além de servir a seus respectivos objetivos, as improvisações funcionaram em ambos os casos como um meio graças ao qual materiais poderiam ser rearticulados ou inventados. É importante perceber aqui a diferença entre a maneira como as improvisações foram exploradas nesses casos e o modo como foram exploradas nos casos associados à improvisação como instrumento. Enquanto a improvisação como instrumento cumpriu a função de materializar conteúdos latentes e expandir as potencialidades semânticas de textos dramáticos, em *O Teatro da Crueldade* e *US* as improvisações não funcionaram como instrumentos que estavam a serviço dos materiais; as improvisações se tornaram o meio através dos qual materiais foram produzidos, gerando

DO INTRACULTURALISMO AO TRANSCULTURALISMO   47

assim narrativas não-lineares e diferentes tipos de seres ficcionais: indivíduos, tipos e significantes móveis. Nesses casos, a improvisação foi explorada enquanto método.

Improvisação: CIRT (1970-1974)

Com a abertura do CIRT em 1970, tem início uma nova fase no trabalho do diretor teatral Peter Brook. Como já mencionado acima, um percurso é perceptível no trabalho de Brook que, em termos pavisianos, pode ser definido como o que parte do intraculturalismo e vai em direção ao transculturalismo[110]. De fato, ao longo do tempo ele se interessou cada vez mais por aspectos relacionados à universalidade da condição humana e, nesse sentido, a fase do CIRT representa um período de transição. Brook parece perceber a cultura de maneira ambivalente: por um lado, como delimitação artificial construída a partir de estereótipos cristalizados; e, por outro, como dimensão humana essencial, originária, que necessita ser restaurada[111]. Essa dimensão originária parece ser considerada, por Brook, uma camada que se encontra por trás ou sob as culturas, uma camada que permeia todas as culturas. Em sintonia com a segunda percepção de cultura, durante o trabalho desenvolvido no início dos anos de 1970, ao interagir com as populações do Irã, África, e Estados Unidos, Brook e seus atores buscaram o que ele chamou de "linguagem comum"[112]. Considerando o mito e o arquétipo como elementos transculturais, nesse período eles exploraram o teatro "como um meio de ir além do teatro"[113].

As viagens do CIRT contribuíram para o desenvolvimento de um processo em que o ator deveria investigar a si mesmo:

Os atores precisam experienciar um intenso processo de auto-exploração [...] Eles precisam se despir de suas aparentes personalidades, maneirismos, hábitos, vaidades, truques, clichês [...] para

---

110 Ver P. Pavis (org.), *The Intercultural Performance Reader.*
111 Ver D. Williams, "Remembering the Others that Are Us"..., em P. Pavis, *The Intercultural Performance Reader*, p. 72.
112 Ver A. C. H. Smith, *Orghast at Persepolis*, p. 149-150.
113 L. Marshall; D. Williams, Peter Brook: Transparency and the Invisible Network, em A. Hodge, (org.), op. cit., p. 177.

que um estado mais profundo de percepção seja encontrado [...] Nós estamos nos desembaraçando de nossa condição cotidiana [...] mas os atores precisam se transformar antes. Ele precisa se libertar de sua pele inútil como uma cobra. Ele precisa transformar seu inteiro ser. Conhece a ti mesmo[114].

Os processos ocorridos durante essas viagens geraram assim não a busca de uma coleção de habilidades, mas o oposto: "nós tentamos trabalhar não a fim de avançarmos ou para ampliar nosso talento [...] mas para irmos para trás. Nós estávamos lá não para aprender, mas para desaprender"[115]. Além disso, o objetivo de estabelecer um contato direto com as pessoas de outras culturas não envolveu só o público, mas também o próprio grupo de atores do CIRT:

no microcosmo de nosso pequeno grupo uma possibilidade de contato existe em um nível profundo. Ele se torna possível para pessoas que não falam uma única língua ou não têm referências comuns, que não podem compartilhar as mesmas piadas ou reclamações[116].

O essencialismo associado com a busca de uma linguagem comum pelos membros do CIRT no início dos anos 70 gerou várias implicações. Por exemplo, ao desenvolver uma pesquisa que visava se concentrar sobre o que está além e atrás das diversidades culturais, eles conseguiram estabelecer trocas culturais genuínas com o público no Irã, África e Estados Unidos? Ou Brook e seus atores simplesmente se apropriaram das culturas do Outro, projetando sobre elas interpretações preestabelecidas?

No que diz respeito à visão de Brook sobre a África, a maneira generalizada através da qual ele descreveu a percepção africana de realidade[117] está em sintonia com a "lei de participação" formulada por Lévy-Bruhl[118], como referido por Williams: "aparentemente a visão de Brook tem muito em comum com ultra-

---

114 J. Heilpern, *Conference of the Birds*, p. 157.
115 Idem, p. 165.
116 P. Brook, *The Shifting Point*, p. 106.
117 Ver J. Heilpern, op. cit., p. 72.
118 Ver L. Lévy-Bruhl, *How Natives Think*; idem, *The Soul and the Primitive*.

DO INTRACULTURALISMO AO TRANSCULTURALISMO 49

passados escritos de Lévy-Bruhl"[119]. Desse modo, ao refletir sobre esse período do trabalho de Brook, não podemos deixar de apontar implicações relacionadas com a questão da alteridade.

De acordo com Lévinas, o mundo que eu vivo é um mundo habitado por objetos que se diferenciam de mim, e são caracterizados por uma certa alteridade. Eu encontro e lido com esses objetos com diferentes atitudes, sejam elas práticas e/ou teóricas. Mas quando eu as estudo ou as utilizo em meu trabalho, eu transformo constantemente o estrangeiro e diferente em familiar e semelhante, e assim faço com que eles percam sua estranheza. Sendo assim, a

alteridade, a radical heterogeneidade do outro, é possível somente se o outro se mantém como outro cuja essência deve ser mantida em seu ponto de partida para servir como *inserção* na relação, para assim ser o mesmo, não relativamente, mas absolutamente[120].

Consequentemente, podemos dizer que a busca pela linguagem comum desenvolvida por Brook e seus atores através da relação direta com os públicos de diferentes culturas gerou uma situação complexa. Ao buscar "elos" entre as culturas, estavam eles conscientes dos problemas colocados por Lévinas? De qualquer forma, se por um lado não podemos deixar de apontar contradições no trabalho de Brook, por outro devemos reconhecer os aspectos significativos que emergiram nesse período de trabalho com os seus atores, tais como a produção de um outro modo de improvisação, que difere daqueles já examinados neste ensaio.

Práticas improvisacionais foram exploradas através de diferentes estágios pelos membros do CIRT. Durante o primeiro ano eles investigaram as estruturas dos sons. Essa investigação envolveu várias abordagens e níveis de experimentação. A fim de perceber as potencialidades dos sons, cinco línguas foram praticadas: grego antigo; latim; avesta; zoroastro antigo; orghast, uma língua criada por Ted Hughes juntamente com os atores: o bashtahondo, composta por dezesseis sílabas criadas

---

119 D. Williams (org.), *Peter Brook: A Theatrical Casebook*, p. 200.
120 E. Lévinas, *Totality and Infinity*, p. 36.

50 A CINÉTICA DO INVISÍVEL

durante os ensaios de *A Tempestade*, aproximadamente três anos antes.

No Irã o trabalho foi dividido como descrito a seguir: Brook e Hughes se concentraram sobre o orghast; o diretor iraniano Ovanessian e a diretora Tadjadod sobre o avesta; Geoffrey Reeves sobre o grego e o latim. A investigação sobre cada língua representou um desafio específico. O avesta, por exemplo, requer habilidades bem desenvolvidas, a voz nesse caso deve mover dos lábios para a garganta e para o nariz, a fim de produzir sons explosivos, guturais e nasais com passagens abruptas de altura. De acordo com Smith, Brook queria produzir uma espécie de antimúsica através de um "retorno às propriedades vocais inerentes a cada palavra"[121].

Em sintonia com as formulações de Zeami, em *Kadensho*, segundo as quais contrastes devem ser dominados pelo ator em diferentes níveis, a energia do grito era canalizada em uma voz silenciosa. Cada sílaba ou mesmo letra era alongada a fim de encontrar diferentes qualidades e vibrações: "cada letra carrega um mundo de significados que foram esquecidos"[122]. Nos sons semicantados ensinados por Oida, várias dinâmicas eram praticadas em conjunção com diferentes posturas corporais. Richard Peaslee trabalhou com os atores sobre ritmos complexos a fim de produzir contrastes perceptíveis. No trabalho com o orghast, uma variedade de qualidades inusuais foi explorada, tais como o glissando, sussurros, grunhidos e risadas explosivas. Cada ator deveria incorporar as palavras do orghast, as quais eram consideradas elementos que poderiam gerar uma renovação de energia: "a exploração de raízes da linguagem necessita ir além do plano verbal para entrar na fisiologia do discurso"[123].

O trabalho corporal envolveu muitas atividades, algumas das quais já haviam sido praticadas antes, tais como o exercício do espelho ou o *tai chi*, e outras novas, tais como a exploração da respiração. Os exercícios de respiração eram supervisionados pelo diretor romeno Andrei Serban. O objetivo aí era produzir uma gama de estados de consciência.

121 Op. cit., p. 56.
122 Idem, p. 79.
123 Idem, p. 42.

DO INTRACULTURALISMO AO TRANSCULTURALISMO 51

Todo o trabalho desenvolvido no Irã sobre a voz e o corpo, seja separadamente, seja de forma integrada, visou melhorar a qualidade de contato entre os atores e a exploração dos materiais de atuação (línguas, sons etc.). Nesse sentido, cabe ressaltar que a amplitude de investigações colocadas em prática no início dos anos 70 é muito maior que aquela explorada nos anos 60.

Após a estreia de *Orghast* (1971) nas tumbas de Antaxerxes II, em Persépolis, o grupo retornou a Paris. Ao invés de dar continuidade ao trabalho iniciado no Irã, outras referências e práticas seriam exploradas, processo que levou Brook e seus atores em direção a uma nova perspectiva. Tanto a experiência direta com o dr. Moshe Feldenkrais como a vivenciada com os atores do American Theatre of the Deaf (Teatro Americano dos Surdos) cumpriram aí um papel relevante. No que diz respeito ao trabalho feito com os atores surdos, como observado por Marshall e Williams "a interação com a amplificada sensibilidade táctil e visual desses atores foi considerada tão produtiva quanto qualquer outro tipo de treinamento 'especializado' – talvez até mais"[124]. Com relação às experiências com o dr. Feldenkrais, não há um registro detalhado dos encontros de trabalho que aconteceram em Paris. Na época Brook considerava o método de Feldenkrais útil, tal trabalho representava um meio de compensar a falta de uma educação física tradicional no Ocidente[125]. No entanto, apesar da escassez de documentos, podemos associar alguns aspectos do método de Feldenkrais, presentes em sua visão sobre a consciência, com o trabalho desenvolvido por Brook e seus atores no início dos anos 70. Desenvolver a própria consciência na abordagem de Feldenkrais não implica um processo mental simplesmente, mas ele é gerado através da relação intrínseca entre corpo e mente. Sendo assim, os praticantes do método Feldenkrais põem de lado temporariamente modelos habituais de comportamento a fim de desenvolver uma percepção mais apurada de seus corpos e movimentos corporais. Feldenkrais compreendeu que esse processo está associado com o aprimoramento

---

124 Peter Brook: Transparency and the Invisible Network, em A. Hodge, (org.), op. cit., p. 178.
125 Ver P. Brook apud O. Aslan (org.), *Les Corps en jeu*, p. 299-302.

52   A CINÉTICA DO INVISÍVEL

da autoimagem[126], que envolve a atividade do córtex motor.
Uma vez que a atividade do córtex motor – região do cérebro responsável pelo planejamento, controle, e execução das
funções motoras voluntárias – tem um papel chave na propriocepção[127], Feldenkrais percebeu que as mudanças na habilidade motora do indivíduo são inseparáveis das mudanças
em sua percepção consciente de si mesmo enquanto incorporação[128]. Smith e Heilpern não se referem a Feldenkrais em
seus registros do trabalho de Brook desenvolvido no início
dos anos 70. Apesar disso, a exploração do movimento como
meio de ampliação da consciência em termos feldenkraisianos
é perceptível nessa fase do CIRT.

Todas as práticas desenvolvidas no Irã assim como em
Paris podem ser vistas como investigações que poderiam ser
aprofundadas de diferentes modos pelos atores individual-
mente, portanto, elas podem ser reconhecidas como práticas
improvisacionais. De qualquer forma, em relação a esse aspecto, ou seja, ao trabalho sobre a improvisação desenvolvido
no início dos anos 70 pelos membros do CIRT, um fato merece
uma atenção especial: o contato estabelecido no Irã com duas
formas teatrais, Ta'zieh e Ru'hozi. Essas formas teatrais exerceram um grande impacto sobre Brook e seus atores. Tendo
conhecido tais formas teatrais durante os ensaios de *Orghast*,
o diretor inglês percebeu nesses casos um circuito de comunicação especial entre atores e espectadores. Apesar da per-

---

126 A autoimagem de uma pessoa pode ser definida como uma imagem que descreve não somente detalhes que estão temporariamente disponíveis para uma
investigação objetiva desenvolvida por outros, tais como as características
físicas, mas também aspectos que foram assimilados sobre si mesmo, seja
através de experiências pessoais seja através de um processo de internalização
dos julgamentos feitos pelos outros. Ver M. Feldenkrais, *Awareness through
Movement*, p. 10-24.

127 Propriocepção, que significa a percepção própria de cada indivíduo, é o sentido da posição relativa às partes do próprio corpo. Diferentemente dos seis
sentidos da exterocepção (visão, paladar, olfato, tato, audição e equilíbrio)
através dos quais o indivíduo percebe o mundo exterior, a propriocepção é
um sentido da interocepção que produz um *feedback* do corpo internamente.
É o sentido que indica se o corpo está se movendo com o esforço requerido,
assim como indica onde as várias partes do corpo estão localizadas em relação umas as outras. A propriocepção é também conhecida como cinestesia.
Ver J. Daintith *Oxford Dictionary of Physics*, p. 632.

128 Ver M. Feldenkrais, op. cit.; idem, *The Potent Self*.

DO INTRACULTURALISMO AO TRANSCULTURALISMO 53

cepção de aspectos significativos relacionados com o Ta'zieh, o Ru'hozi influenciou os membros do CIRT de maneira mais profunda. Como descrito pelo próprio Brook, foi graças ao contato com essa forma teatral que ele decidiu criar seu primeiro *carpet show*[129], chamado *Dificuldades de um Noivo*.

Essas performances são alegremente obscenas, caracterizadas por uma grande energia física e de caráter local, e dialogam diretamente com as reações dos espectadores. Uma forma especial de Ru'hozi era apresentada dentro da área dos bordéis de Teerã, uma espécie de cidade dentro da cidade que podia ser acessada através de uma passagem estreita que passava em meio a um posto policial. Lá, havia lojas e um teatro onde toda manhã os atores se reuniam para ouvir a pessoa encarregada de dizer a eles o tema que havia escolhido para aquele dia. Então, hora após hora sobre o palco os atores improvisavam, deixando o tema desenvolver, elaborar, e lapidar através da cadeia de espetáculos, até que tarde da noite seria apresentado o último espetáculo daquele dia, o mais perfeito. Então o tema seria descartado, e na manhã seguinte um novo tema seria escolhido[130].

Com relação à performance dos atores Ru'hozi, Brook apontou a habilidade demonstrada por eles em perceber o público e atuar em sintonia com ele; a criatividade, revelada também através do modo pelo qual eles exploram o ritmo; a prontidão; e a coragem para correr riscos[131]. O contato com essa forma teatral levou Brook a perceber o que ele chamou de "raízes da energia cômica", cujos aspectos seriam, ao seu ver, dentre outros, a qualidade de exposição do ator e a intensidade expressiva. Brook viu o Ru'hozi enquanto forma teatral em que a relação ator / espectador é estabelecida em um nível perceptivo especial que envolve, por sua vez, a produção de um tipo de comunicação, a "comunicação-antes-da-compreensão"[132].

Quando o grupo internacional dirigido por Brook assistiu a um espetáculo Ru'hozi pela primeira vez, o diretor inglês, surpreso pela sua força expressiva, decidiu fazer uma experimentação. Ele quis verificar o que emergiria de um diálogo

---

129 *Carpet Shows* são improvisações feitas por Brook e seus atores no início dos anos 70, as quais eram desenvolvidas sobre um tapete.
130 P. Brook, *Threads of Time*, p. 178-179.
131 Ver A. C. H. Smith, op. cit., p. 81, 148-152, 254.
132 Idem, p. 48-49.

54 A CINÉTICA DO INVISÍVEL

improvisacional entre os atores Ru'hozi e seus atores do CIRT. O resultado foi desastroso: "os atores de Paris [...] não conseguiram se manter no mesmo nível deles"[133]. Além de admitir certas dificuldades manifestadas pelo seu grupo, graças à performance dos atores Ru'hozi, Brook reconheceu potencialidades associadas à improvisação. Tais potencialidades seriam exploradas por seus atores a fim de concretizar a já mencionada linguagem comum, objetivo estabelecido desde a abertura do CIRT: "O Ru'hozi representou um precioso modelo de improvisação. Ele nunca se dilui. Em Uzbakti eu experienciei algo que sempre acreditei ser verdadeiro, que é possível se comunicar com os outros através de uma linguagem comum"[134].

A busca por uma linguagem comum, ou seja, por meios expressivos que estabeleçam uma relação entre atores e espectadores de diferentes culturas, continuou a guiar o trabalho desenvolvido pelos membros do CIRT na África, através das apresentações dos *carpet shows*. O primeiro foi realizado no deserto argelino de In Salah. Após escolher e organizar o espaço de atuação, os atores começaram a atuar os materiais que haviam explorado em Paris, nesse caso, canções. Quando eles cantaram a terceira canção uma ligação com o público foi estabelecida. É interessante notar nesse ponto a diferença entre o primeiro *carpet show* apresentado na África e o anterior – *Dificuldades de um Noivo* – que eles haviam apresentado no Irã. Em contraste com esse último, que era caracterizado por uma trama clara e personagens definidas, em In Salah a relação com o público foi perseguida através de canções, revelando assim uma forma diferente de concretizar esse objetivo. Em In Salah, além disso, um fato significativo aconteceu durante uma improvisação que seria conhecida como *The Shoe Show* (A Improvisação com os Sapatos). Após uma primeira tentativa frustada, onde não houve êxito em estabelecer uma conexão com o público, um dos atores, Andreas Katsulas, colocou um par de coturnos no meio do espaço de atuação. Essa simples ação gerou processos inesperados.

A multidão olha para as botas. Os atores olham para as botas. Todos estão olhando para um par de botas. Foi como se todos estivessem

133 Idem, p. 149-150.
134 Idem, p. 150.

DO INTRACULTURALISMO AO TRANSCULTURALISMO   55

olhando-o pela primeira vez. Então Katsulas [...] se aproximou das botas. Que sorte! Encontrar um par de botas em meio ao nada. Então ele vestiu as botas, uma vez que ele não possuía um par de botas. Ele está agora com aquelas grandes botas, e ele se sente muito bem com elas, ele caminha sobre o tapete como se fosse um novo homem, um homem poderoso, um gigante! Algumas vezes as botas não o conduziriam para onde ele deseja. Elas brigam com ele, o chutam. Yoshi decide que ele quer as botas, confronta o gigante, fica com medo, se esconde em meio a multidão. Gritos! O gigante o persegue, mas agarra uma criança. Todos estão rindo agora, com exceção da criança que demonstra estar amedrontada. Então, o gigante que é um gigante gentil, tira uma das botas e a dá à criança, que não sabe o que fazer com ela. "Assopre", mima o gigante [...]. Os olhos da criança estão arregalados. O gigante pede-lhe que tente. A criança assopra e o som surge (Swados está soprando uma concha na outra extremidade do tapete). A criança olhou para a bota e olhou para o céu, ela estava sem palavras[135].

De acordo com Brook, essa experiência foi particularmente importante, porque revelou uma possibilidade de construção da linguagem comum que estavam buscando:

Nossa primeira apresentação foi o momento mais emocionante de nossa viagem. Porque foi um confronto com algo totalmente desconhecido, não sabíamos o que poderia ser comunicado, e o que não poderia [...]. Através de um par de botas a relação foi estabelecida com o público; o que foi desenvolvido foi compartilhado com o público graças ao uso de uma linguagem comum[136].

Além disso, a improvisação dos sapatos gerou outra implicação relevante. Após reunir o público em um vilarejo na Nigéria através da execução de movimentos acrobáticos, Katsulas, o ator grego-americano do grupo de Brook, vestiu novamente as botas e começou a caminhar sobre o tapete. Em contraste com a primeira vez, agora tal ação foi recebida com estranhamento. Nada funcionou. Terminada a apresentação, de acordo com Heilpern, Brook apontou o problema.

Por que seriam as botas mágicas? [...] Ao tentar criar uma linguagem universal, o espetáculo foi criado com base em uma convenção

135 A. Hunt; G. Reeves, op. cit., p. 178.
136 Apud A. Hunt, G. Reeves, op. cit., p. 177.

56 A CINÉTICA DO INVISÍVEL

teatral ocidental. Segundo essa convenção, é dado como óbvio o fato de que as botas podem transformar pessoas, trazendo sorte ou tragédia, a referência popular sobre a qual tantas histórias infantis são baseadas. Eu vi muitas pantomimas. Mas os habitantes dos vilarejos africanos não, assim como não viram nenhuma forma de teatro como conhecemos nós. O público não poderia entender o que estava acontecendo porque eles não compartilhavam as mesmas convenções [...]. Um ator tenta representar um homem idoso e então tropeça e anda com dificuldade. Nós reconheceríamos tal personagem imediatamente. Mas um habitante de um vilarejo africano pode ver algo totalmente diferente [...]. Ele poderia ver alguém fazendo um movimento corporal interessante ou imaginar que ele estivesse carregando um objeto pesado[137].

Apesar da pertinência da percepção de Brook com relação às convenções teatrais, uma questão permanece aberta. Como referido por Hunt e Reeves, o problema das convenções teatrais não havia sido percebido por Brook antes, quando a improvisação dos sapatos parecia estar funcionando bem: "O que Heilpern não explicou, no entanto, é por que o público de outras apresentações não reagiu com estranhamento"[138]. Nesse sentido, poderíamos perguntar: foram as convenções teatrais a causa real do problema surgido no vilarejo nigeriano, ou esse aspecto foi usado por Brook para justificar as dificuldades enfrentadas nessa ocasião?

Além das ulteriores apresentações da improvisação dos sapatos, algumas delas problemáticas, outros *carpet shows* foram feitos pelo grupo internacional: *The Noise Show* (a improvisação do barulho); *The Walking Show* (a improvisação da caminhada); *The Bread Show* (a improvisação do pão); *The Ogre Show* (a improvisação do ogro); *The Trickster Experiment* (o experimento com o trickster); *fragments of Conference of the Birds* (fragmentos de *A Conferência dos Pássaros*); *and Romeo and Juliet Bird Show* (improvisação dos Pássaros Romeu e Julieta). Em todos eles, materiais de atuação foram utilizados e descartados a fim de desenvolver uma relação consistente com o público.

O episódio do reconhecimento da importância das convenções teatrais por parte de Brook pode ser visto como um

137 Apud J. Heilpern, op. cit., p. 203-204.
138 Op. cit., p. 182.

DO INTRACULTURALISMO AO TRANSCULTURALISMO 57

outro ponto de mudança em seu trabalho sobre a atuação. De fato, após esse episódio, materiais de atuação passaram a ser progressivamente vistos como descartáveis durante as viagens pela África. Em outras palavras, materiais de atuação (tramas, canções etc.) começaram a ser descartados quando não contribuíam para gerar uma relação consistente com o público africano. A fim de buscar tal objetivo, Brook e seus atores tiveram que experimentar diferentes níveis de comunicação, e tal fato nos leva a considerar outro aspecto importante do trabalho do diretor inglês com o CIRT: a escolha de trabalhar com atores provenientes de diferentes culturas.

Essa escolha exerceu um papel importante no desenvolvimento dos *carpet shows*. O nível de contato entre os atores representa um dos aspectos centrais das práticas improvisacionais, independentemente da abordagem utilizada. Dessa forma, quando executada por atores que não fazem parte da mesma cultura, algumas implicações são produzidas. Nesse caso, as palavras reduzem sua função utilitária, e como resultado um grau mais elevado de atenção é requerido. Dado que aí a improvisação não pode ter como suporte valores, piadas, clichês… comuns, a importância da comunicação não-verbal aumenta consideravelmente. Sendo assim, quando praticada por indivíduos de diferentes culturas, a improvisação passa a fazer com que o ator expanda suas próprias possibilidades expressivas, de outra forma, o contato com os colegas não poderá ser estabelecido. Descrevendo suas experiências teatrais com Brook no início dos anos 70, Oida menciona a existência de diferentes níveis ou qualidades de improvisação:

Um dia nós fizemos uma improvisação, uma esposa e um marido; eu trabalhei nessa ocasião com uma atriz americana. Minha ideia de marido seguia a concepção japonesa, e a sua ideia era a de uma esposa americana. Então tivemos que nos desprender de nossos hábitos culturais e atuar um homem e uma mulher a fim de poder improvisar juntos. O trabalho com Peter opera em um nível fundamental. Nós jogamos fora o "exterior", reduzimos o aparente, e buscamos revelar aspectos da realidade humana[139].

---

139 Em entrevista concedida a D. Bradby; D. Williams, Communication and The Blood of The Stage, em D. Bradby; M. Delgado (orgs.), op. cit., p. 67.

58 A CINÉTICA DO INVISÍVEL

Baseado em tais considerações, um modo específico de improvisação, colocado em prática pelos atores de Brook durante o período examinado, pode ser reconhecido. Também nesse caso a conexão entre objetivos e materiais é intrínseca. No entanto, ela se difere significativamente dos modos analisados anteriormente. Em contraste com o primeiro modo de improvisação, a improvisação como instrumento, aí, não serviu às necessidades geradas pelos materiais utilizados, mas os gerou; e em contraste com o segundo modo chamado aqui de improvisação como método, os materiais não foram produzidos para permanecer, mas foram constantemente ajustados, transformados e descartados durante os *carpet shows*. O modo de improvisação surgido no início dos anos 70 no trabalho de Brook representou acima de tudo um processo dinâmico de comunicação composto de muitas camadas. Seu objetivo mais importante era estabelecer uma relação consistente com o público a fim de produzir *communitas*[140]. Na África, a improvisação foi explorada pelos atores do CIRT como canal.

Dado que os materiais de atuação se tornaram descartáveis na improvisação como canal, os atores do grupo internacional dirigido por Brook precisavam desenvolver procedimentos que funcionassem como fontes de novos materiais. Sendo assim, foi provavelmente em função dessa necessidade que os "objetos vazios" surgiram no trabalho de Brook. Como ele diria mais tarde, o ator

pode nos fazer acreditar que uma garrafa de plástico pode se transformar em uma criança maravilhosa. É necessário um ator de grande qualidade para que ocorra a alquimia segundo a qual uma parte do cérebro vê a garrafa e a outra parte do cérebro, sem contradição, sem tensão, e com prazer, vê o bebê, o pai segurando-o e a

---

140 Victor Turner define dois modelos de inter-relação humana: a sociedade, que é estruturada e diferenciada; e *communitas*, que é relativamente não-estruturada e indiferenciada, ou seja, antiestrutural. *Communitas* emerge nos interstícios da estrutura social, em suas margens, ou em seus baixos extratos durante os períodos e situações de liminalidade. *Communitas* e estrutura social estão em relação dialética para ele. Ver V. Turner, *The Ritual Process*, p. 94-166; idem, *From Ritual to Theatre*, p. 15-17, 45-51. *Communitas* parece representar o que Brook e seus atores queriam atingir na África: uma rede antiestrutural e indiferenciada de relações, produzida em contato direto com o público.

DO INTRACULTURALISMO AO TRANSCULTURALISMO   59

natureza sagrada dessa relação. Essa alquimia é possível se o objeto é tão neutro e comum que pode refletir a imagem que o ator dá a ele. Ele poderia ser chamado de "objeto vazio"[141].

Em sintonia com procedimentos colocados em prática pelos teatros orientais, durante as viagens do CIRT, Brook e seus atores tentaram ir além dos significados usuais atribuídos aos objetos. Porém, enquanto nos teatros orientais as utilizações dos objetos são previamente codificadas e transmitidas aos atores durante o período de aprendizado – no teatro Kabuki, por exemplo, um leque pode se transformar em flauta, garrafa, borboleta – no caso de Brook, no início dos anos 70, seus atores pretenderam ressignificar objetos, durante a performance dos *carpet shows*, em frente ao público. Na improvisação dos sapatos, por exemplo, as potencialidades semânticas associadas a um par de botas foram exploradas enquanto as ações se desenvolviam. Helen Mirren se tornou uma velha mulher quando Katsulas fez com que ela tirasse as botas; Katsulas usou então as botas como telefone etc. O que define os objetos como "vazios" nesses casos é o fato deles serem atribuídos de significado enquanto as ações são desenvolvidas pelos atores, através do modo como tais objetos são manipulados por eles. No trabalho de Brook, a exploração de objetos vazios teve início nos anos 70 e se tornou uma prática que permearia diferentes produções teatrais dirigidas por ele.

Analisando alguns aspectos de *Ubu aux Bouffes* (Ubu no Bouffes, 1977), Evelyne Ertel se refere ao modo como alçapões, bastões e carretéis gigantes adquiriram diferentes significados durante o espetáculo, sem a menor tentativa feita pelos atores de disfarçar tais procedimentos: "o mesmo objeto reaparecia diversas vezes com funções e significados explicitamente diferentes, sem que, de alguma forma, tentássemos deixar de perceber que era o mesmo objeto"[142]. Sendo assim, explorados como fontes de múltiplos significados, através do jogo ou variação (*l'écart*) entre significantes e significados, os objetos adquiriam uma neutralidade que será modificada a cada ação executada

---

141 *The Open Door*, p. 55.
142 De Briques… et de broc: une esthétique de l'écart, *Travail Théâtral*, n. 29-30, p. 131.

60   A CINÉTICA DO INVISÍVEL

pelo ator. Ertel considera a simultaneidade entre identidade e diferença gerada por esse uso dos objetos um fator através do qual o cômico e o poético são produzidos no teatro. Graças a esse processo, o público pode testemunhar a construção de imagens cênicas; objetos desprovidos de significado se tornam instrumentos produtores de novas imagens. Assim, observa Ertel, o universo ficcional é gerado especificamente pelo trabalho do ator, que traz à tona, por sua vez, a teatralidade:

> Dois bastões abandonados anteriormente pelos atores deslizam para uma área mais próxima do público. Tal ocorrência não produz significado para o espectador: ele só vê traços parasitas deixados pelas cenas anteriores. Mas em breve os dois elementos, água e bastões, serão preenchidos de sentido: inesperadamente, o Pai e a Mãe Ubu se sentam no chão em meio a uma poça d'água, pegando cada um deles um bastão: nós não adivinhamos nada ainda. E é nesse momento que eles começam a remar com uma certa cadência. E então tudo passa a existir: o vasto oceano, a brisa, a viagem...[143]

No fragmento citado acima, Ertel descreve a maneira como bastões foram manipulados pelos atores em *Ubu no Bouffes* e o modo como tais objetos foram investidos de diferentes significados por eles. De qualquer forma, o trabalho com bastões adquiriu ao longo do tempo uma função mais precisa e complexa no trabalho de Brook. Portanto, o trabalho com esse objeto, tal como desenvolvido pelos membros do grupo internacional merece uma atenção especial nesse estudo. De fato, o trabalho com os bastões pode gerar implicações que vão além do jogo entre significantes e significados na atuação. A fim de examinar este aspecto, informações serão extraídas de uma experiência vivida em primeira pessoa: um *workshop* liderado pelo ator balinês Tapa Sudana[144], do qual participei como ator.

Muitas práticas foram desenvolvidas aí, desde *tai chi* até aquelas exploradas pelos contadores de histórias, da percussão japonesa ao trabalho com máscaras. Nesse sentido, um fato significativo emergiu desde o início dessa experiência com

143 Idem, p. 134.
144 O evento ocorreu na periferia de Paris em 2004, e durou aproximadamente três semanas. Para informações sobre Tapa Sudana e o *workshop* consultar o Apêndice páginas 221-224.

Sudana. Enquanto certas práticas eram associadas com o desenvolvimento de determinadas habilidades, outras exerceram uma função mais fundamental: aquela de fazer uma pesquisa sobre si mesmo. Sendo assim, além das práticas mencionadas acima, o trabalho com o bastão cumpriu um papel importante nesse processo.

Os bastões eram utilizados como objetos vazios durante o trabalho guiado por Sudana. De qualquer forma, um outro tipo de exploração foi progressivamente desenvolvida nessa ocasião, e é exatamente tal exploração que será descrita agora. Inicialmente o trabalho com o bastão gerou muitas dificuldades, uma vez que nós, os participantes, deveríamos repetir sequências fixas de movimentos. Além de funcionarem como um mediador entre corpo e espaço, nesse caso uma sala de ensaio, os bastões agiram como "mestres", tal como referido por Sudana. Em outras palavras, os bastões representaram um meio através do qual cada indivíduo pode crescer física, espiritual e intelectualmente. De fato, corpo, emoção e pensamento constituem o *tri buana* (três mundos) explorado por Sudana em seu trabalho como ator.

Conforme as sequências de movimentos eram praticadas, diferentes níveis de dificuldade emergiram. Dessa maneira, o bastão se tornou aos poucos um catalisador de processos psicofísicos em termos zarrillianos, de acordo com os quais a correlação entre respiração, postura e tensão muscular pode gerar diferentes níveis de conexão entre os processos interiores e exteriores[145]. De fato, movimentos executados com o bastão produziram gradualmente tensões musculares específicas e geraram a necessidade de explorar diferentes modos de respiração. Sudana frequentemente chamou a nossa atenção para a percepção dos impulsos e para o respeito que deveríamos demonstrar ao trabalhar com o bastão. Mais do que executar desenhos de movimentos, nós éramos estimulados a buscar pontos de contato entre os processos interiores e exteriores. Sudana nos pediu para não executarmos ações com o bastão. Nós deveríamos aprender a partir do contato com o

---

145 Ver P. Zarrilli, What Does It Mean to "Become the Caracter": Power, Presence, and Transcendence in Asian In-Body Disciplines of Practice, em R. Schechner; W. Appel (orgs.), *By Means of Performance*, p. 131-148; P. Zarrilli (org.), *Acting (Re)considered*; P. Zarrilli, *Kathakali Dance-Drama*.

4. *O trabalho com o bastão representa uma prática de atuação explorada pelos atores de Brook desde o início dos anos de 1970, a qual contribuiu para a ampliação de suas potencialidades expressivas. Nessa foto, um exercício é desenvolvido pelos membros do* CIRT *com os atores do American Theatre of the Deaf em Paris, 1972. Foto de David Hays.*

DO INTRACULTURALISMO AO TRANSCULTURALISMO

bastão e não guiá-lo, não impor a nossa vontade[146]. Mas ao mesmo tempo nós deveríamos cultivar uma atitude ativa, e não passiva. Com o passar dos dias notei que o bastão estava me levando a assumir posturas não familiares, as quais eu não imaginava que fosse capaz de executar. Os bastões eram praticados pela manhã e algumas vezes no final da tarde; eles eram também utilizados durante as nossas conversas em grupo. Nesses casos, os bastões eram deixados sobre o chão em frente a cada membro do grupo, apontando para o centro do círculo. Sudana nessas ocasiões nos pedia para não olharmos para a pessoa que estava falando, mas para o centro do círculo, para onde todos os bastões convergiam. Na foto 4, um uso semelhante é executado pelos membros do CIRT, com os atores do American Theatre of the Deaf.

Os bastões, portanto, exerceram múltiplas funções durante a experiência guiada por Sudana. Além de funcionar como um "objeto vazio" e como um instrumento utilizado para trabalhar fisicamente, ele foi explorado para expandir as potencialidades expressivas dos atores, processo este que envolveu a produção de experiências cinéticas e o desenvolvimento da autoconsciência. Autoconsciência aqui não diz respeito somente às ocorrências individuais subjetivas, mas também à interação dinâmica entre o indivíduo e os estímulos sócio-culturais e/ou ambientais. Como apontado por Marshall e Williams "os bastões exteriorizam e amplificam impulsos pessoais quando os indivíduos 'ouvem' o grupo"[147]. Além disso, como já referido no *workshop* liderado por Sudana, a relação entre o ator e o bastão gerou implicações associadas com a individuação, de acordo com as quais, em termos jungianos, o indivíduo pode ultrapassar os limites impostos pelo seu próprio ego. Heilpern se refere a esse processo em seu livro:

> Outro movimento de bastão era baseado na espada dos samurais. Os atores nesse caso praticam um movimento em que defesa e ataque deveriam acontecer ao mesmo tempo. [...] Para iniciar a abordar esse ideal, o ator necessita transformar seu ser como um todo [...]. Ele precisa perder seu ego[148].

146 Ver Apêndice, p. 222.
147 Peter Brook: Transparency and the Invisible Network, em A. Hodge (org.), op. cit., p. 180.
148 Op. cit., p. 188.

Baseado nessas considerações, é possível perceber de maneira mais clara a razão pela qual o trabalho com os bastões se tornou uma prática permanente explorada por Brook e seus atores desde o início dos anos de 1970. Os bastões representavam mais que um objeto dentre outros a ser utilizado: "Tal uso dos objetos, como instrumentos neutros multitransformáveis, se tornou uma componente integral da linguagem do grupo"[149].

No tocante à função desempenhada pelos objetos no trabalho de Brook com o CIRT, o tapete não pode deixar de ser considerado. O tapete desempenhou uma função que ultrapassou de maneira significativa aquela de determinar o espaço de ação cênica; ele adquiriu potencialidades simbólicas, funcionando assim como um elemento que cria um espaço através do qual o inesperado e o desconhecido pode emergir. O tapete "é belo, calmo, digno. Ele permite uma concentração interior que leva a um estado menos nervoso. Nós atingimos uma calma trabalhada"[150].

Mais do que ter uma função utilitária, o tapete preparou o ator para lidar com o vazio, e consequentemente espaços puderam ser criados não somente através de temas preestabelecidos, mas também por meio de ações corporais e vocais executadas por membros do CIRT: "Dentro do espaço vazio de Peter Brook, nada bloqueia a imaginação do espectador. Tudo é possível. Um gesto, um grito produzido por um ator é suficiente para criar um lugar, uma situação"[151].

Os objetos vazios, juntamente com o tapete, exerceram um papel importante na improvisação como canal. Graças a eles a relação entre os atores do CIRT e os espectadores africanos se desenvolveu de maneira dinâmica. A combinação entre esses fatores permitiu aos atores de Brook a exploração dinâmica de diferentes ritmos, situações e modos de representação.

Considerando as implicações associadas com a improvisação como canal, onde materiais podem ser descartados e transformados a qualquer momento, como é possível pensar aí sobre forma no trabalho do ator? Tentaremos lidar com essa questão agora.

---

149 D. Williams (org.), *Peter Brook and The Mahabharata*, p. 8.
150 Bruce Myers apud G. Banu, *Peter Brook: de* Timons d'Athènes *à* Hamlet, p. 49.
151 E. Ertel, De Briques... et de broc..., op. cit., p. 131.

5. *Durante a performance dos* carpet shows *no início dos anos 70, os atores de Brook puderam explorar os assim chamados "objetos vazios". Nessa foto, Helen Mirren e Lou Zeldis (sentado à direita), atuam na improvisação dos sapatos.*

Improvisação e Forma: A Rede de Pescador

A constante dialética entre improvisação e forma [...] Pensemos sobre a seguinte situação: um homem pescando com uma rede. O que é mais importante, os fios ou os buracos?[152]

A maneira com a qual Brook se referiu à rede de pescador nessa passagem nos leva a perceber uma metáfora obscura. Como podem os fios e os buracos de uma rede de pescador serem associados com a improvisação e a forma no teatro? Mais tarde, nos anos 90, ele explorou novamente a correlação entre o teatro e a pesca, fornecendo mais elementos para que o leitor possa perceber a metáfora que emerge nesse caso.

O tempo, que é frequentemente um inimigo da vida, pode ser também nosso aliado, se conseguirmos ver como um momento qualquer pode se transformar em um momento especial, e assim em direção a um momento de perfeita transparência, antes de se cair

---

152 P. Brook apud A. C. H. Smith, op. cit., p. 185.

66   A CINÉTICA DO INVISÍVEL

novamente em um momento de simplicidade cotidiana. Podemos seguir tal percurso se pensarmos sobre um pescador construindo uma rede. Enquanto trabalha, o cuidado e o significado estão presentes em cada movimento de seus dedos. Ele puxa seus fios, ele aperta os nós, fechando o vazio com formas cujas características precisas correspondem à funções exatas. [...] Há, de qualquer maneira, uma distinção sutil entre o teatro e a pesca que precisa ser sublinhada. No caso de uma rede bem feita, depende da sorte do pescador se um peixe bom ou ruim é capturado. No teatro, aqueles que apertam os nós são igualmente responsáveis pela qualidade do momento que é capturado em suas redes. É surpreendente – o "pescador" através de sua ação de apertar os nós influencia a qualidade do peixe que termina em sua rede![153]

Em *The Open Door* (A Porta Aberta), cuja versão inglesa foi publicada em 1995, a metáfora produzida pela associação entre o teatro e a pesca é referida por Brook de modo mais preciso como demonstra a passagem citada acima. Reconhecendo a importância da conexão entre ética e técnica na atuação, a seu ver o ator deve ter consciência do quanto ela constrói e se utiliza de sua "rede", uma vez que o ator é responsável pela qualidade do "peixe" que captura. Em outras palavras, o ator é responsável pelos resultados gerados por seu trabalho, ele é responsável pela qualidade produzida em cada momento de sua atuação. De qualquer maneira, essas implicações não esclarecem a outra correlação mencionada por Brook no início dos anos 70. Poderíamos associar improvisação com a imagem de uma rede que é lançada na água a fim de capturar o peixe, ou seja, como um meio utilizado pelo ator com o objetivo de produzir resultados expressivos. Mas e no que diz respeito à forma? A que tipo de forma ele se referiu? Uma vez examinados os diferentes modos de improvisação explorados no trabalho de Brook, para tentar entender tal correlação nos dirigiremos ao segundo aspecto, ou seja, a forma. Descreveremos a seguir os modos e as funções adquiridas pela forma no trabalho desenvolvido pelo diretor inglês com seus atores desde o início de sua carreira até a abertura em Paris do Centre International de Création Théâtral (Centro Internacional de Criação Teatral – CICT) em 1974.

153   P. Brook, *The Open Door*, p. 100-101.

DO INTRACULTURALISMO AO TRANSCULTURALISMO   67

Após examinar diferentes fontes, um processo tortuoso, repleto de reviravoltas, pôde ser percebido. A questão da forma permeou as reflexões e experimentações teatrais de Brook desde os anos 40. Nos primeiros anos de sua carreira ele via as formas como o resultado produzido por um jogo entre contornos, linhas e ritmos; como estruturas visuais dinâmicas, que envolvem os movimentos executados pelos atores.

O que eu orgulhosamente via eram puramente imagens, um triângulo de atores se transformando sem esforço em um quarteto de troncos que configuram em seguida, imperceptivelmente, um dueto de costas. Se um ator movesse a cabeça, produzindo uma linha com seu corpo, que completava por sua vez a curva feita pelo braço de seu parceiro, e se a cadência fosse satisfatória, como em um balé, como eu ainda amava o balé, sentia que meu trabalho tinha sido bem feito[154].

No final dos anos 60, entretanto, o modo como Brook percebeu e pensou sobre a questão da forma se transformou significativamente. Apesar da ambiguidade associada a tal percepção, formas foram progressivamente associadas a ritmos que emergem de modelos ocultos, camuflados: "a explicação mais poderosa sobre as várias artes é que elas falam de modelos os quais nós podemos somente começar a reconhecer quando eles se manifestam através de ritmos ou formas"[155].

Brook relacionou forma também com a ideia de organismo. Assim como em todos os tipos de organismos, as formas teriam uma vida limitada; qualquer forma seria eficaz somente temporariamente. Consequentemente, as qualidades transmitidas pelas formas ao longo do tempo podem se transformar. Forma é vista aí como parte de um processo dinâmico de vida e morte: "não estamos habituados a observar como uma ideia, atitude ou forma pode passar de um estado vivo para aquele moribundo"[156]. Sendo assim, a cristalização inevitável das formas seria uma das causas da deterioração do teatro: "Um teatro vivo que pensa que pode permanecer indiferente às coisas irá perecer como a moda. No teatro, cada

154 P. Brook, *Threads of Time*, p. 82.
155 Idem, Tell me Lies in America, op. cit., p. 47.
156 Idem, p. 13.

68 A CINÉTICA DO INVISÍVEL

forma, uma vez surgida, se torna morta"[157]. Mesmo a eficácia das formas convencionais, segundo o diretor, é limitada:

Um ator hoje pode facilmente se enganar se ele pensa que pode "usar" uma forma convencional como veículo. Isso era verdade quando formas convencionais ainda eram vivas para o público. Hoje [...] nenhuma forma convencional pode resistir ao tempo[158].

Ideias de forma surgiram no discurso de Brook através do uso de termos específicos, tais como "estilo". A partir de sua percepção negativa de estilo, a eficácia limitada das formas é uma vez mais enfatizada por ele: "Todo período tem um estilo. A partir do momento que tentamos capturar ou explicar tal estilo, nós o perdemos"[159].

Outra concepção relevante emergiu no final dos anos 60, em que forma e estrutura foram relacionadas. Em contraste com a maneira através da qual Brook havia associado forma e estruturas visuais durante os anos 40 e 50, a ideia de estrutura carregou novas implicações no final dos anos 60. Comentando sobre os exercícios desenvolvidos durante os ensaios de *O Teatro da Crueldade*[160], Brook escreveu:

Esses exercícios não deveriam ser pensados como ginástica [...] o objetivo é aumentar a resistência – através da limitação de alternativas – e então utilizar tais resistências no esforço de produzir uma expressão verdadeira. O princípio é aquele de esfregar dois gravetos: essa fricção de oposições produz fogo [...] Mas o resultado mais importante foi que ele levou inexoravelmente à conclusão que a forma é necessária[161].

157 Idem, p. 19.
158 Idem, p. 43.
159 Idem, p. 17.
160 Esses são os exercícios descritos por Brook em *O Teatro e Seu Espaço*: "Colocamos um ator na nossa frente, pedimos a ele que imagine uma situação dramática que não envolvesse qualquer movimento físico, daí tentávamos entender qual era a situação em que ele se encontrava. [...] O próximo estágio era aquele em que deveríamos descobrir qual era o mínimo necessário a ele antes que o entendimento viesse à tona: um som, um movimento, um ritmo – eram tais aspectos passíveis de atuar uns sobre os outros ou cada um possuía potencialidades ou limitações particulares? [...] Um exercício valioso foi aquele em que duplas de atores brigavam sem se tocar, sem mover a cabeça, as mãos ou os pés. Em outras palavras, o movimento do tronco era tudo o que era permitido". Tell me Lies in America, op. cit., p. 55-56.
161 Idem, p. 56-57.

DO INTRACULTURALISMO AO TRANSCULTURALISMO 69

Forma pode ser vista como estrutura nesse caso uma vez que resultados são produzidos através do atrito entre elementos que se opõem. Em outras palavras, a oposição de elementos, tais como palavras e ações, ritmos e palavras etc. poderia produzir formas ao seu ver.

Após a abertura do centro internacional em 1970 (CIRT), diferentes concepções de forma continuaram a permear o trabalho de Brook no teatro. Enquanto algumas delas eram recorrentes, outras emergiram durante as viagens do CIRT. Dentre as concepções recorrentes, a relação entre estrutura e forma foi novamente referida por ele no início dos anos 70[162].

Além disso, durante as viagens do grupo internacional Brook percebeu as formas como instrumentos que poderiam ser utilizados para lidar com os problemas gerados pelos estilos de atuação: "formas reais verdadeiras quebram todos os estilos"[163]. Nos anos 50 e 60, Brook já havia criticado a busca de estilos. Ele ainda pensava, no início dos anos 70, que algumas implicações ligadas à ideia de estilo, tais como coerência interna e unidade, poderiam limitar o processo criativo no teatro. De qualquer maneira, não podemos deixar de notar que pela primeira vez ele reconheceu de maneira clara o papel exercido pelas formas, ou formas vivas, enquanto elementos que podem possibilitar a superação dos limites impostos pela busca de um estilo no trabalho do ator.

A experimentação com diferentes modos de atuação se tornou mais e mais importante no trabalho de Brook a partir dos anos 60. Como implicação desse processo, formas foram aparentemente desvalorizadas desde então: "O resultado que estamos buscando não é uma forma, nem uma imagem, mas sim condições através das quais uma certa qualidade de atuação possa emergir"[164].

No entanto, após um exame mais atento, podemos perceber que a forma não deixou de representar uma questão importante para o diretor inglês. A necessidade de produzir condições de trabalho específicas no início dos anos 70 estava intrinsecamente relacionada com os objetivos estabelecidos

162 A. C. Smith, op. cit., p. 82.
163 J. Heilpern, op. cit., p. 62.
164 P. Brook apud A. C. Smith, op. cit., p. 108.

70 A CINÉTICA DO INVISÍVEL

pelos membros do CIRT, e, portanto, a busca por tais condições não gerou uma negação da forma. Assim, a passagem citada acima contém outras implicações. De fato, descrevendo alguns aspectos ligados ao processo de ensaio, Brook afirmou no mesmo período:

> O processo de ensaios é como um pêndulo [...] O que importa nos primeiros estágios é a energia, não o resultado [...]. Até o momento de incandescência, todas as formas são teoréticas [...]. Nos primeiros estágios, qualquer coisa pode ser útil: boas ideias necessitam ser despejadas em uma mistura disforme, generosa e enérgica [...]. E então, pouco a pouco a excrescência é jogada fora e as verdadeiras formas, as verdadeiras linhas, que estavam lá o tempo todo, podem ser descobertas[165].

Considerando a passagem citada acima, podemos constatar que, em termos de atuação do ator, as formas não foram negadas por Brook no início dos anos 70. Mais do que negá-las, esta passagem sugere a percepção de forma enquanto expressão resultante de uma investigação prática. Brook usou diferentes termos para se referir a esse processo, tais como "forma encontrada" ou "forma latente":

> Esse não é um processo de construção, mas sim o de destruir obstáculos que se encontram no caminho da forma latente. Eu trabalho empiricamente em tudo o que faço [...] No teatro, para mim, esse processo dinâmico, empírico, é um filtro, através do qual uma forma é encontrada[166].

Portanto, durante o trabalho desenvolvido com o CIRT, Brook não negou a importância das formas, mas questionou o valor de formas exteriores na atuação: "Mês após mês em seu centro em Paris, Brook descobriu que a expressão mais potente seja ela sonora ou de movimento é sempre gerada através de uma destruição de formas exteriores"[167].

Uma vez que as passagens citadas acima foram extraídas de duas fontes – *Orghast at Persepolis* (Orghast em Persepolis)

165 Idem, p. 110.
166 Idem, p. 107.
167 J. Heilpern, op. cit., p. 144.

DO INTRACULTURALISMO AO TRANSCULTURALISMO 71

de Anthony Charles Smith e *Conference of the Birds* (Conferência dos Pássaros) de John Heilpern – as quais descrevem detalhadamente as experiências do grupo internacional no Irã e na África, podemos reconhecer uma atitude ambivalente de Brook com relação à questão da forma. No início dos anos 70, formas foram percebidas por ele como estruturas que emergem da fricção de elementos incorporados pelo ator; foram percebidas como organismos perecíveis; e como elementos catalisadores de latências, que podem ser materializadas através de investigações práticas.

Refletindo sobre as concepções de forma que coexistiram durante esse período, se a princípio elas parecem ser excludentes, é possível constatar através das informações descritas aqui que elas não se anulam necessariamente. De fato, formas na atuação do ator podem ser produzidas através da fricção de elementos, tais como palavras e ações, ou modelos rítmicos, mas tal fato não implica que a eficácia de tais formas será permanente e estável. Formas podem emergir no trabalho do ator, se materializar de maneira precisa e degenerar. Sendo assim, tais concepções podem ser vistas como componentes de um tipo específico de forma colocada em prática pelos atores de Brook enquanto atuavam, por exemplo, nos já referidos *carpet shows*. Esse tipo de forma será chamado aqui de "forma flutuante": "Uma vez que parte de nosso trabalho consiste em liberar formas a fim de alargar a relação entre o ator e seu trabalho e o que o circunda, nós estamos consequentemente interessados em formas que tornem possíveis essas trocas"[168].

Esse tipo de forma é caracterizado por suas potencialidades mutáveis, que foram exploradas durante o desenvolvimento de ações feitas pelos atores do CIRT, em contato direto com o público na África. Cabe aqui esclarecer um ponto para evitar interpretações que podem ser geradas pela escolha terminológica adotada. De fato, o termo forma flutuante pode sugerir um processo em que a mesma forma permanece flutuando. Aqui, não é essa a imagem que se deseja associar ao tipo de forma em questão. Uma metáfora espacial é explorada aqui a fim de enfatizar uma qualidade específica, que é a de emergir e se diluir a partir

168 P. Brook apud A. C. H. Smith, op. cit., p. 256.

do que é produzido a cada momento na relação entre o ator e o público. Portanto, a forma não é o resultado de um processo construído na sala de ensaio; ela se materializa através da interação entre ator e público. Essa forma emergirá nesse caso das flutuações produzidas por tal interação.

Considerando as várias concepções de forma examinadas aqui, é possível afirmar ainda que enquanto no início de sua carreira Brook via as formas como elementos visuais não diretamente ligados ao trabalho do ator, com o passar do tempo essa percepção se transformou. Forma, nos anos 60, foi progressivamente vista por ele através do trabalho desenvolvido pelo ator, aspecto que caracterizou igualmente as explorações feitas no início dos anos 70.

Retomando agora a correlação estabelecida por Brook, ele construiu uma analogia de acordo com a qual a relação entre improvisação e forma no teatro e, mais especificamente, no trabalho do ator, podem ser associadas com os fios e os buracos de uma rede de pescador. Ele levantou aí a questão – o que é mais importante em relação à rede de pescador: seus fios ou seus buracos? A resposta para essa espécie de koan[169] é: nenhum dos dois. Após examinar o modo como improvisação e forma foram explorados, na prática, no início dos anos 70, essa é a resposta que pode ser dada. De fato, considerando a relação entre improvisação como canal e forma flutuante, ambas surgidas no mesmo período do trabalho do diretor inglês, é possível dizer que tais aspectos não podem ser percebidos isoladamente, mas somente através de sua inter-relação. Graças à exploração de formas flutuantes os atores de Brook puderam perseguir o objetivo estabelecido por eles no início dos anos 70, ou seja, possibilitar trocas com públicos provenientes de diferentes culturas. Além disso, a relação entre improvisação como canal e forma flutuante nos faz perceber o modo pelo qual Brook lidou com uma questão central em seu trabalho naquela época: "Nosso trabalho pode ser descrito pela seguinte questão: como podemos inserir formas sem destruir a improvisação?"[170].

---

169 No zen-budismo, sentença ou pergunta de caráter enigmático e paradoxal, com o objetivo de dissolver o raciocínio lógico e conceitual.

170 Apud J. Heilpern, op. cit., p. 125.

6. A improvisação como canal e a forma flutuante interagiram profundamente no trabalho desenvolvido pelos membros do CIRT na África.

Formas flutuantes e improvisação como canal serviram profundamente uma a outra, reciprocamente. Dada a relação instável e imprevisível com o público, sobretudo na África, somente formas que emergem, se transformam, e se diluem poderiam ser exploradas pelos atores do CIRT. Improvisação como canal e forma flutuante, como buracos e fios de uma rede de pescador, dependeram uma da outra para poder existir.

Já dissemos que as investigações relativas à improvisação e forma desenvolvidas no início dos anos 70 pelo CIRT iria contribuir significativamente para o aprimoramento do treinamento como *poiesis* em Brook. De fato, os modos de improvisação e a forma flutuante, analisados aqui, podem ser vistos como componentes do treinamento como *poiesis* em seu teatro.

De qualquer forma, os modos de improvisação assim como a forma flutuante passarão a ser elementos constitutivos do treinamento como *poiesis* somente mais tarde, após a abertura, em 1974, do CICT em Paris. Durante o período anterior, aquele do CIRT (1970-1974), improvisação e forma tiveram suas possibilidades ampliadas em termos expressivos pelos atores de Brook, mas o ponto aqui é que ambos os aspectos não foram desenvolvidos nesse período como constitutivos de um treinamento, e sim de uma espécie de escavação ou pre-

74 A CINÉTICA DO INVISÍVEL

paração para o treinamento. Brook, no início dos anos 70, não estava buscando resultados artísticos, ele não estava engajado num processo de desenvolvimento de habilidades do ator[171]. Sendo assim, como mencionado acima, os modos de improvisação e a forma flutuante funcionarão como aspectos constitutivos do treinamento como *poiesis* após a abertura do CICT. O treinamento como *poiesis* irá adquirir progressivamente uma identidade mais específica no trabalho do diretor inglês, distinguindo a si mesmo da genérica categoria de *devising theatre*[172].

Após analisar a relação entre improvisação e forma no trabalho de Brook com o CIRT, outro aspecto precisa ser considerado: a noção de ator como "mensageiro", apontada por Brook no mesmo período.

O Ator como Mensageiro:
Possessão, Fluidez, Conexão

Durante os ensaios de *Édipo*, Brook utilizou o termo *carrier* – transportador, carregador, mensageiro – e durante a viagem pela África o termo reapareceu em seu discurso. Em ambas ocasiões, o termo *carrier*, aqui traduzido como mensageiro, foi associado ao trabalho do ator. No entanto, enquanto no primeiro caso ele havia se perguntado se o ator, como o poeta, poderia vir a ser algum dia um mensageiro, mais tarde ele dá a resposta, afirmando: "atores são mensageiros"[173].

A fim de perceber as implicações ligadas à noção de ator como mensageiro, é necessário considerar a percepção de possessão em Brook. *O Teatro e Seu Espaço*, publicado em 1968, descreve a exploração da inteligência pelo ator que cultiva o ato de possessão[174]. Nos anos 70, após entrar em contato com práticas relacionadas à possessão desenvolvidas pelos iorubás, Brook apontou para o fato que eles não perdiam a consciência enquanto estavam sob efeito de tais práticas.

---

171 Ver L. Marshall; D. Williams, Peter Brook: Transparency and the Invisible Network, em A. Hodge (org.), op. cit., p. 178.
172 Como veremos em "Da Fluidez ao Momento Presente".
173 P. Brook apud J. Heilpern, op. cit., p. 71-72.
174 Ver Tell me Lies in America, op. cit., p. 139-140.

DO INTRACULTURALISMO AO TRANSCULTURALISMO 75

Eu fiz uma descoberta interessante certa vez na África, quando fui a uma parte da Nigéria encontrar os iorubás, que desenvolvem práticas ligadas à possessão [...]. Em todos os países, do Haiti, daqueles na América do Sul até países africanos, quando alguém está sob o estado de possessão eles perdem a consciência, não têm ideia do que acontece com eles. Com exceção dos iorubás, onde o oposto é a verdade. Nesse caso, quanto maior é o nível alcançado pela pessoa que experiencia a possessão, maior é a consciência dos momentos quando está sob tal estado. Em outras palavras, quando ele está totalmente envolvido, possuído por um deus, ele está ao mesmo tempo presente, reagindo a tudo o que acontece. E nesse ponto, esse mistério da possessão, onde a pessoa está e não está, se reconcilia no indivíduo[175].

Baseado nessa passagem, podemos perceber a relação entre a noção de possessão em Brook e o modo como os iorubás experienciam tal processo. Possessão nesse caso é associada por ele a uma espécie de expansão de consciência. De qualquer forma, como podemos entender um processo onde a pessoa, ao mesmo tempo, "está e não está"? E de que maneira seus atores buscaram vivenciar tal processo no início dos anos 70? Com o objetivo de lidar com essas perguntas, aspectos relacionados com a "teoria da fluidez" (*flow theory*) serão examinados a seguir.

Fluidez é o termo escolhido pelo psicólogo Mihaly Csikszentmihalyi, após ter desenvolvido uma extensa pesquisa em diferentes continentes, nas Américas, Europa, África e Ásia. Tal termo foi utilizado por muitos indivíduos entrevistados para definir o que haviam sentido quando estavam absolutamente envolvidos no que faziam. Graças à pesquisa feita por Csikszentmihalyi, é possível ver que a fluidez pode permear muitas atividades humanas, desde aquelas privadas até aquelas sociais, do tempo livre ao sexo às práticas religiosas. Diferentes aspectos estão envolvidos na produção da fluidez. Uma vez combinados, eles podem gerar uma "experiência otimal", que leva, por sua vez, a uma organização da consciência: "Quando uma pessoa é capaz de organizar a própria consciência de modo a experienciar a fluidez de maneira frequente, a sua qualidade de vida aumenta"[176]. O controle da consciência seria um dos objetivos centrais perseguidos durante os processos de fluidez, e

---

175 Ver P. Brook, *Threads of Time*, p. 165-166.
176 M. Csikszentmihalyi, *Flow*, p. 40.

76 A CINÉTICA DO INVISÍVEL

nesse sentido, além do compromisso, também o aspecto prático exerce aí um papel determinante. A fluidez pode ser o resultado de atividades estruturadas ou do acaso, mas é sempre determinada por uma combinação de fatores: elaboração de objetivos, a inter-relação entre desafios e habilidades, concentração, retorno (*feedback*), e a produção de significado ou sentido. Quando uma atividade representa um desafio, ela pode gerar necessidades que absorverão a atenção humana, que é referida por Csikszentmihalyi, como energia psíquica[177]. Através da busca de objetivos que necessitam de uma grande quantidade de energia psíquica, habilidades ou potencialidades pessoais podem ser expandidas.

Outra implicação importante relacionada com a fluidez é que ela precisa ser autotélica. Como mencionado por Csikszentmihalyi, o termo "autotélico" deriva das palavras gregas *auto* (relacionado a si próprio), e *telos* (objetivo, meta), e se refere a uma atividade independente, que se basta por si só. Em outras palavras, a ação executada por uma pessoa que experiencia a fluidez tem isso como seu único objetivo; a gratificação está intrinsecamente ligada à atividade, que nesse caso "não é executada com a expectativa de um benefício futuro, mas simplesmente porque o seu fazer em si é a gratificação"[178]. Como resultado desse processo, através do qual novas percepções de realidade são vivenciadas, um crescimento do indivíduo pode ocorrer:

Em nossos estudos, descobrimos que em cada atividade associada à fluidez, independentemente de envolver competição, acaso, ou qualquer outra dimensão da experiência, há um aspecto em comum: elas levaram a uma espécie de descoberta, a um sentimento criativo em que a pessoa é transportada para uma nova realidade. Tal processo levou a pessoa para um nível mais aprofundado de execução de sua atividade, e gerou imprevisíveis estados de consciência. Resumindo, ela transformou a pessoa, tornando-a mais complexa. É esse crescimento do ser humano o principal aspecto das atividades envolvidas na produção da fluidez[179].

177 Idem, p. 30-33.
178 Idem, p. 67.
179 Idem, p. 74.

DO INTRACULTURALISMO AO TRANSCULTURALISMO 77

Após analisar os processos de atuação colocados em prática por Brook e seus atores no início dos anos 70, e baseado na descrição dos aspectos relacionados com a teoria da fluidez, uma associação entre elas pode ser feita. A fluidez pode ser facilmente reconhecida não somente nos objetivos estabelecidos pelo grupo internacional, como também na maneira como tais objetivos foram buscados em termos práticos. Durante as viagens do CIRT, Brook e seus atores queriam estabelecer diferentes níveis de contato com o público, e consequentemente um aspecto da teoria da fluidez adquiriu uma importância significativa: a atenção. Como já mencionado, Csikszentmihalyi definiu os diferentes níveis de atenção como energia psíquica. A seu ver, a atenção tem um papel vital no desenvolvimento da experiência humana: "a experiência depende do modo como investimos a nossa energia psíquica"[180]. Quando a atenção é associada ao ser humano, uma espécie de círculo é produzido: se por um lado a pessoa, através de uma atividade que envolve objetivos e desafios, transforma a atenção; por outro, ao mesmo tempo, a mesma pessoa é transformada por ela.

Se a atenção, ou energia psíquica, é direcionada pela pessoa, e se a pessoa é a soma dos conteúdos da consciência e a estrutura de seus objetivos, e se os conteúdos da consciência e seus objetivos são o resultado de diferentes modos de investir a atenção, então temos um sistema que funcionará em círculos, com causas e efeitos obscuros. Em um certo momento podemos dizer que a pessoa dirige a sua atenção, e, em outro, podemos dizer que a atenção determina a pessoa. De fato, ambas afirmações são verdadeiras: a consciência não é um sistema linear, mas um sistema que gera uma causalidade circular[181].

Considerando a definição de atenção dada por Csikszentmihalyi, a conexão entre as suas formulações a respeito da teoria da fluidez e o trabalho desenvolvido por Brook e seus atores nos anos 70 é clara. De fato, o nível de atenção exigido pelos experimentos executados nesse período foi significativamente alto. As reações imprevisíveis manifestadas pelas plateias africanas, por exemplo, representaram um desafio complexo que

180 Idem, p. 35.
181 Idem, p. 34.

gerou a necessidade de exploração da atenção dos atores em vários níveis. Nos já mencionados *carpet shows*, a complexidade da interação entre ator e público produziu processos de fluidez: "Uma pessoa que presta atenção na interação ao invés de se importar consigo mesmo obtém um resultado paradoxal. Ela não se sente mais um indivíduo separado, e ao mesmo tempo se sente mais forte"[182].

O ser humano não somente determina a qualidade de sua atenção, mas é igualmente transformado por ela. Dessa forma, os processos de fluidez geram experiências as quais abrem uma possibilidade: as pessoas envolvidas em tais processos podem ultrapassar os limites da própria individualidade:

> O indivíduo autotélico ultrapassa os limites da própria individualidade através de seu investimento psíquico no sistema no qual está incluído. Em função da ligação existente entre a pessoa e o sistema, ela alcança um nível mais elevado de complexidade[183].

É exatamente nesse ponto que a ideia brookiana de possessão pode ser associada com os processos de fluidez. Brook, como já mencionado, se refere à possessão como um processo em que a pessoa não perde a própria consciência. Csikszentmihalyi, por sua vez, percebe a fluidez como um processo que organiza a consciência[184]. Além disso, reconhecendo um movimento gerado nos processos de fluidez segundo o qual a pessoa pode ultrapassar os limites da própria individualidade, as formulações de Csikszentmihalyi nos permitem perceber de maneira mais clara o que Brook provavelmente quis dizer quando se referiu ao processo gerado pela possessão, através do qual a pessoa "está e não está".

Baseado em tais considerações, podemos trabalhar com a hipótese de que no início dos anos 70 a noção brookiana de possessão permeou as práticas desenvolvidas por seus atores através da exploração de processos de fluidez, e os *carpet shows* podem ser considerados como evidências que alicerçam tal hipótese. Isso posto, retornemos agora à concepção elaborada por Brook, em que o ator é visto como um mensageiro.

182 Idem, p. 212.
183 Idem, ibidem.
184 Idem, p. 40.

DO INTRACULTURALISMO AO TRANSCULTURALISMO 79

O modo pelo qual o diretor inglês usou o termo mensageiro na África sugere que o ator deveria funcionar como um veículo que proporciona um contato consistente com o público, e os *carpet shows* representaram uma tentativa feita a fim de atingir tal objetivo. De fato, em várias cenas de *Sur la vie: une expérience théâtrale en Afrique* (Sobre a Vida: Uma Experiência Teatral na África), filme que documentou as viagens do CIRT na África, Yoshi Oida, Helen Mirren, Andreas Katsulas e Bruce Myers, por exemplo, não atuaram cenas preparadas previamente. No entanto, aqui não se trata meramente de improvisações livres. As mudanças imprevisíveis de situações atuadas pelos atores aconteceram a fim de aprofundar a qualidade de contato com as plateias na África. Em *Sur la vie*, as tensões musculares dos atores, o ritmo, a respiração e a maneira pela qual eles manipulavam objetos funcionaram como elementos que seguiam e ao mesmo tempo determinavam a dinâmica de contato com essas plateias.

Com o objetivo de estabelecer uma relação consistente com as plateias durante os *carpet shows* atuados na África, o ator deveria ser, antes de tudo, um conector. Nessas ocasiões o ator deveria estar conectado o tempo todo consigo mesmo, com os materiais de atuação (palavras, objetos etc.), com seus parceiros e com as plateias. Mas para executar essa complexa tarefa, ele precisava estar, ao mesmo tempo, completamente consciente do que estava fazendo, e capaz de ultrapassar os limites da própria individualidade, a fim de perceber as plateias na África, ou seja, a fim de perceber o Outro. É aqui que a ideia brookiana de possessão e sua percepção do ator como mensageiro se encontram. Possessão aí representa uma condição *sine qua non* para que o ator seja um mensageiro. Nesse sentido, os *carpet shows* podem ser vistos como evidências de como Brook e seus atores exploraram a concepção do ator como mensageiro em termos práticos.

Além disso, as implicações associadas com a concepção de Brook de ator como mensageiro nos faz perceber que um aspecto continuou a permear suas investigações sobre a atuação no início dos anos de 70: a necessidade do ator de ultrapassar os limites impostos pelo seu ego. Aqui, vimos previamente que desde o processo criativo de *O Teatro da Cruel-*

80 A CINÉTICA DO INVISÍVEL

dade, Brook e seus atores haviam explorado práticas a fim de ultrapassar tais limites. De qualquer maneira, cabe notar que somente no início dos anos 70 é que o diretor inglês e seu grupo tiveram condições de explorar tal aspecto de maneira consistente. Aí, três fatores exerceram um papel fundamental: a possibilidade de desenvolver as próprias investigações práticas fora do contexto teatral convencional, o trabalho com um grupo internacional de atores e o contato com plateias provenientes de diferentes culturas. Graças à inter-relação entre esses fatores, os membros do CIRT puderam experienciar processos específicos, tais como a fluidez, para aprofundar a qualidade de relação com tais plateias. Apesar das dificuldades surgidas durante esse período[185], ao explorar aspectos relacionados com a concepção de ator como mensageiro, Brook e seus atores inventaram procedimentos e perceberam potencialidades expressivas de atuação às quais seriam ulteriormente desenvolvidas após a abertura do CICT em 1974.

Aqui examinamos como Brook e seus colaboradores desenvolveram uma abordagem sobre o treinamento do ator nos anos 60. Nesse caso o treinamento foi visto como *poiesis*, cujos procedimentos são permeados por uma lógica que "pode ser capturada somente em ação"[186]. Em seguida, três modos de improvisação – instrumento, método e canal – além de uma concepção específica de forma – a forma flutuante – foram analisados. Enquanto os dois primeiros modos de improvisação

---

185 Os atores do CIRT enfrentaram muitas dificuldades no início dos anos de 1970, sobretudo durante as viagens pela África. Como descrito por Heilpern, eles frequentemente não sabiam como lidar com o público. Eles executavam as sequências de ações sem notar a falta de contato, não somente entre eles como também com as plateias. Apesar do fato de os objetivos perseguidos por Brook e seus atores estimularem suas investigações sobre a atuação, em termos práticos eles representaram um grande desafio, o qual em muitas ocasiões pareceu estar além de suas possibilidades. No entanto, as dificuldades enfrentadas pelos atores não eram vistas da mesma forma por Brook, como antes dos anos de 1960, e tal fato representa uma mudança significativa em seu trabalho como diretor teatral. Realmente, antes da abertura do centro internacional, as limitações manifestadas pelos atores eram duramente criticadas por Brook; elas eram vistas como o resultado de uma preparação inadequada, como limites técnicos. Agora, no período do CIRT, uma mudança é clara. Ao invés de obstáculos, os problemas surgidos são vistos como passos necessários para a transformação do ator como indivíduo. Ver J. Heilpern, op. cit., p. 159-160.

186 P. Bourdieu, op. cit., p. 92.

foram produzidos nos anos 60, a improvisação como canal, assim como a forma flutuante, emergiram e foram inter-relacionadas no trabalho produzido pelos membros do CIRT no início dos anos 70.

Os objetivos associados às duas fases do trabalho de Brook abordadas aqui – de 1964 a 1970, e de 1970 a 1974 – se diferenciaram significativamente. De qualquer maneira, no que diz respeito à atuação, um aspecto funcionou como um fio que adquiriu uma importância crescente durante esses períodos: a necessidade experienciada pelo ator de ir além de sua expressão pessoal. Em outras palavras, durante essas fases o ator dirigido por Brook não deveria ser limitado por seu ego e, dessa forma, processos associados com a individuação exerceram um papel relevante. A exploração de práticas de atuação nesse caso não pode ser dissociada do desenvolvimento do ator como indivíduo, que gerou, por sua vez, uma expansão de seu próprio horizonte perceptivo.

Assim, a exploração dos referidos modos de improvisação e de formas flutuantes proporcionarão a construção de uma identidade mais específica do treinamento visto como *poiesis* no trabalho teatral de Brook desenvolvido após a abertura do CICT. Tal processo irá contribuir de maneira significativa, por sua vez, para a investigação feita por Brook e seus atores sobre a arte de contar histórias a partir de 1974.

2. Investigando a Arte de Contar Histórias:

um catalisador teatral

A fim de examinar o modo como Brook e seus atores exploraram a arte do *storytelling* (contar histórias) desde a abertura do Centre International de Création Théâtrale (Centro Internacional de Criação Teatral – CICT), é necessário retornar a alguns processos ocorridos durante as viagens do Centre International de Recherche Théâtrale (Centro Internacional de Pesquisa Teatral – CIRT) no início dos anos de 1970. Assim, uma ambivalência que emergiu no trabalho do diretor inglês durante esse período será focalizada a seguir.

UMA FISSURA OPERACIONAL:
EXPLORANDO NARRATIVAS

Com relação aos materiais atuados pelos membros do CIRT, a utilização de textos dramáticos e não-dramáticos exerceu um papel importante. Antes da viagem ao Irã eles haviam trabalhado em Paris, inicialmente com *A Vida é Sonho* de Pedro Calderón de La Barca e com *Kaspar* de Peter Handke. *A priori*, a escolha de trabalhar com textos dramáticos poderia parecer inesperada em função dos objetivos experimentais estabelecidos

84 A CINÉTICA DO INVISÍVEL

quando da abertura do centro internacional. No entanto, o desenvolvimento do trabalho com textos dramáticos revelou as razões pelas quais Brook fez tal escolha. De fato, a exploração das peças de Calderón de La Barca e Handke representou uma preparação para o próximo estágio de investigações, em que outras fontes seriam trabalhadas, dentre elas *Prometeu Acorrentado, Os Persas, Hércules Enfurecido, Tiestes*, e a peça americana *The Chained One* (O Acorrentado). Muitos aspectos relacionados com essas referências seriam mais tarde inseridas na versão final de *Orghast*, apresentado pelos atores do CIRT em 1971. De qualquer maneira, o ponto aqui é que as escolhas feitas por Brook logo após a abertura do centro internacional no que diz respeito aos materiais de atuação estavam relacionadas com um argumento específico: o mito. De fato, *Orghast* foi visto como um "corpo composto por mitos"[1]. Mas o que os mitos significavam naquela época para Brook?

Em sintonia com as formulações de Lévi-Strauss, o diretor inglês viu os mitos como catalisadores de questões humanas fundamentais, tais como a relação entre a natureza e a cultura, ou entre a vida e a morte, dentre outras. Assim, ele acreditava que a exploração de mitos poderia exercer uma dupla função: ela poderia representar um meio palpável para lidar com a ausência de crenças comuns no Ocidente e, ao mesmo tempo, agir como um meio para que seu grupo internacional pudesse tentar estabelecer um contato genuíno com as plateias provenientes de diferentes culturas.

Além disso, a conexão entre as formulações desenvolvidas pelo antropólogo francês e o trabalho desenvolvido por Brook no início dos anos 70 envolveu outros aspectos, tais como a relação entre a música e o mito. De acordo com Lévi-Strauss a "estrutura do mito pode ser revelada através de uma partitura musical"[2], e essa correlação foi frequentemente explorada por Brook durante os ensaios de *Orghast*. Tal correlação entre música e mito funcionou durante o processo criativo de *Orghast* como uma metáfora pragmática; ela se tornou um objetivo que os atores deveriam buscar, no sentido da prática, através de diferentes atividades. Esse objetivo foi enfatizado, por sua

1 Ver A. C. H. Smith, *Orghast at Persepolis*, p. 87-88.
2 *Myth and Meaning*, p. 39-40.

INVESTIGANDO A ARTE DE CONTAR HISTÓRIAS

vez, por outra característica comum entre a música e o mito, percebida por ambos, Lévi-Strauss e Brook: mito e música são igualmente linguagens que podem comunicar antes do entendimento intelectual[3].

No entanto, em contraste com as formulações do antropólogo francês, a relação entre significante e significado nos mitos foi vista de maneira dialética por Brook. Em outras palavras, se por um lado, como referido por Ted Hughes, parte do trabalho sobre os mitos desenvolvido durante os ensaios de *Orghast* teve como objetivo superar a arbitrariedade envolvida na relação entre som e significado, aspecto esse que foi visto como "uma das barreiras que o centro quer demolir"[4], por outro Brook considerou os mitos como um terreno fértil cujas potencialidades intrínsecas poderiam ser investigadas a fim de se criar uma linguagem orgânica[5]. Sendo assim, a percepção de Brook sobre esse ponto foi ambivalente. No tocante à relação entre significante e significado nos mitos, ambos, arbitrariedade e essencialidade foram buscadas no trabalho prático desenvolvido no Irã pelos membros do CIRT.

Seguindo as ideias concebidas por Ferdinand de Saussure reproduzidas no *Curso de Linguística Geral*, Lévi-Strauss não acreditou em alguma correspondência essencial entre significante e significado; ele não reconheceu qualquer ligação intrínseca entre som e significado, como fez Brook implicitamente. Para Lévi-Strauss e Saussure, a relação entre conteúdo e expressão é sempre arbitrária, e, segundo eles, qualquer material pode ser investido de significado, princípio esse aplicado também aos mitos: "se há um significado a ser encontrado nos mitos, ele não pode ser encontrado nos elementos isolados que os compõe, mas somente no modo como tais elementos estão combinados"[6]. Portanto, a maneira pela qual Brook e Hughes buscaram produzir uma linguagem orgânica através da exploração de mitos estava ao mesmo tempo em sintonia com as formulações de Lévi-Strauss, quando reconheceram a arbitrariedade mencionada acima, e em contraste com tais

---

3 Ver A. C. H. Smith, op. cit., p. 118; C. Lévi-Strauss, op. cit., p. 40.
4 Ver T. Hughes apud A. C. H. Smith, op. cit., p. 43-44.
5 Ver A. C. H. Smith, op. cit., p. 51.
6 C. Lévi-Strauss, *Structural Anthropology*, p. 210.

7. Em Orghast, através da exploração prática de mitos, Brook e seus atores procuraram investigar processos de comunicação que precedem o entendimento intelectual. Foto de um ensaio de Persepolis,

formulações, quando reconheceram uma essencialidade na relação entre som e significado nos materiais extraídos dos mitos.

O que se ouve da voz de uma pessoa é o que acontece no centro de gravidade em sua consciência naquele momento. Imaginação e concentração revelam-se aspectos decisivos. Quando a atenção se perde e a voz não dispõe mais de seu apoio [...] quando a mente é clara e a experiência do momento é real e verdadeira, então uma simples sílaba pode transmitir muito[7].

Cabe esclarecer que Lévi-Strauss e Saussure foram referidos não a fim de revelar semelhanças e diferenças entre suas formulações e o trabalho desenvolvido por Brook sobre os mitos. Tais formulações foram consideradas aqui para demonstrar de maneira mais consistente uma atitude ambivalente manifestada por Brook sobre o assunto, ou seja, os mitos, fato que produziu importantes implicações. De fato, através dessa atitude

---

7   P. Brook apud A. C. H. Smith, op. cit., p. 45.

INVESTIGANDO A ARTE DE CONTAR HISTÓRIAS   87

ambivalente é possível perceber um movimento de oscilação que permeou o trabalho de Brook no início dos anos 70: de um extremo onde a exploração de tramas e histórias representaram o aspecto central de suas investigações sobre a atuação, ao outro extremo, onde resultados expressivos produzidos pelos atores eram dissociados do uso de tramas e histórias.

Através dessa atitude ambivalente, podemos perceber dois processos sobrepostos de investigação sobre a atuação que aconteceram durante o período do CIRT. A maneira como Brook percebeu os mitos envolveu ambos os processos: suas palavras eram vistas como significantes potentes cujos segredos poderiam ser revelados somente se os atores conseguissem descobrir o modo correto de incorporá-los; e, ao mesmo tempo, resultados expressivos eram buscados pelos atores com o objetivo de ressignificar materiais extraídos dos mitos. A tensão entre esses aspectos permeariam não somente os processos desenvolvidos no Irã, como também aqueles colocados em prática mais tarde, sobretudo na África. De qualquer maneira, nesse último caso, a ambivalência referida produziu resultados mais consistentes, se comparados ao trabalho que havia sido desenvolvido no Irã. Enquanto no Irã materiais extraídos dos mitos eram considerados significantes potentes, cujas potencialidades deveriam ser reveladas pelos atores, na África o valor intrínseco dos materiais de atuação foram progressivamente questionados: "Não é a questão do valor intrínseco dos materiais que usamos, mas da completude do círculo que formamos"[8].

Como já examinado, Brook, durante as viagens pela África, estava interessado antes de tudo em desenvolver uma relação consistente entre atores e plateias a fim de produzir um círculo completo de comunicação, tal como sugerido por ele na passagem citada acima. Nesse sentido, a improvisação como canal e as formas flutuantes representaram meios explorados por ele e seus atores para atingir esse objetivo. No entanto, durante a experiência africana a tensão entre a exploração de tramas e histórias, por um lado, e a exploração de resultados expressivos, por outro, se intensificou perceptivelmente. E esse

8 P. Brook apud A. Hunt; G. Reeves, *Peter Brook*, p. 164.

88 A CINÉTICA DO INVISÍVEL

processo parece ter gerado uma espécie de fissura nas investigações de Brook sobre a atuação naquela época.

Aí os aspectos envolvidos por essa forma ambivalência necessitam ser examinados mais detalhadamente. Como mencionado acima, a ambivalência envolveu dois processos: o trabalho sobre tramas e histórias, de um lado e a busca de resultados expressivos que deveriam ser dissociados de tramas e histórias, do outro. No que diz respeito ao primeiro aspecto, várias tramas e histórias foram exploradas por Brook e seus atores durante as viagens do CIRT, tais como *Difficulties of a Bridegroom* (Dificuldades de um Noivo), de Ted Hughes; *Conference of the Birds* (Conferência dos Pássaros), de Farid Uddim Attar; *Coon cons Coyote*, baseado no conto de Jerome Rothemberg intitulado "Shaking the Pumpkin" (Agitando as Abóboras); roteiros de John Heilpern usados em alguns *carpet shows* na África, e *The Fattest Man in the World* (O Homem Mais Gordo do Mundo), atuado com El Teatro Campesino nos Estados Unidos. Por outro lado, em muitas ocasiões durante o trabalho desenvolvido pelo CIRT, Brook questionou a função exercida por tramas e histórias no teatro: "O trabalho é aquele de reduzir os elementos fixos até que tenhamos somente os elementos suficientes que funcionem como pontes para o público"[9]. Apesar das implicações já apontadas com relação à exploração de mitos por Brook, durante a temporada no Irã ele estava "buscando qualidades humanas, mais do que mensagens"[10]. Além disso, mais tarde, na África, Brook afirmou: "Os atores parecem sufocados pela narrativa [...]. A narrativa não é a essência do teatro. A narrativa não é necessária. Acontecimentos são o que conta"[11].

Ele começou a questionar a função da narrativa no teatro após conhecer o teatro Ru'hozi. Além de reconhecer a habilidade no campo da improvisação dos atores Ru'hozi, Brook percebeu também o modo através do qual temas eram explorados e descartados por eles o tempo todo[12].

9 Idem, ibidem.
10 A. C. H. Smith, op. cit., p. 60.
11 Apud J. Heilpern, *Conference of the Birds*, p. 176.
12 Cf. supra, p. 53.

INVESTIGANDO A ARTE DE CONTAR HISTÓRIAS   89

Nesse ponto, um esclarecimento relativo à narrativa precisa ser feito. Ao descrever a ambivalência surgida no trabalho de Brook com o CIRT, mencionamos a busca de resultados expressivos executada por seus atores que deveriam ser dissociados de tramas e histórias. De fato, se considerarmos a passagem acima, em que Brook menciona o fato dos atores parecerem "sufocados pela narrativa", é possível notar que ele estava provavelmente se referindo às tramas e histórias. Nas análises contemporâneas sobre a narrativa, apesar da relação intrínseca entre trama, história e narrativa, o termo narrativa comporta implicações específicas. No tocante à relação entre esses elementos, para Cobley, por exemplo, enquanto história envolve "todos os acontecimentos que serão representados", trama é definida como "a cadeia causal que demonstra como certos acontecimentos da história são unidos e serão assim representados a partir de tal combinação"[13]. Já a narrativa é descrita por ele como sendo "a maneira como tais acontecimentos são contados e representados, e o modo pelo qual essa operação se concretiza"[14]. Consequentemente, uma implicação digna de apreço emerge com relação à narrativa, que é associada à representação. A representação funciona em termos narrativos sempre como "reapresentação espaço-temporal"[15]. Narrativa, desse modo, envolveria um grande *spectrum* de processos relacionados com identidade, realidade e ilusão, dentre outros. Tal campo contém o representável e o não-representável; ele pode se dar em múltiplos níveis, da produção de motivos que serão absorvidos pela trama até a produção de códigos actanciais profundos[16]. Sendo assim, mesmo quando Brook e seus atores não exploraram tramas e histórias no início dos anos 70, eles não escaparam dos processos narrativos. De fato, durante o trabalho desenvolvido por eles nesse período, se compararmos o espetáculo *Dificuldades de um Noivo* apresentado no Irã com a execução de sons e canções sem letra nos *carpet shows* africanos, os níveis descritos por Pavis podem ser claramente percebidos. Enquanto em *Dificuldades* a trama exerceu um papel central, na exploração de sons e canções sem letra

---

13   *Narrative*, p. 5.
14   Idem, p. 6.
15   Idem, p. 237.
16   Ver P. Pavis, *Dicionário de Teatro*, p. 259-260.

dos *carpet shows* narrativas foram desenvolvidas em nível não-antropomórfico. Portanto, ao criticar a função da narrativa no teatro, Brook não estava de fato negando-a, em termos contemporâneos; ele se referia, ao invés disso, à dependência excessiva de tramas e histórias no processo de criação teatral.

O segundo aspecto envolvido na ambivalência examinada aqui – a busca de resultados expressivos por Brook e seus atores que deveriam ser dissociados de tramas e histórias – gerou implicações complexas. No início dos anos 70, Brook almejava "qualidades humanas, mais do que mensagens"[17]. Mas o que ele entendia por qualidades humanas? Interpretaremos esse aspecto de duas maneiras. De um lado, como colocado por Williams, é possível referir a qualidades que Brook considerava de importância suprema para o ator naquela época: "coragem, capacidade de concentração e imaginação, habilidade de se livrar de impulsos parasitas e de se comunicar com clareza, sentido rítmico no coletivo, abertura para os estímulos ambientais e acesso à vida interior"[18]. Essas qualidades podem ser vistas como capacidades do ator, como potencialidades expressivas que cada ator do CIRT deveria desenvolver naquela época. Por outro lado, é possível considerar como qualidades humanas, nesse caso, os modos de expressão ou ocorrências expressivas que não são reduzíveis a signos, tais como esforço, ritmo, gravidade, tensão muscular, o "grão da voz" etc.[19] Qualidades, portanto, que produzem vórtices de sensações, qualidades associadas com o indizível.

O objetivo aqui não é aprofundar as implicações associadas com a ambivalência em questão, tarefa que será desenvolvida mais adiante, mas sim reconhecer o modo pelo qual tal

---

17 Ver A. C. H. Smith, op. cit., p. 60.

18 D. Williams, Theatre of Innocence and of Experience: Peter Brook's International Centre, an Introduction, em D. Williams (org.), *Peter Brook and The Mahabharata*, p. 6.

19 A existência de ocorrências expressivas produzidas pelo ator que escapam da dimensão de representação implica em debate complexo, porque é vista de maneira diferenciada por estudiosos e artistas. Enquanto alguns, sobretudo os semioticistas, acreditam que não é possível conceber a expressão de não-signos, outros utilizam termos para identificar tais casos, chamando-os, por exemplo, de "intensidades", como em Lyotard. De qualquer maneira, independentemente da diversidade de pontos de vista sobre tal questão, não podemos deixar de reconhecer a sua presença marcante nas discussões atuais sobre a atuação.

INVESTIGANDO A ARTE DE CONTAR HISTÓRIAS 91

ambivalência ocorreu no trabalho de Brook com o CIRT. Nesse sentido, ao fim das viagens pela África, tramas e histórias foram reconsideradas por Brook e seus atores. Tal reconsideração emergiu das investigações feitas sobre as várias funções assumidas pelas ações: "Foi bem interessante [...] descobrir onde a ação se torna uma história, e de que modo isso se dá. Ou quando uma ação temática acontece ou não como um desenvolvimento"[20].

A referida ambivalência exercerá um papel central no trabalho desenvolvido por Brook e seus atores após a abertura do CICT em 1974. Em relação a esse processo, algumas questões poderiam ser levantadas: ambivalência funcionou no trabalho de Brook como uma espécie de fissura operacional ocorrida no início dos anos 70? Em outras palavras, Brook e seus atores olharam para os aspectos envolvidos nessa ambivalência separadamente com o intuito de perceber as potencialidades específicas associadas com cada um deles? Foi esse processo o resultado de uma necessidade pragmática? Independentemente das respostas que podem ser dadas, o fato é que o conhecimento adquirido durante as viagens pela África determinou o desenvolvimento do estágio seguinte de investigações realizadas por Brook sobre a atuação.

A África deixou marcas profunda em todas as experiências subsequentes do Centro. Brook sugeriu que certas experiências celebratórias ocorridas na África refinaram a percepção em seus atores de como o encontro com o público pode se dar: o revelar-se e o compartilhar-se de conexões submersas, o prazer de participar de um momento de revelação criativa. Em um nível menos elaborado, a natureza prática da pesquisa desenvolvida no continente africano enriqueceu o ofício do ator e tal fato seria absorvido pelas produções subsequentes[21].

Graças à exploração dos aspectos envolvidos na atitude ambivalente adotada, Brook e seus atores puderam perceber de maneira mais profunda potencialidades específicas ligadas à atuação. Dessa forma, qualidades expressivas produzidas pelos atores de um lado, e tramas e histórias de outro, não seriam

---

20 P. Brook, *Conversations with Peter Brook 1970-2000*, p. 120.
21 D. Williams, Theatre of Innocence and of Experience..., op. cit., p. 7.

92 A CINÉTICA DO INVISÍVEL

mais vistos como processos antitéticos. Eles seriam incluídos, desde então, em uma abordagem prática específica relacionada com a arte de contar histórias.

DA FLUIDEZ AO MOMENTO PRESENTE: UM MODELO GERATIVO

O ato de contar histórias representa uma necessidade básica dos seres humanos. Vários autores ao longo do tempo colocaram em evidência tal necessidade, desde Aristóteles até Hannah Arendt, dentre outros. Na *Poética*, por exemplo, Aristóteles considera a imitação dramática e a construção da trama de ações humanas fatores que nos permitem perceber o mundo como um conjunto de experiências compartilháveis. Por sua vez, Arendt afirmou que a característica específica mais importante da vida humana é que ela "é sempre repleta de acontecimentos os quais podem ser contados como uma história"[22].

O ato de contar histórias humaniza o tempo[23]; ele unifica a vida assim como ajuda a definir a identidade individual e coletiva[24]. Histórias produzem soluções para problemas empíricos; elas transformam a percepção das dinâmicas que envolvem o eu, o outro e a realidade. Nesse sentido, o surgimento da novela moderna marcou um importante estágio desse processo devido às suas capacidades de síntese. De fato, ela

explora livremente convenções tais como o *lírico* (voz pessoal), o *drama* (representação de ações), o *épico* (descrição de heróis e anti-heróis), e a *crônica* (descrição de detalhes empíricos) [...]; é única em sua audácia de experimentar e desenvolver, transformando assim uma vasta gama de possibilidades narrativas[25].

De maneira semelhante, como veremos aqui, quando explorada no teatro, a arte de contar histórias representa um meio expressivo rico de possibilidades expressivas. Apesar de serem cada vez mais consumidos e banalizados, como aponta Kearney,

---

22 Apud R. Kearney, *On Stories*, p. 4.
23 Ver P. Ricoeur, *Time and Narrative*, p. 6.
24 Ver R. Kearney, op. cit.; P. Cobley, op. cit., p. 37-55.
25 R. Kearney, op. cit., p. 10.

INVESTIGANDO A ARTE DE CONTAR HISTÓRIAS   93

modos de contar histórias continuam a se desenvolver constantemente[26].

No tocante ao trabalho desenvolvido por Brook, aspectos e elementos associados com a arte de contar histórias chamaram progressivamente a sua atenção desde o início de sua carreira. No entanto, tal como ocorrido em relação a outros aspectos, como a forma, suas percepções a respeito do tema em pauta não se desenvolveram de forma linear. De acordo com as fontes disponíveis, seu interesse sobre a arte de contar histórias teve início na década de 1940, logo após o término da Segunda Guerra Mundial.

Eu já comentei sobre espetáculos ocorridos na Alemanha pósguerra. Em um sótão em Hamburgo assisti a uma produção de *Crime e Castigo*, e aquela noite se tornou, após as quatro horas de duração desse espetáculo, uma de minhas experiências teatrais mais significativas até então [...] uma arte que é produzida pelo contador de histórias, que envolve seu público e entra em contato com ele. Todos os teatros da cidade haviam sido destruídos, mas lá, nesse sótão, quando um ator sentado numa cadeira tocando nossos joelhos começou em voz baixa a dizer "Foi aos dezoito anos que um jovem estudante, Roman..." nós fomos capturados por um teatro vivo[27].

Como já examinado, no início dos anos 70 a percepção de Brook sobre a narrativa se transformou profundamente, gerando assim uma espécie de fissura operacional que envolveu por um lado a exploração de tramas e histórias, e por outro a busca de qualidades expressivas desvinculadas de tramas e histórias que deveriam ser produzidas por seus atores. Dessa maneira, a abertura do Les Bouffes du Nord localizado na periferia de Paris marcou não somente o início do trabalho desenvolvido por Brook e seus atores com o Centro Internacional de Criação Teatral (CICT), mas revelou também outra mudança relevante na maneira como ele percebeu a narrativa através da exploração da arte de contar histórias. De fato, os aspectos contidos na ambivalência surgida no início dos anos 70 se tornariam camadas do trabalho prático desenvolvido por Brook e seus atores após 1974. A fim de analisar esse processo, sete produções serão examinadas aqui: *Timão*

26 Idem, p. 11.
27 P. Brook, Tell me Lies in America, *The Times*, p. 89-90.

94 A CINÉTICA DO INVISÍVEL

de Atenas; Os Iks (1975); A Conferência dos Pássaros (1979); O Mahabharata (1985); A Tempestade (1990); Quem Vem Lá? (1995); e A Tragédia de Hamlet (2000). O objetivo, portanto, será focalizar sobre o modo como o grupo do CICT explorou na prática a arte de contar histórias. A fim de alcançar tal objetivo, além das produções mencionadas, todos os materiais referidos na introdução deste ensaio serão inter-relacionados.

Analizando Espetáculos –
de Timão de Atenas a Hamlet

A análise que será desenvolvida aqui de alguns espetáculos dirigidos por Brook pode ser vista como "reconstituição", em termos pavisianos[28]. Em outras palavras, tais espetáculos serão examinados através de um conjunto de evidências, tais como documentos, críticas e gravações (vídeos, filmes, DVDs etc.). De qualquer forma, em alguns casos, tais como A Tempestade, Quem Vem Lá? e A Tragédia de Hamlet, a nossa análise pode ser considerada, ainda em termos pavisianos, como "reportagem". Tendo experienciado esses espetáculos como espectador, farei referência nesses casos ao impacto gerado em momentos específicos. Na análise como reportagem, assim, tentarei determinar o punctum de tais espetáculos, os momentos em que fui capturado como espectador de maneira profunda pela "dinâmica da representação, pelas ondas de sensações e sentidos geradas pela multiplicidade e simultaneidade dos signos"[29].

Timão de Atenas

Essa foi a produção que inaugurou o teatro Les Bouffes du Nord em 1974. Tal escolha feita por Brook não foi inesperada, uma vez que para ele "Shakespeare foi sempre o modelo que nin-

---

28 Ver A Análise dos Espetáculos, p. 16.
29 Idem, p. 5. O conceito de punctum referido por Pavis foi extraído de La Chambre claire (A Câmara Clara) de Roland Barthes. Concebido como um meio de analisar a natureza da fotografia, ele denota o detalhe pessoal que toca sensivelmente o observador e atrai a sua atenção.

INVESTIGANDO A ARTE DE CONTAR HISTÓRIAS   95

guém conseguiu ultrapassar, seu trabalho é sempre relevante e contemporâneo"[30]. No tocante a essa produção, segundo Brook "a qualidade universal dessa fábula está relacionada à investigação da natureza da relação entre o indivíduo e a sociedade, ao invés de focalizar somente no indivíduo"[31]. Sendo assim, como observado por Williams, essa montagem de *Timon d'Athènes* (Timão de Atenas) "levantou e deixou em aberto várias questões, [tais como] chegou a nossa sociedade em um ponto de não-retorno, semelhante àquela de Timão de Atenas?"[32].

Como mencionado acima, os dois aspectos envolvidos na ambivalência surgida no início dos anos 70 se tornariam camadas exploradas através da prática no trabalho de Brook e seus atores após 1974. De fato, tal processo é perceptível nesse espetáculo. Juntamente com Jean-Claude Carrière, Brook investigou as "palavras radiantes", tal como denominadas por eles[33]. Dessa forma, o conhecimento pragmático construído a partir das experiências no Irã, na África e nos Estados Unidos exerceram um papel de destaque durante os ensaios de *Timão de Atenas*:

> Eu estive na França trabalhando em uma tradução de *Timão de Atenas* para o francês [...] Quando iniciei meu trabalho com os textos de Shakespeare, eu acreditava de certa maneira na possibilidade de existência de uma harmonia da palavra clássica [...] e através da experiência direta constatei que tal possibilidade era absolutamente falsa. Quanto mais musical for a abordagem de Shakespeare [...] mais se descobrirá que não há um modo, exceto por capricho, que pode fixar a musicalidade correta das falas. Tal possibilidade não pode existir. E quanto mais se insiste nessa busca, mais se vê que um ator ao tentar fixar seu trabalho produz algo que não é vivo[34].

Qualidades tais como "vibração", buscadas de maneira profunda no Irã e durante as viagens pela África, são agora investigadas a fim de revelar as múltiplas dimensões contidas nas palavras de Shakespeare. Além disso, o trabalho sobre a improvisação que havia sido desenvolvido no início dos anos 70 foi

---

30 *The Open Door*, p. 122.
31 Apud D. Williams, Theatre of Innocence and of Experience..., op. cit., p. 12.
32 Theatre of Innocence and of Experience..., op. cit., p. 12.
33 Ver *Conversations with Peter Brook 1970-2000*, p. 94.
34 R. Berry, Peter Brook, *On Directing Shakespeare*, p. 120-121.

96 A CINÉTICA DO INVISÍVEL

uma referência significativa durante o processo criativo de *Timão de Atenas*, como sugerido pelo diretor inglês.

As experimentações que fizemos nessa área (improvisação) tiveram início nos anos 70 através do que chamamos *carpet shows*. Durante nossas viagens pela África e outras partes do mundo, tudo o que desejávamos ter conosco era um pequeno tapete para definir a área sobre a qual trabalharíamos. Foi assim que experienciamos as técnicas básicas do teatro shakespeareano. Vimos que a melhor maneira de estudar Shakespeare não era a de examinar as reconstruções do teatro elisabetano, mas simplesmente através de improvisações ao redor do tapete[35].

Graças ao trabalho que havia sido feito no início dos anos 70, as investigações de Brook sobre a atuação começaram a focalizar de maneira mais consistente "a natureza concreta do que parece ser abstrato"[36], e *Timão de Atenas* pode ser visto como uma evidência desse processo. Em direta conexão com as práticas experimentadas durante as viagens do CIRT, os atores de Brook exploraram uma qualidade de "não-interpretação"[37]. De fato, comparando as cenas de *Sonho de uma Noite de Verão* (1970)[38] com as de *Timão de Atenas*, é possível perceber muitas diferenças, tais como a atitude do ator em relação à personagem e à atuação em si. Apesar das implicações envolvidas[39], é possível dizer que os atores de *Timão de Atenas* não estavam tentando representar. O modo como exploraram as palavras e o universo de Shakespeare, o modo como as suas ações eram materializadas, transmitiram qualidades de incorporação (*embodiment*) através das quais as fronteiras entre o ator e a personagem parecem ter sido can-

---

35 P. Brook, *The Open Door*, p. 33.

36 Cf. P. Brook apud D. Williams, Theatre of Innocence and of Experience..., op. cit., p. 13.

37 Idem, ibidem.

38 Alguns fragmentos de *Sonho de uma Noite de Verão* podem ser vistos no documentário *I cinque sensi del teatro* (Os Cinco Sentidos do Teatro). Esse e outros vídeos de espetáculos dirigidos por Brook estão disponíveis no arquivo da Université Sorbonne Nouvelle – Paris III.

39 Como colocado por Pavis, é difícil restaurar através do estudo de documentos a experiência vivida pelo público. De qualquer maneira, quando o documento em questão é um vídeo ou DVD, mesmo que ele não produza a experiência vivida em um espetáculo ao vivo, muitos aspectos podem ser percebidos.

celadas. Ao mesmo tempo, devido à mobilidade em termos de representação espaço-temporal, a atuação dos atores aqui não pode ser definida como uma espécie de naturalismo saturado. Como mencionado acima, uma conexão pode ser percebida com o trabalho desenvolvido no início dos anos 70. A qualidade de presença e de relação experenciada nos *carpet shows* parece ter funcionado como uma componente significativa do trabalho do ator em *Timão de Atenas*.

Os Iks

Na montagem de *Os Iks*, apresentada em 1975 no Les Bouffes du Nord, enquanto a história foi extraída do livro de Colin Turnbull chamado *The Mountain People* (O Povo da Montanha), a trama colocada em cena foi o resultado de uma combinação de fatores: a adaptação de Colin Higgins e Dennis Cannan; a tradução de Jean-Claude Carrière para o francês; as improvisações feitas pelos atores; e a edição feita por Brook dos materiais produzidos durante os ensaios. De acordo com Williams, a história dos iks foi vista por ele como "uma forma de mito relacionada com a perda de tradição"[40].

A abordagem prática da obra de Turnbull foi desenvolvida de diferentes maneiras. A maioria dos atores havia participado das viagens pela África, e essa experiência funcionou como uma fonte de memórias físicas. Além disso, eles tiveram acesso a fontes primárias, tais como gravações, filmes e, acima de tudo, fotografias da tribo ugandense. Mais do que seguir o percurso frequente seguido na aprendizagem Ocidental, ou seja, da compreensão intelectual para a experiência prática, Brook e seus atores inverteram esse caminho, buscando processos de incorporação sem uma mediação teorética. Dentre as inúmeras práticas executadas por eles, um procedimento específico se revelou um catalisador de várias implicações: o trabalho com as fotografias de Turnbull. As manifestações expressivas foram rigorosamente copiadas pelos atores para que cada um deles pudesse compreender o estado interior dos membros da tribo

---

40 Cf. D. Williams, (org.). *Peter Brook: A Theatrical Casebook*, p. 259.

98 A CINÉTICA DO INVISÍVEL

em termos psicofísicos. Em outras palavras, através da imitação exata de tais fotos, Brook e seus atores visaram experimentar somaticamente a realidade dos iks. Apesar dos procedimentos miméticos colocados em prática pelos atores nesse caso, Brook não queria que eles "se tornassem" os membros da tribo dos iks, mas sim que seus atores os evocassem. Ele não queria a ilusão mimética, mas a evocação.

Estávamos realmente interessados em evocar um sentido de humanidade de um povo africano particular, sem ignorar o fato de que eles são diferentes de nós nem recorrer simplesmente à imitação. Para isso, os atores não devem personificar nem imitar completamente o que eles estão narrando. Eles devem fazer algo que está a meio caminho entre esses procedimentos; e saber o suficiente sobre isso, sentir tal processo profundamente e então encontrar a sugestão mínima que o evoca. Nós trabalhamos com uma técnica particular que foi criada a partir de fotografias: os atores imitavam fotografias dos iks e dessa forma eles buscavam capturar os mínimos detalhes físicos, os detalhes da postura do faminto ik que a fotografia revelava e assim encontrar a ação que precedia e se dava após o momento da imagem, cinco segundos antes e cinco segundos depois dela – muito diferente de qualquer prática de improvisação que havíamos feito até então. Esse processo permitiu que os atores assistissem uns aos outros e fizessem correções para descobrir, gradualmente, a realidade da fome, não a partir de uma emoção, mas através do sentido exato produzido internamente que emergia do estar em uma determinada posição, por exemplo, com uma determinada parte do corpo curvada juntamente com uma parte da boca aberta[41].

Brook e seus atores trabalharam sobre Os Iks durante um ano e meio. Nesse período várias improvisações foram feitas, dentre elas aquelas em que fotografias eram utilizadas. Improvisações relacionadas a explorações de fotografias duravam não mais que trinta ou quarenta segundos. Brook acreditava que dessa maneira poderiam entender a condição física das personagens: "As improvisações não eram de modo algum teatrais; elas eram fragmentos de vida dos iks, como extraídos de um filme documentário".

---

41 P. Brook apud A. Hunt; G. Reeves, op. cit., p. 204.

INVESTIGANDO A ARTE DE CONTAR HISTÓRIAS   99

No entanto, se por um lado esse "entendimento através da identificação" foi explorado durante os ensaios[42], outros aspectos emergiram no espetáculo apresentado no Bouffes.

Breves episódios dramáticos eram constantemente pontuados por momentos de narrativa dirigidos diretamente ao público: ou pelo próprio Turnbull, usando a voz em *off*, ou por um dos atores que atuavam os iks deixando de lado momentaneamente a personagem para ler passagens do livro de Turnbull [...] Os atores atuavam usando roupas próprias, sem maquiagem e sem tentar parecer africanos[43].

Brook queria explorar uma espécie de movimento pendular entre a identificação e a narrativa direta. Após assistir ao vídeo desse espetáculo[44] foi possível perceber que, ao invés de funcionarem como elementos antitéticos, esse processo gerou uma narrativa complexa. De fato, além de personagens e narradores pode-se reconhecer a existência de um ser ficcional híbrido, de transição, a meio caminho entre as personagens e os narradores, que eram atuados pelos atores. Sendo assim, o movimento pendular entre a personagem e o narrador não correspondia à oscilação entre identificação e estranhamento ou entre familiar e não-familiar, mas gerou seres ficcionais constituídos de múltiplas camadas.

Os processos desenvolvidos durante os ensaios, assim como aqueles explorados nos espetáculos, foram duramente criticados na época. Albert Hunt, por exemplo, que havia sido um colaborador de Brook nos anos 60, além de questionar o trabalho com as fotografias[45], apontou implicações geradas pela versão teatral da obra de Turnbull dirigida por Brook:

Ouvindo os aplausos que ressoavam no abarrotado Bouffes após o último ik vomitar sua última reserva de sementes, e enfiar seus membros pelo alçapão localizado ao fundo do palco, não consegui deixar de pensar que Brook, o diretor milagroso, tinha

---

42 Ver *Conversations with Peter Brook 1970-2000*, p. 137.
43 A. Hunt; G. Reeves, op. cit., p. 204.
44 Arquivo audio-visual da Université Sorbonne Nouvelle – Paris III.
45 Ver A. Hunt; G. Reeves, op. cit., p. 202-209.

8. *A exploração da identificação e da narrativa direta contribuiu para a emergência de seres ficcionais híbridos constituídos de muitas camadas em* Os Iks. *Atuam nessa cena Andreas Katsulas, Yoshi Oida e Bruce Myers.*

conseguido novamente. Ele fez com que os Iks se tornassem algo prazeiroso[46].

A Conferência dos Pássaros

Esse espetáculo teatral dirigido por Brook, baseado no poema sufi de Farid Attar, estreou em 1979. No entanto, ele havia sido explorado como material de atuação desde 73, quando três versões de *A Conferência dos Pássaros* foram apresentadas na Brooklyn Academy of Music (BAM) em Nova York. Mais tarde, em Paris, *A Conferência dos Pássaros* foi apresentado juntamente com *L'Os* (O Osso), de Birago Diop.

A escolha de apresentar ambos os espetáculos juntos gerou diferentes implicações. Em termos pragmáticos, Brook atribuiu a escolha ao fato de que "o público necessita de uma preparação [...] a melhor maneira de tocar o público é através do

---

46 A. Hunt apud D. Williams, Theatre of Innocence and of Experience..., op. cit., p. 14.

INVESTIGANDO A ARTE DE CONTAR HISTÓRIAS 101

humor simples, popular. Eis porque nós precisamos de *O Osso* para introduzir *A Conferência dos Pássaros*"[47]. Além disso, essa escolha feita por Brook envolveu, na opinião de Georges Banu, outro aspecto:

> *A Conferência*, sozinha, correria o risco de parecer um espetáculo totalizante sobre a investigação do humano, e para temperar esse discurso demasiadamente essencialista foi necessário acrescentar "uma pequena forma". *O Osso* foi a farsa que deveria contrapor *Conferência*, o pequeno diante do grande[48].

O fato de que, pela primeira vez na carreira de Brook, dois espetáculos foram apresentados juntos, revela assim uma característica significativa de seu trabalho como diretor teatral: a de evitar pensamentos dogmáticos e percepções cristalizadas.

Esse poema de Attar representa um dos trabalhos mais importantes da literatura sufi, e contém muitos princípios e valores dessa tradição. Aí, um grupo de pássaros se reúne para partir em viagem. No entanto, conforme a trama se desenvolve nos damos conta de que essa viagem não se passa em terras estranhas, mas dentro das personagens; trata-se aqui de um processo que visa adquirir auto-conhecimento através de experiências diretas. Após cruzar o deserto e sete vales a fim de conhecer o Simorg, as personagens se dão conta de que o Simorg era na verdade elas mesmas. Como resultado, a união com o divino se concretiza.

De acordo com o sufismo, há seis órgãos que designam as várias faculdades de percepção sensorial e suprassensorial: *nafs, qalb, sirr, ruh, khafi* e *akhfa*, também chamado de *lataif*. O desenvolvimento humano no sufismo envolve o despertar desses centros perceptivos espirituais que permanecem adormecidos em todas as pessoas. A ajuda de um "guia" é considerada necessária exatamente em função do objetivo de ativar tais centros. Tal ativação é parte, por sua vez, da metodologia sufi ou "Trabalho". Uma vez experienciado o processo, o fiel deve alcançar resultados relevantes para se tornar, assim,

---

47 Apud J. Kalman, Any Event Stems from Combustion, *New Theatre Quarterly*, n. 30, p. 108.
48 La Conférence des oiseaux, em D. Bablet (org.), *Krejča-Brook*, p. 257.

uma pessoa completa. Os sufis estudam em pequenos grupos e acreditam que a intervenção de um mestre é necessária para o crescimento do discípulo. Eles utilizam muitas parábolas, alegorias e metáforas, e dentre os sufis se sustenta que o significado pode ser alcançado somente através de uma busca da verdade[49]. Esses processos são claramente descritos por Attar em *A Conferência dos Pássaros*. De fato, aí os pássaros, além de serem guiados por um líder – o Hoopoe –, são colocados diante de tarefas difíceis para vivenciar um desenvolvimento pessoal.

Em sintonia com o princípio sufi de ativação perceptiva, Brook e seus atores iniciaram trabalhando com sons, sons de pássaros, e com o que chamavam de "linguagem pura". Parte desse trabalho já havia sido feito na África e Estados Unidos. Um aspecto central dos ensaios emergiu de uma complexa exploração feita com máscaras, marionetes e adereços. Brook, criticando a maneira pela qual as máscaras são geralmente utilizadas no Ocidente – "nós as evitamos sempre"[50] – vê o que chama de "máscara tradicional" como a expressão da não-máscara, que revela por sua vez um paradoxo:

A máscara tradicional não é uma "máscara" absolutamente, porque é uma imagem de natureza essencial. Em outras palavras, a máscara tradicional é o retrato de uma pessoa sem máscara [...] Eu penso que o primeiro paradoxo básico é que a verdadeira máscara é a expressão de alguém que está desmascarado[51].

Usando como exemplo a máscara balinesa, ele estabelece uma diferença entre a máscara morta e a máscara viva: "essas máscaras são estáticas, parecem transpirar vida"[52]. Máscaras balinesas foram utilizadas repetidamente em *Conferência dos Pássaros*. Nesse sentido, cabe reconhecer aqui a contribuição dada não somente por Sally Jacobs, que trabalhou como cenógrafa e figurinista, mas também aquela dada pelo ator balinês Tapa Sudana, que além de ter participado desse espetáculo como ator, introduziu seus parceiros de cena no trabalho com

49 Ver I. Shah, *The Sufis*.
50 Ver P. Brook, Tell me Lies in America, op. cit., p. 56.
51 *Conversations with Peter Brook 1970-2000*, p. 218-219.
52 Idem, p. 218.

INVESTIGANDO A ARTE DE CONTAR HISTÓRIAS   103

as máscaras balinesas. O modo pelo qual tais máscaras foram exploradas em termos práticos se deve sobretudo à contribuição dada por Sudana.

Como já ocorrido em outros espetáculos dirigidos por Brook, os elementos investigados durante os ensaios não foram planejados antecipadamente, mas emergiram com o desenvolver do processo criativo. Aplicando princípios relacionados com o treinamento como *poiesis*, as habilidades requeridas para a utilização das máscaras foram construídas durante os ensaios de *Conferência dos Pássaros*.

De qualquer forma, nós percebemos – e é por isso que resolvemos utilizar máscaras – que há um ponto onde a individualidade do ator vai contra suas naturais limitações humanas. [...] usando a máscara tradicional ele dá um salto de anos-luz à frente, porque ele é puxado imediatamente pela máscara para algo que pode ser entendido somente quando isso é dado a ele[53].

Novamente, o ator deveria tentar ultrapassar os limites impostos pela sua individualidade. Enquanto o trabalho com máscaras funcionou como um instrumento pragmático utilizado para atingir tal objetivo, a obra de Attar exerceu aí um papel igualmente significativo. Para Brook, *Conferência dos Pássaros* representa "uma das poucas obras-primas mundiais que foram além de experiências subjetivas"[54].

Como demonstrado por Sudana no *workshop* liderado por ele, do qual participei como ator[55], o trabalho com as máscaras balinesas envolve diferentes estágios, que requerem não somente corpos flexíveis, mas também uma profunda abertura perceptiva. Antes de vestir uma máscara balinesa, por exemplo, analogamente a outras tradições orientais, o ator precisa observá-la ativamente. O que ficou claro pra mim ao trabalhar com as máscaras balinesas é que essa observação ativa envolve um processo complexo no qual intuição, sensibilidade e inteligência se fundem. Em termos práticos, o processo de incorporação tem início aqui, através das sensações, visualizações,

53 Idem, p. 223-224.
54 Apud D. Williams, Theatre of Innocence and of Experience..., op. cit., p. 16.
55 Ver Apêndice, infra, p. 221-224.

associações e mudanças respiratórias, as quais são experienciadas pelo ator enquanto ele observa a máscara. Sudana comentou também as regras precisas que devem ser seguidas pelo ator a fim de que ele se prepare para vestir a máscara balinesa. Analogamente ao processo descrito anteriormente, relativo ao trabalho com os bastões, os resultados que podem ser produzidos através do uso da máscara dependem do que o ator dá a ela: "ela [a máscara] envia uma mensagem e a projeta. Tal operação se dá através da lei dos ecos"[56]. Sendo assim, o trabalho com as máscaras pode intensificar significativamente a autoconsciência do ator: "A grande magia da máscara, que todo ator recebe dela, é que ele não pode dizer como aparenta quando a veste: ele não pode dizer qual é a impressão que está produzindo – e ao mesmo tempo ele sabe"[57].

Em *Conferência dos Pássaros*, máscaras foram exploradas pelos atores de várias maneiras. Elas eram totalmente vestidas, vestidas parcialmente, e mostradas pelos atores em diferentes momentos do espetáculo. Tais utilizações eram feitas por eles a fim de revelar cada momento de suas personagens. No entanto, as qualidades expressivas investigadas aí não foram produzidas somente por máscaras. Através de um delicado trabalho desenvolvido em colaboração com Sally Jacobs, uma articulação precisa entre máscaras, marionetes e adereços acontecia em *Conferência dos Pássaros*. A manipulação das marionetes se dava em conjunto com a utilização de véus e cachecóis. É importante notar que os figurinos e adereços funcionaram como signos que revelavam as transformações dinâmicas das personagens criadas por Attar.

O uso de véus e cachecóis não estava relacionado a nenhuma caracterização social. Tais elementos, com as marionetes e máscaras, tornaram-se a representação de camadas subjetivas das personagens, as quais eram progressivamente descartadas durante o espetáculo. Assim, na cena final, figurinos e adereços, exceto os bastões, deixam de estar presentes; tudo o que resta são os seus figurinos básicos.

Dadas as funções semânticas exercidas pelo modo através do qual adereços, figurinos e máscaras foram articulados em

56 *Conversations with Peter Brook 1970-2000*, p. 220.
57 Idem, ibidem.

Conferência dos Pássaros, examinemos agora algumas implicações geradas por esse processo em termos de atuação. No decorrer do espetáculo, por exemplo, o ator-pássaro se torna ator-e-pássaro. Sendo assim, a marionete e o corpo do ator passaram a funcionar como extensões mútuas. Em contraste com *Os Iks*, aqui os gestos executados em várias cenas pelos atores não eram miméticos absolutamente. Em alguns momentos, pássaros eram evocados, mas não ilustrados no palco. Colocando em prática o treinamento como *poiesis*, os atores tiveram de construir as próprias habilidades durante os ensaios: "sentíamos que era preciso explorar novas técnicas, máscaras, marionetes, que não havíamos nunca utilizado antes"[58]. Como já mencionado, máscaras, marionetes e adereços funcionaram como camadas das personagens, e é exatamente em relação a esse ponto que rupturas emergiram através do que poderíamos chamar de descontinuidade de códigos cênicos.

Analogamente às explorações desenvolvidas por Meierhold durante as primeiras décadas do século xx, Brook e seus atores investigaram descontinuidades de códigos cênicos a fim de perceber as potencialidades expressivas de cada elemento do espetáculo (música, gesto, voz, espaço, figurinos, adereços etc.). Portanto, tais elementos foram vistos como fontes autônomas de significação. De fato, em *Conferência dos Pássaros* ações vocais e corporais revelaram procedimentos de ruptura em muitos níveis.

Na terceira história, por exemplo, que conta a relação entre um rei e um escravo, gestos e palavras eram atuados separadamente. A descontinuidade de códigos emergiu também na quarta história, em que uma princesa e um escravo se encontram. Nesse caso, gestos e palavras associados a cada personagem não eram atuados pelos mesmos atores. Outro procedimento relacionado com a ruptura de códigos explorado nesse caso envolveu um jogo entre a primeira e a terceira pessoa. Brook colocou em prática tal procedimento em *A Conferência dos Pássaros*, a fim de concretizar por um lado um princípio associado à arte de contar histórias segundo o qual o ator pode atuar várias personagens, ou vice-versa, em

---

58 J.-C. Carrière apud G. Banu, La Conférence des oiseaux, em D. Bablet (org.), op. cit., p. 299.

que a mesma personagem pode ser atuada por diferentes atores; e por outro para incorporar um importante valor sufi presente na obra de Attar, de acordo com o qual a individualidade precisa ser superada.

Após cruzar os sete vales e chegar até o portão, os atores estão despidos de máscaras e marionetes. Além do figurino básico, a única coisa que eles têm é um bastão, que se tornou um elemento produtor de polissemias. Além de remeter ao próprio portão, os bastões representaram a conclusão de um caminho. Quando o grupo de pássaros vê que o Simorg era na realidade algo que já estava dentro deles mesmos, eles olham para o público. Os bastões sugerem então vários significados: uma coluna vertebral, o novo guia das personagens, e um novo horizonte perceptivo. O eu e o divino habitam agora o mesmo corpo, atores e público se tornam partes do mesmo circuito.

Além disso, no que diz respeito à descontinuidade de códigos cênicos, outro aspecto emergiu durante o processo criativo de *A Conferência dos Pássaros*. Ele foi referido por Brook em termos de transição entre modos de atuação:

> Por exemplo, todo o trabalho que fizemos sobre a linguagem e os sons, o trabalho sobre os sons de pássaros, sobre as sílabas, em oposição à linguagem articulada, nosso trabalho sobre a linguagem pura, sobre a língua francesa e inglesa [...]. Eu diria que esse trabalho refletiu não técnicas, seria mais esclarecedor dizer, modos. Uma pessoa se expressa de diferentes modos, e passa de um a outro de acordo com a necessidade. O que se pode dizer com uma palavra, você diz com a palavra. Quando, na próxima sentença, a palavra não é suficiente e ela precisa ser modificada ou transformada em uma espécie de choro/grito, e então essa espécie de choro/grito não é suficiente, ela precisa incorporar um certo ritmo. E quando o ritmo não é suficiente ela precisa se desenvolver em uma melodia. O trabalho que fizemos envolveu a passagem de um modo, ou técnica, para outro modo, e dessa forma para nós todos os estilos foram úteis e repulsivos [...]. Há duas imagens básicas: um pássaro e um vale. Agora elas são bem concretas, e ainda assim elas revelam muitos significados escondidos e níveis de sentido. Sentidos poéticos, poderíamos dizer. Sentido espiritual. Se o pássaro não está lá, o poder de evocação daquele símbolo não chega até você. Se o pássaro se torna demasiadamente um pássaro desse mundo, o outro nível – o sentido

9. *A articulação entre máscaras, adereços, e figurinos, foi explorada de diferentes maneiras pelos atores de Brook em* A Conferência dos Pássaros, *a fim de materializar as transformações dinâmicas experienciadas pelos seres ficcionais criados por Attar.*

espiritual – se perde. Num certo momento o pássaro é uma cabeça. Em outro, ele está voando e sugere a energia e o sentimento de voar. Dessa maneira, os atores foram treinados particularmente para deslizar de um modo para outro[59].

Deslizando através da palavra para o ritmo e para a melodia, o ator está de fato construindo pontes entre códigos expressivos. Sendo assim, se compararmos *Os Iks* e *A Conferência dos Pássaros* em termos de exploração de rupturas, podemos dizer que no último caso um processo mais complexo aconteceu. Além dos níveis de representação atuados pelos atores – enquanto em *Iks* havia um jogo entre o membro da tribo Ik, o narrador e um ser ficcional a meio caminho entre o ik e o narrador, em *A Conferência dos Pássaros* podemos reconhecer um jogo entre narrador, pássaro-narrador e pássaro – outros elementos surgiram nesse último, graças a uma exploração mais detalhada da ruptura de códigos de

59 Apud M. Croyden, *Conversations with Peter Brook 1970-2000*, p. 180-181.

10. *Os bastões na cena final de* A Conferência dos Pássaros *se tornaram objetos vazios investidos de diferentes significados pelos atores.*

atuação, não somente daqueles relacionados com o gesto e a voz, como também daqueles produzidos pela articulação entre marionetes, máscaras e adereços. Em sintonia com os valores transmitidos por Attar, a identidade das personagens foi explodida em *Conferência dos Pássaros*, revelando dessa maneira um processo através do qual a individualidade pode ser ultrapassada.

O Mahabharata

De maneira semelhante àquela ocorrida em *A Conferência dos Pássaros*, *O Mahabharata* exigiu de Brook e seus atores um longo tempo de preparação para produzir sua adaptação teatral. De fato, "desde o final dos anos 70, a maior parte da energia criativa de Brook e de seus mais importantes colaboradores foi dedicada à adaptação teatral do poema narrativo mais longo do mundo"[60]. Essa adaptação, produzida por Jean-Claude Carrière envolveu uma tarefa complexa, também em função de sua extensão, quinze vezes maior do que a *Bíblia*.

---

60 D. Williams, Theatre of Innocence and of Experience..., D. Williams (org.), *Peter Brook and the Mahabharata*, p. 19.

INVESTIGANDO A ARTE DE CONTAR HISTÓRIAS   109

Antes de examinar algumas práticas de atuação desenvolvidas por Brook e seus atores, certas questões relacionadas a essa produção não podem passar ao largo. Além dos problemas associados especificamente com a interpretação de Brook-Carrière de *O Mahabharata*, estudiosos, tais como Bharucha[61], Gautam Dasgupta[62] e Zarrilli, no artigo "The Aftermath: When Peter Brook Came to India", se referiram a questões éticas geradas nesse caso. Eles descreveram a maneira como Brook aparentemente destratou e explorou alguns indianos, pessoas que generosamente o hospedaram, que o levaram para assistir espetáculos tradicionais e *workshops*, pessoas que o colocaram em contato com artistas e estudiosos importantes daquele país. Em outras palavras, eles se referiram aos resíduos socioeconômico, político-culturais e pessoais deixados na Índia por Brook e sua companhia na época.

No que diz respeito ao espetáculo, Bharucha e Dasgupta apontaram vários problemas ligados à versão teatral de *O Mahabharata*, dentre eles a adaptação de Carrière e a maneira como as personagens foram retratadas pelos atores do grupo internacional. Com relação ao trabalho desenvolvido sobre a narrativa, por exemplo, segundo Bharucha a linearidade produzida por Brook e Carrière não corresponde à "natureza cíclica do tempo que pervade *O Mahabharata*"; na versão de Brook-Carrière "o tempo é truncado, dividido em blocos de ação, atos e cenas que definem pontos de partida e de chegada"[63]. Mais do que focalizar meramente sobre a definição da trama[64], e ao pretender somente contar a história das guerras entre as duas famílias, os Kauravas e os Pandavas, para Bharucha, Carrière deveria ter percebido processos mais sutis tais como os "níveis de ação que emergem e se dissolvem, criando círculos que estão em movimento e se fundem uns aos outros"[65].

Além disso, de acordo com Bharucha e Dasgupta, a falta de um entendimento claro da filosofia Hindu por parte de

61 A View from India: Peter Brook's Mahabharata, em idem, p. 228-252.
62 Cf. Peter Brook's "Orientalism", idem, p. 262-267.
63 R. Bharucha, A View from India..., em idem, p. 237.
64 A trama é dividida em três partes: "O Jogo de Dados"; "O Exílio na Floresta"; e "A Guerra".
65 R. Bharucha, A View from India..., em D. Williams (org.), *Peter Brook and the Mahabharata*, p. 241.

110 A CINÉTICA DO INVISÍVEL

Brook e Carrière produziu, como já mencionado, implicações relacionadas com a representação das personagens. Como apontou Dasgupta, "os feitos atuados pelas personagens em *O Mahabharata* são sempre, e invariavelmente, vistos a partir do ponto de vista religioso"[66]. Consequentemente, observa Dasgupta, as personagens atuadas pelos atores de Brook não consideraram a perspectiva hinduísta de ação. O conceito de *dharma*[67], por exemplo, não foi realmente incorporado pelos atores na opinião de Bharucha[68]. Brook, se referindo ao *Mahabharata*, descreveu *dharma* nos seguintes termos:

O que é *dharma*? Essa é uma questão que ninguém pode responder, com exceção do fato de que, num certo sentido, ele é o motor essencial. Uma vez que ele é o motor essencial, tudo que está em sintonia com ele amplia o efeito *dharma* [...] Isso traz algo imenso, potente e radiante – a ideia entre um incessante conflito dentro de cada pessoa e grupo, em qualquer expressão do universo: o conflito entre uma possibilidade, que é chamada de *dharma*, e a negação dessa possibilidade[69].

Bharucha, por outro lado, fornece uma definição mais precisa de tal conceito; ele se referiu, por exemplo, à função de *swadharma* ou "tarefa de vida" presente na cultura indiana, que deve ser retratata pelas personagens de *Mahabharata*, de acordo com suas *desa*, *kala*, *srama*, e *gunas*[70]. Portanto, a razão pela qual, segundo Bharucha, as personagens nessa produção dirigida por Brook parecem agir arbitrariamente, está diretamente relacionada com a percepção genérica que o diretor inglês tem do conceito de *dharma*. Em função disso, as qua-

---

66 Peter Brook's "Orientalism", em idem, p. 265.
67 Apesar da complexidade associada a esse conceito, *dharma* pode ser visto como a lei da conduta pessoal, da verdade e do entendimento que precisa ser respeitada para assegurar o equilíbrio do cosmos como um todo. Para informações mais detalhadas cf. D. Williams (org.), *Peter Brook and The Mahabharata*, p. 64, 125-126, 183, 198-205; e A. Chah, *Being Dharma*.
68 A View from India..., em D. Williams (org.), op. cit., p. 232-233.
69 *Conversations with Peter Brook 1970-2000*, p. 163.
70 Ver R. Bharucha, A View from India..., em D. Williams (org.), op. cit., p. 232. *Desa* é a cultura em que uma pessoa nasce; *kala*, o período histórico em que ela vive; *srama*, o esforço a ele requerido em diferentes estágios de sua vida; e *gunas* compreende os traços psicobiológicos que ela herdou de suas vidas precedentes. Ver Idem, p. 232-233.

INVESTIGANDO A ARTE DE CONTAR HISTÓRIAS

tro coordenadas de ação mencionadas acima foram ignoradas por ele e por seus atores, o que gerou, por sua vez, implicações associadas com a alteridade.

Os aspectos levantados por Bharucha e Dasgupta nos fazem perceber um processo em que a especificidade do Outro é aparentemente diluída. Brook, de sua parte, afirmou que ele e seu grupo tentaram "sugerir um aroma da Índia sem pretender ser o que não são"[71], mas tal afirmação é vista por Bharucha como um modo de justificar um processo de apropriação cultural[72].

Quando visto a partir da tradução intercultural e da intersemiótica, no entanto, esse caso pode revelar outras implicações. Conforme colocado por Hellweg, "*O Mahabharata* exerceu um papel de destaque na vida cultural de Java e Bali", e nesse sentido "todas as versões javanesas do poema épico simplificaram radicalmente a caracterização e a trama, e transformaram o mundo Hindu em Islâmico"[73]. Como resultado, aqui nos deparamos com processos envolvidos na transmissão/adaptação do texto de uma cultura para outra, e com a transformação de um texto de um sistema de signos para outro, operação que pode trazer enormes dificuldades, não somente quando a cultura-fonte é Oriental e a cultura-alvo é Ocidental. Segundo Pavis, Brook, ao trabalhar com *O Mahabharata*, quis

reaproximar a Índia e sua cultura do espectador ocidental, portanto, produzir signos que facilitem a identificação dessa realidade para um público que não está familiarizado com esse universo. Esta reaproximação universalisante e os ecos da humanidade global não excluem um enraizamento indiano, um acúmulo de detalhes, – odores, vestimentas, música, voz – que sugerem uma Índia rural contemporânea. A filosofia hindu que inspirou a obra é,

---

71 Ver P. Brook, The Presence of India: an Introduction, em D. Williams, (org.), *Peter Brook and The Mahabharata*, p. 44.

72 Ver R. Bharucha, A View from India…, em idem, p. 228, 229, 249, 250. O termo "apropriação" assinala que o responsável pela adaptação buscou tomar posse da cultura que serviu como fonte de conhecimento utilizando suas próprias perspectivas e valores. Ver P. Pavis, *O Teatro no Cruzamento de Culturas*, p. 5.

73 Ver J. Hellweg, Peter Brook's *The Mahabharata*: The Exigencies of Intercultural and Intersemiotic Translation, em <www.smith.edu/metamorphoses/hellweg.htm>.

112 A CINÉTICA DO INVISÍVEL

desse modo, substituída pelo público indiano de hoje que adaptou o texto para todas as circunstâncias de sua vida cotidiana[74].

Assim, uma questão pode ser levantada: deve a produção de *O Mahabharata* dirigida por Brook ser considerada um exemplo de apropriação cultural ou um caso dentre muitos outros, como descrito por Hellweg, que envolve implicações associadas com a tradução intersemiótica entre culturas?

Passemos agora a alguns processos desenvolvidos por Brook e seus atores nesse espetáculo. *O Mahabharata* representa na carreira de Brook ao mesmo tempo um catalisador de procedimentos explorados anteriormente por ele e seus atores, e uma espécie de campo aberto de experimentações de práticas relacionadas com a atuação. Também nesse caso é possível constatar a gama de técnicas de atuação exploradas pelos atores, e a manipulação de objetos e adereços cumpre aí um papel de destaque. Objetos e adereços foram investidos de diferentes significados enquanto as ações eram executadas pelos atores. As telas de bambú, por exemplo, usadas na terceira parte do espetáculo – "A Guerra" – se transformaram em "máquinas de guerra, plataformas dos arqueiros, tendas, abrigos, escudos, camas etc."[75]. Outros objetos, tais como tapetes e cortinas (extraídos de formas teatrais indianas, como o Kathakali), foram manipulados pelos atores a fim de materializar o movimento existente entre o ordinário e o mágico.

A relação entre música e ação atingiu um nível refinado nesse espetáculo: "Os cinco musicistas, visíveis de um lado do palco, participaram ativamente do espetáculo, como em muitos teatros orientais – sustentando a narrativa, pontuando a dinâmica em evolução, observando de perto o trabalho do ator"[76]. Graças também ao papel exercido pela música, alguns efeitos foram produzidos, como na cena do torneio de arco e flecha: "conforme um arqueiro mira seu objetivo e solta a flecha, que sibila no ar em meio a uma imagem indistinta e some atrás dele. Acompanhamos por antecipação o voo da fle-

---

74 *O Teatro no Cruzamento de Culturas*, p. 187.
75 D. Williams, The Great Poem of the World: A Descriptive Analysis, em D. Williams, (org.), *Peter Brook and The Mahabharata*, p. 159.
76 Idem, p. 126.

cha até o alvo, nossos olhos chegam a ele quando o objetivo é 'alcançado'"[77]. Outro exemplo que pode ser dado sobre a relação entre a música e a ação é a cena da Corte do Rei Virata, quando Toshi Tsuchitori usou seu tambor para acompanhar o diálogo dos atores "modificando a tensão e o timbre do tambor para espelhar a musicalidade de tal diálogo"[78].

Os atores dirigidos por Brook exploraram também nesse espetáculo diferentes níveis de representação. Na primeira parte – "O Jogo de Dados" – o suicídio de Madri no funeral de Pandu foi sugerido pela ação de Vyasa de queimar um feixe de gravetos. Nas palavras de Williams "um apelo sinestésico é feito para os nossos sentidos – sons sutis de estalos, o amargo odor de fumaça, a dança hipnótica das centelhas"[79]. Em outra cena dessa mesma parte, Maurice Bénichou atuou Ganesha que atuou Krishna na história contada por Vyasa[80].

Nesse espetáculo, a atuação funcionou como um catalisador de diferentes tipos de práticas, desde artes marciais, tais como o *aikido* e o *kendo*, até o trabalho com marionetes balinesas. Por trás da combinação de procedimentos explorados, cabe ressaltar o fato de que cada ator seguiu seu próprio caminho perceptivo no desenrolar do processo criativo de *Mahabharata*. Cada ator coletou diferentes impressões durante a viagem pela Índia, que precedeu os ensaios. Andrzej Seweryn, por exemplo, que atuou Duryodhana e Yudishthira comentou a esse respeito:

Em uma ocasião, num templo localizado na floresta, Peter nos pediu para ir até o bosque e trazer algo conosco. Algumas pessoas juntaram folhas, outras galhos secos e flores; eu trouxe um punhado de terra. Colocamos todo esse material num canto, e então começamos a fazer um exercício com os olhos fechados. Enquanto estava envolvido nesse processo, me dei conta de uma estranha presença. Abrindo um olho vi uma indiana se aproximar do pequeno altar que havíamos construído; ela se ajoelhou diante dele; rezou e então saiu. Para mim, aquele foi um dos momentos mais

---

77 Idem, p. 128.
78 Idem, p. 150.
79 Idem, p. 126.
80 Idem, p. 131-133.

extraordinários de toda a viagem. Simplesmente ele provou para nós que Deus está por toda a parte[81].

Sotigui Kouyaté percebeu pontos de contato entre as culturas de Mali e aquela indiana. Além de se referir a aspectos religiosos – "a viagem para a Índia me ajudou bastante. Tudo é religioso lá" – ele afirmou: "os indianos são pessoas táteis"[82].

Percepções individuais envolveram igualmente os ensaios. Enquanto alguns elementos comuns foram apontados pelos atores, tais como o trabalho corporal e vocal[83], outros aspectos descritos por eles se diferenciaram. Seweryn, por exemplo, relacionou a importância do detalhe no trabalho de Brook com suas ideias a respeito da função da psicologia na atuação: "Brook quis despertar tudo em nós [...] Nosso processo iniciou com uma enorme complexidade e terminou na simplicidade, graças ao que eu chamaria de 'psicologia' e Peter chamaria de 'detalhe'"[84].

Vittorio Mezzogiorno, que atuou Arjuna, além de mencionar a busca de certas qualidades expressivas reconheceu a falta de intelectualismo na abordagem de Brook sobre a atuação: "Tive de buscar as qualidades de Arjuna em mim. [...] A companhia esteve na Índia, um período absolutamente não-intelectualizado [...] Não tivemos qualquer tipo de preparação intelectual, nem estudamos coisas específicas"[85].

Mallika Sarabhai, que atuou Draupadi, descrevendo o modo como Brook dirige, comentou sobre elementos que emergiram no processo de ensaio, tais como o "silêncio" e o "nada" em relação à sua personagem:

Como diretor, o processo de trabalho de Peter é orgânico. Devo confessar que no início foi bem difícil para mim [...]. Peter não te deixa cair em algum clichê ou entendimentos pré-determinados. Isso significa que ele força você a descascar as camadas exteriores de sua personagem, para encontrar o silêncio básico e o nada dentro dela[86].

---

81   Apud D. Williams (org.), *Peter Brook and The Mahabharata*, p. 88-89.
82   Apud idem, p. 105.
83   Cf. Energy and The Ensemble: Actor's Perspectives, em idem, p. 88-114.
84   Apud idem, p. 88-90.
85   Apud idem, p. 94-95.
86   Apud idem, p. 102.

INVESTIGANDO A ARTE DE CONTAR HISTÓRIAS   115

Sotigui Kouyaté, que atuou Bhishma e Parashurana, descreveu alguns elementos associados com a preparação dos atores que envolveram a necessidade de superação de obstáculos pessoais:

O ator necessita alcançar um nível profundo dentro de si, para tentar descobrir o que há internamente, aspectos os quais ele não tem consciência – ou talvez ele sinta, mas não possui bastante coragem ou vontade para expressar. [...] A preparação consiste primeiramente na liberação do ator de seus bloqueios. Tudo precisa fluir, livre de obstáculos. [...] A coisa mais essencial que aprendi de Brook é a habilidade de superar obstáculos [...] O ator precisa ser capaz de lidar com as próprias dificuldades [...] Brook não vem até você com uma solução [...] ele encontra os elementos necessários que te levam para uma posição de liberdade[87].

Yoshi Oida também se referiu ao treinamento desenvolvido durante os ensaios:

Quando iniciamos os ensaios em setembro de 1984, cada ator tinha que descobrir suas personagens e encontrar seu lugar dentro do grupo. Inicialmente foi necessário construir um terreno comum [...] sem eliminar a identidade cultural de cada um [...] Durante o período de treinamento, estudamos várias artes marciais, especialmente o *kung fu*, a fim de despertar o espírito de combate. Praticamos exercícios vocais com os musicistas sob a direção de Toshi Tsuchitori, cantos e sonoridades aborígenas e ameríndios, e elaboramos exercícios rítmicos para aprender como mobilizar cada parte de nosso corpo[88].

Apesar das diferentes percepções descritas pelos atores, todos eles tiveram que experimentar processos associados não somente com a identificação e o estranhamento, como também com um território situado entre tais extremos. Os atores desse espetáculo atuaram personagens que narravam frequentemente em terceira pessoa em diversos episódios de *O Mahabharata*, como na cena entre Krishna e Arjuna[89], ou

---

87 Apud idem, p. 106-107.
88 Apud idem, p. 112.
89 Energy and The Ensemble..., em idem, p. 162.

11. A descoberta, em termos de atuação, de um território localizado entre a personificação e a distância permeou o trabalho desenvolvido pelos atores em O Mahabharata. *Yoshi Oida atua a morte de Drona. Foto de Gilles Abegg.*

INVESTIGANDO A ARTE DE CONTAR HISTÓRIAS

no combate entre Karna e Ghatolatcha[90]. Na cena da morte de Drona, Oida esvaziou um grande pote cheio de sangue sobre a cabeça. Novamente, personificação e distância se fundiram profundamente no trabalho de Brook sobre a atuação.

A Tempestade

Nessa produção que estreou em 1990, graças ao escrito de Brook[91], podemos dizer que a improvisação foi explorada como: instrumento, a fim de produzir soluções relativas à representação de cenas e situações; método, para construir materiais de atuação que poderiam contribuir para o desenvolvimento da concepção do espetáculo; e canal, por um lado para selecionar, reorganizar e descartar materiais produzidos durante os ensaios, e, por outro, para gerar uma relação consistente com o público: "o público não exerce uma função passiva. Ele não precisa intervir ou se manifestar para poder participar. Ele é um participante constante através de sua presença viva"[92].

Portanto, o treinamento como *poiesis* permeou também esse processo criativo dirigido por Brook: "o verdadeiro método de trabalho envolve um equilíbrio sutil para o qual não há regras e que se transforma a cada momento, entre o que precisa ser preparado com antecedência e o que precisa permanecer aberto"[93]. As cenas de *A Tempestade* de Shakespeare não foram focalizadas desde o início dos ensaios. Antes de trabalhar sobre o texto, diferentes exercícios foram feitos para desenvolver a qualidade de contato entre os participantes assim como uma qualidade de prontidão. Ambas as versões do texto, a francesa e a inglesa, foram então gradualmente inseridas nas improvisações. Aprofundando procedimentos já experimentados nos anos 60 e no início dos anos 70, durante as viagens do CIRT, inicialmente, Brook e seus atores não discutiram sobre o texto. Eles queriam explorar "as faculdades

---

90 Idem, p. 171.
91 Ver *The Open Door*, p. 123-144.
92 Idem, p. 18-19.
93 Idem, p. 126.

118   A CINÉTICA DO INVISÍVEL

mais secretas da intuição"[94]. Após o primeiro estágio dos ensaios, eles começaram a investigar possibilidades, ou seja, "elementos que não têm conexão com alguma concepção sobre o texto, mas são elementos que o ator pode agarrar, usar, e descartar"[95]. Na primeira cena, por exemplo, o naufrágio

foi abordado através de ao menos vinte maneiras diferentes. Havia rampas [...] Ariel e os espíritos jogaram muitos jogos estéticos [...] Tudo era excitante no momento em que surgiam as ideias, e não convincentes quando as examinávamos no dia seguinte [...] Nada parecia ser apropriado [...] E mesmo assim não estávamos completamente perdidos – um rastro permaneceria e retornaria inesperadamente semanas mais tarde [...] se não tivéssemos experimentado tanto tempo com uma miniatura de navio na primeira cena, a ideia não surgiria para Ariel usar, em sua primeira cena com Próspero, um navio com uma vela vermelha equilibrada sobre a sua cabeça[96].

Tendo experienciado esse espetáculo como espectador, no que diz respeito ao trabalho dos atores, como descrito brevemente na introdução, posso afirmar que foi permeado por muitas qualidades expressivas. Os atores pareciam não se mover, mas deslizar suavemente sobre a superfície coberta de areia. Suas ações pareciam ter sido dilatadas. Nesse sentido, a atuação de Sotigui Kouyaté atraiu particularmente a minha atenção. Além do efeito de deslizamento mencionado acima, a qualidade de *gravitas* produzida por ele gerou por sua vez um território, um espaço. Havia uma espécie de campo magnético em volta dele, em torno de seus gestos. A maneira como ele atuava criou esse espaço ou campo de forças, que produzia uma ressonância, como nos momentos finais do espetáculo em que ele proferiu as últimas palavras de Próspero. Naquele momento pude perceber qualidades expressivas não-reduzíveis a signos[97]. Tal momento representou para mim, portanto, o *punctum* de *A Tempestade*.

94 Idem, p. 235.
95 Idem, p. 130-131.
96 Idem, p. 132-133.
97 Cabe notar como o trabalho do ator pode envolver a produção de ocorrências expressivas que não se associam explicitamente aos processos de representação, ou seja, o ator pode produzir qualidades que são aparentemente irredutíveis a signos. Retomaremos essa questão ao longo do ensaio.

12. Em A Tempestade, *assim como em outras produções do* CICT, *através da exploração de diferentes modos de improvisação, vistos como procedimentos constitutivos do treinamento como* poiesis, *os atores puderam ir muito além da ilustração desse texto de Shakespeare. Nessa foto de Gilles Abegg, Bakary Sangaré atua Ariel.*

Quem Vem Lá?

Durante a encenação de *Quem Vem Lá?* Shakespeare foi investigado de maneira particular. Nesse caso, fragmentos de *Hamlet* foram entrelaçados com os escritos de seis criadores teatrais: Stanislávski, Craig, Meierhold, Brecht, Artaud e Zeami. Além disso, a complexidade desse espetáculo foi intensificada por um outro fator. Como descrito por Lavender, não foi dada ao público nenhuma indicação sobre a identidade dos autores citados acima[98]. Dessa forma, tal opção produziu uma estrutura narrativa multifacetada, em que considerações sobre a atuação e o teatro funcionaram como uma camada que ressignificou as ações e situações extraídas da tragédia shakespeareana. A atuação se tornou assim uma metáfora potente do comportamento humano.

Apesar das diferenças entre *Quem Vem Lá?* e *US*, não somente em termos narrativos como também em termos dos materiais explorados pelos atores, algumas semelhanças entre essas produções podem ser reconhecidas. Uma significativa variedade de códigos de atuação e convenções teatrais coexistiram em ambos os casos. As atuações de *Quem Vem Lá?* exploraram da farsa à tragédia, do melodrama ao teatro físico, e essa qualidade híbrida permeou algumas vezes uma mesma cena. Por exemplo, na cena entre Hamlet e sua mãe no quarto dela, Bruce Myers atuou Polônio. Após ter sido assassinado e retirado, ele retorna para descrever, citando Zeami, como ele atuaria a mesma cena se tivesse utilizado a "maneira tradicional" de morrer. Dessa forma, poderíamos dizer que outro ponto de contato entre *Quem Vem Lá?* e *US* emergiu. Em ambos os casos, seres ficcionais funcionaram como significantes móveis. Como apontado por Lavender, os atores-personagens de *Quem Vem Lá?* exerceram "diferentes funções em diferentes momentos do espetáculo, em relação ao todo"[99].

Na cena descrita acima, Polônio-Myers-Zeami, depois de ser apunhalado, se levanta uma vez que a Rainha responde para Hamlet que aquele não era o Rei, e então Myers diz: "No

---

98 Ver *Hamlet in Pieces*, p. 69.
99 Idem, p. 78.

13. Em Quem Vem Lá?, *os seres ficcionais foram retratados pelos atores como significantes móveis. Nessa foto, Gertrudes, atuada por Anne Bennent, está no quarto com Polônio, atuado por Bruce Myers.*

teatro japonês, se o herói morre no palco o *koroko*[100] rapidamente cobre o corpo com um tecido, para que o ator possa sair discretamente"[101].

Sendo assim, o ser ficcional atuado por Myers não era limitado pela representação de um indivíduo, e tal aspecto permeou igualmente o trabalho dos outros atores desse espetáculo. Como em *US* os seres ficcionais atuados funcionaram como significantes móveis, e os atores por sua vez funcionaram como "*agents-provocateurs*, assistindo tranquilamente o trabalho dos colegas, fazendo comentários sutis entre eles e deslizando facilmente para dentro e para fora das personagens como se estivessem experimentando roupas de diferentes tamanhos"[102]. No entanto, em contraste com *US*, na peça *Quem Vem Lá?*, Brook e seus atores não queriam bombardear a percepção do público da mesma maneira, eles não estavam explorando o efeito-*happening*, tal como nomeou Brook. *Quem Vem Lá?* funcionou acima de tudo como um "espaço de reflexão"[103].

100 *Koroko* é o nome dado aos servos de cena.
101 A. Lavender, op. cit., p. 74.
102 Idem, p. 76-77.
103 Ver A. Lavender, op. cit., p. 89.

122 A CINÉTICA DO INVISÍVEL

Os materiais de atuação foram explorados aí como elementos multifacetados, que poderiam "girar" em diferentes momentos. Cenas são interrompidas, repetidas, corrigidas e ajustadas. Nesse caso, procedimentos de ruptura foram experimentados de maneira específica, devido à inter-relação entre o texto de Shakespeare e os fragmentos extraídos dos seis autores já mencionados. Ao atuar tais fragmentos sem identificar seus autores, do ponto de vista narrativo, de acordo com as formulações de Gérard Genette, em *Narrative Discourse* (Discurso Narrativo), os atores incorporaram uma voz heterodiegética, ou seja, eles atuaram um papel de narradores oniscientes ou de intrusão.

O *Hamlet* de Shakespeare perdeu, assim, sua função original como fonte narrativa, exercida pelas questões e afirmações sobre a atuação. Dessa maneira, círculos de expectativa foram produzidos durante o espetáculo gerando como resultado enigmas, processo o qual, em termos barthesianos, pode levar à produção de um código hermenêutico[104].

A experiência como espectador gerou percepções semelhantes àquelas que vivenciei cinco anos antes, quando assisti *A Tempestade*. Nesse caso também tive a sensação de que os atores flutuavam, mas o *punctum* aqui não foi produzido pelo trabalho de um ator específico; ele foi produzido pela qualidade de relação entre os atores na cena final do espetáculo, quando estavam em silêncio. A metáfora se materializou naquele momento. Percebi através da qualidade de silêncio dos atores, que por trás das várias fontes exploradas, havia ao mesmo tempo sutis e profundas conexões. Atuação e realidade, teatro e vida, se tornaram em *Quem Vem Lá?* territórios ligados por múltiplas pontes.

A Tragédia de Hamlet

A Tragédia de Hamlet nasceu de certa maneira durante os ensaios de *Quem Vem Lá?*:

---

104 Esse código, descrito por Roland Barthes, pode exercer uma dupla função narrativa: ele move a narrativa à frente, ampliando-a, e simultaneamente retarda o desenvolvimento temporal da trama. Ver R. Barthes, *s/z*.

INVESTIGANDO A ARTE DE CONTAR HISTÓRIAS 123

Nós fizemos um espetáculo, *Quem Vem Lá?* – (a primeira fala de Hamlet) – composto de fragmentos de *Hamlet* [...] Ao escolher estes fragmentos, eu vi algo fresco e consistente vindo à tona [...] E pensei que um dia seria interessante estudar a peça e realizá-la de forma concentrada[105].

Nesta passagem, Brook se refere a alguns estímulos recebidos durante o processo criativo de *Quem Vem Lá?*. Porém, a ligação entre esse espetáculo e *A Tragédia de Hamlet* é mais profunda do que tal passagem sugere; ela envolve uma complexa combinação de elementos relacionados com a atuação. Tendo assistido *Quem Vem Lá?* e *A Tragédia de Hamlet* duas vezes, após analizar minuciosamente o DVD deste último[106], pode-se dizer que a qualidade de presença produzida por Adrian Lester em *Hamlet* não foi o resultado de uma abordagem somente psicológica de acordo com a qual o príncipe da Dinamarca é visto como um indivíduo complexo. Lester parece ter produzido a qualidade mencionada acima através de um processo mais refinado, através do qual as perguntas feitas em *Quem Vem Lá?* cumpriram um papel marcante. Em outras palavras, as indagações, que se referiram às diferenças existentes entre simular e ser, assim como ao contraste entre materialidade física e emoção, parecem ter sido incorporadas por Lester, funcionando com uma camada invisível de seu trabalho e produzindo dessa forma um movimento constante entre aqui e lá, ator e personagem, identificação e estranhamento. Lester guiou-me como espectador em direção a um processo imprevisível composto de mudanças bruscas e ocorrências expressivas recorrentes, como se a experiência vivida por Hamlet fosse ao mesmo tempo profundamente real e maior do que ele. Nesse sentido, Lester parece ter transformado as questões levantadas em *Quem Vem Lá?* em ações, revelando dessa maneira diferentes facetas de sua personagem. Hamlet, atuado por Lester, não pode ser definido como brechtiano, stanislavskiano, craigiano, artaudiano, zeamiano e meierholdiano. Seu Hamlet atravessa esses territórios e tal fato é claramente perceptível na cena do solilóquio "ser ou não ser",

105 P. Brook apud M. Croyden, op. cit., p. 255.
106 O DVD produzido pela ARTE video em 2004 contém dois filmes: *Brook by Brook*, documentário dirigido por Simon Brook; e *A Tragédia de Hamlet*, filmado no Les Bouffes du Nord em Paris.

124 A CINÉTICA DO INVISÍVEL

o *punctum* desse espetáculo, ao meu ver. Como resultado desse processo, uma qualidade específica de atuação foi produzida. Aqui, ela será chamada de fluidez.

Mas como podemos definir fluidez? Nesse caso, fluidez é o resultado de uma espécie de montagem de materiais que transformaram uns aos outros, criando um processo dinâmico. Graças a esse processo, que parece ter envolvido também as questões levantadas em *Quem Vem Lá?*, Lester deu vida à sua personagem. No entanto, como veremos na próxima seção, tal fluidez não ocorreu somente nesse espetáculo dirigido por Brook, mas permeou progressivamente o trabalho desenvolvido pelos membros do CICT.

Tendo examinado alguns espetáculos dirigidos por Brook entre 1974 e 2000, focalizaremos os aspectos relacionados com a arte de contar histórias, explorados em tais produções.

A Arte de Contar Histórias no Trabalho de Brook (CICT)

Analisar a maneira pela qual Brook e seus atores abordaram a arte de contar histórias desde a abertura do CICT representa uma tarefa complexa, uma vez que esse processo foi permeado por constantes transformações. Sendo assim, o objetivo aqui não é exaurir este aspecto do trabalho de Brook, mas reconhecer elementos e procedimentos associados ao contar histórias, que contribuíram para o aprofundamento das investigações feitas sobre a atuação após 1974 no CICT.

O trabalho com os objetos vazios que emergiu no início dos anos 70 foi ulteriormente desenvolvido por Brook e seus atores mais tarde. Este aspecto exerceu uma função de destaque na exploração do contar histórias pelos membros do grupo internacional: "a linguagem do contar histórias colocada em prática pelos atores de Brook transforma o uso de simples metonímias e sinédoques, processo esse gerado pela manipulação de objetos cotidianos"[107]. Como já examinado,

107 D. Williams, The Great Poem of the World..., em D. Williams (org.), *Peter Brook and the Mahabharata*, p. 190.

INVESTIGANDO A ARTE DE CONTAR HISTÓRIAS 125

objetos vazios foram continuamente explorados pelos atores de Brook em vários espetáculos, investindo-os de múltiplos significados. Enquanto em *A Conferência dos Pássaros*, por exemplo, véus e adereços se tornaram camadas das personagens que eram progressivamente expelidas, na cena de *O Mahabharata* entre Krishna e Arjuna – *Bhagavad Gita* – a utilização de uma roda produziu vários significados: a roda do destino (*karma*); a representação do *samsara* hindu; a dinâmica da existência; a plenitude da *mandala*; o arquétipo do eu etc.[108]. Além disso, ao manipular objetos, os atores de Brook materializaram diferentes níveis de realidade:

> Para marcar o nascimento de Dhristarashtra, de Pandu e de um terceiro irmão, três tapetes são erguidos cobrindo assim três figuras. Suas siluetas são visíveis, revelando assim uma realidade potencial. Enquanto Vyasa o descreve, Dhritarashtra [atuado por Ryszard Cieslak] lentamente abaixa o tapete revelando a própria imagem [...]. A tela/tapete focaliza e enquadra a cabeça e os ombros das personagens. É igualmente uma convenção do contar histórias estabelecida para transmitir diretamente a revelação "mágica" do nascimento, e introduzir um importante protagonista: novamente uma diferente "ordem de realidade" se torna palpável[109].

Outro aspecto relevante associado com o tema pode ser referido em termos de uma autoconsciência do contar histórias. Apesar das diferentes implicações relacionadas a cada caso, em *Os Iks*, *O Mahabharata*, *A Tempestade*, e *Quem Vem Lá?* momentos de transformação foram atuados pelos atores de Brook em frente ao público. Em tais momentos, eles exploraram técnicas brechtianas de estranhamento aplicadas ao contar histórias, tal como na cena de *O Mahabharata* em que Maurice Bénichou atua Ganesha que atua Krishna durante a história contada por Vyasa:

> BÉNICHOU/GANESHA: sua cabeça de elefante foi removida – descreve ao garoto a riqueza do universo hindu (ou "pluriverso") e a trindade complementar do coração do panteon, e em seguida fala

---

108 Idem, p. 161.
109 Idem, p. 122-123.

126 A CINÉTICA DO INVISÍVEL

sobre episódios míticos da vida de Krishna. [...] Ele permanece em pé atrás de uma cortina que o cobre até a altura da cintura por Vyasa e pelo garoto [...] no momento da marionete, Bénichou segura a máscara de Ganesha acima da cortina antes de desaparecer. Após referir aos seus feitos heroicos e poderes mágicos e enfatizar que ele é um homem, Ganesha se despede do garoto (e de nós)

GANESHA: Olha atentamente. Sua ação é sutil, misteriosamente clara. No mesmo instante, dizem, ele pode estar em qualquer parte – aqui, lá – ele é a água e o tremor das folhas, ele é você, é o fogo, ele é o coração de tudo o que é invisível.

MENINO: Você também é Krishna?

BÉNICHOU/GANESHA/KRISHNA: Naturalmente[110].

Diretamente relacionado com os aspectos vistos acima, não podemos deixar de mencionar a consciência existencial da personagem, outro elemento característico da linguagem do contar histórias. Frequentemente, nos espetáculos aqui examinados, as personagens tinham consciência de sua realidade de seres ficcionais, por exemplo, quando elas usaram a terceira pessoa enquanto executavam as próprias ações. Em *Os Iks, A Conferência dos Pássaros, Quem Vem Lá?* e *O Mahabharata*, tal procedimento foi significativamente explorado, como na cena entre Karna e Ghatotatcha[111]. A utilização de tal procedimento, como já apontado, gerou um processo através do qual o ator pôde experimentar um movimento entre territórios, uma tensão entre personificação e distância.

Nos espetáculos analisados aqui, Brook e seus atores se serviram igualmente da "liberdade do contar histórias", de acordo com a qual as personagens podem interagir mesmo quando elas estão associadas com diferentes espaços ou realidades ficcionais: "desempedidos das leis de causalidade e verossimilhança", os atores de Brook "puderam ir além da materialidade do mundo físico"[112].

Graças também à utilização desses elementos e procedimentos relacionados com o contar histórias, os espetáculos dirigidos por Brook após 1974 funcionaram como catalisadores teatrais, e modos de atuação foram assim gerados através

110 Idem, p. 131.
111 Idem, p. 171.
112 Idem, p. 144.

INVESTIGANDO A ARTE DE CONTAR HISTÓRIAS

127

de três processos: 1. o trabalho sobre códigos já existentes, da farsa às artes marciais, do *cartoon* aos procedimentos extraídos dos teatros Orientais etc.; 2. hibridação de códigos, em que diferentes fontes são inter-relacionadas; 3. e invenção de novos códigos de atuação, desenvolvidos durante os processos criativos de cada espetáculo. Como mencionado por Williams, no trabalho de Brook, coerência e unidade "são gerados pela heterogeneidade: *e pluribus una*"[113].

Brook e seus atores, utilizando os elementos e procedimentos descritos acima, produziram resultados significativos no teatro. Além disso, considerando a maneira pela qual eles articularam tais elementos e procedimentos desde 1974, é possível dizer que os membros do CICT não só exploraram convenções associadas ao contar histórias, mas o desenvolveram como linguagem e meio de expressão, sobretudo em termos de atuação.

Desse modo, uma implicação pode ser apontada aqui com relação à intertextualidade. Nas palavras de Barthes,

o texto não é uma sequência de palavras que produz um significado único e "teológico" (a mensagem do autor-Deus) mas um espaço multidimensional em que a variedade de escritos, nenhum deles original, colide e se funde. O texto é um tecido de citações extraídas dos inumeráveis centros da cultura[114].

Se considerarmos as explorações feitas pelos atores de Brook desde a abertura do CICT, podemos reconhecer que, no que diz respeito à atuação, a intertextualidade emergiu no trabalho com o contar histórias de maneira específica. De fato, como já mencionado, seus atores não reproduziram simplesmente códigos de atuação já existentes, mas os adaptaram, os transformaram. Sendo assim, tais códigos se tornaram ao mesmo tempo reconhecíveis e estranhos, conhecidos e desconhecidos. Yoshi Oida mencionou esse processo quando afirmou: "[Brook] se recusa a imitar coisas que outros já fizeram, ele olha para estilos e questões existentes a fim de reavaliá-los,

---

113 Idem, p. 191.
114 *Image, Music, Text*, p. 146.

128 A CINÉTICA DO INVISÍVEL

para então desenvolver algo novo e desconhecido"[115]. Durante os ensaios de *O Mahabharata*, por exemplo, os atores de Brook trabalharam sobre uma variedade de códigos, do teatro de marionetes à máscara, das artes marciais à pantomima etc. No entanto, tais códigos adquiriram um valor específico, não somente porque eles foram inseridos em uma estrutura que inter-relacionava uma pluralidade de códigos, mas porque os próprios códigos haviam sido transformados pelos atores. Eles eram reconhecíveis, mas as mudanças operacionalizadas pelos atores fizeram com que eles adquirissem qualidades específicas. Portanto, podemos dizer que a produção de intertextualidade aqui, assim como em outras produções colocadas em cena pelos membros do CICT, aconteceu de forma impura, uma vez que os escritos explorados pelo ator-contador de histórias sob a direção de Brook foram transformados, se tornando assim profundamente híbridos. Tais escritos nesses casos produziram de fato um tecido de citações, mas ao mesmo tempo eram permeados por um grau consistente de originalidade.

A fim de perceber como diferentes modos de atuação adquiriram as qualidades mencionadas acima, ou seja, como se tornaram ao mesmo tempo conhecidos e desconhecidos no trabalho de Brook sobre o contar histórias, um aspecto será examinado agora: a produção da fluidez.

A Fluidez na Atuação (CICT)

Para Brook[116], a fluidez representa uma qualidade que pode ser percebida no teatro elisabetano, e é associada nos tempos modernos com o cinema. No entanto, tais considerações não esclarecem o papel exercido pela fluidez em relação ao trabalho do ator desenvolvido em seu teatro. Após examinar uma grande variedade de materiais minuciosamente, a fluidez no trabalho de Peter Brook sobre a atuação (CICT) revelou-se como processo concretizado através dos seguintes estágios:

115 Apud D. Williams, (org.), op. cit., p. 108.
116 Ver *Tell me Lies in America*, op. cit., p. 97-98; *Conversations with Peter Brook 1970-2000*, p. 187-214; *The Open Door*, p. 95-115.

INVESTIGANDO A ARTE DE CONTAR HISTÓRIAS 129

ruptura; remontagem dos materiais; e naturalização dos materiais. Examinemos então o primeiro estágio mencionado.

Ruptura

Pode parecer paradoxal *a priori* relacionar fluidez e ruptura. De fato, tais noções podem ser vistas como antitéticas. Nesse sentido, porém, é importante notar que a ruptura constitui o ponto de partida de um processo que envolverá a produção de fluidez pelo ator. Muitos aspectos podem ser associados com a ruptura no trabalho de Brook. Foi explorada por ele e seus atores em diferentes níveis desde a primeira fase de sua carreira. Enquanto nos anos 60 eles produziram uma espécie de dramaturgia de rupturas, após a abertura do CICT, aprofundando as investigações sobre a atuação, Brook e seus atores iniciaram o que o diretor inglês chamou de modos de atuação.

Em *A Conferência dos Pássaros* assim como em *O Mahabharata*, por exemplo, diferentes modos de atuação permearam o trabalho desenvolvido pelos atores, envolvendo não somente códigos de atuação já existentes, mas também códigos híbridos e inventados por eles. O conceito de modo de atuação em Brook envolve a possibilidade de criação de códigos durante os processos criativos no teatro[117]. É preciso perceber que o trabalho sobre os modos de atuação envolve a produção de rupturas.

Para entender o estágio da produção de fluidez na atuação, é necessário que ampliemos nossa percepção de ruptura, que é usualmente considerada resultante de um processo interrompido. Em relação ao trabalho de Brook, por exemplo, em *Conferência*, assim como em *Mahabharata*, os atores saíam de seus papéis interrompendo a linearidade de sua representação para continuar a narrativa na terceira pessoa. No entanto, há uma outra maneira de perceber a ruptura no trabalho do ator, através da qual ela não é vista somente como a interrupção de um processo, mas ao contrário, enquanto falta de conexão. No trabalho de Brook, modos de atuação precisavam ser conectados pelo ator e esse fato funcionou como um exemplo de rup-

117 M. Croyden, op. cit., p. 180-181.

130 A CINÉTICA DO INVISÍVEL

tura. Portanto, do ponto de vista do ator, ruptura compreende a interrupção, mas também envolve processos em que os materiais não estão conectados *a priori*.

Apesar de não ser um processo dirigido por Brook, a descrição de alguns procedimentos desenvolvidos nos *workshops* liderados por Yoshi Oida dos quais participei como ator pode ser útil para esclarecer essa noção de ruptura[118]. Nessa ocasião, nós (eu e os outros atores que participaram desses *workshops*) deveríamos improvisar com alguns objetos. Eu trabalhei com uma cadeira. Após construir uma partitura de ações que estabelecia diferentes níveis de relação com tal objeto, Oida sugeriu que eu explorasse um fragmento extraído de *Orghast*. Eu deveria, então, conectar a sequência produzida com a cadeira e o trabalho sobre o fragmento de *Orghast*. Ao conectar esses materiais eu lidei com um tipo de ruptura que envolveu, em termos práticos, a necessidade de construir transições ou pontes entre materiais de atuação.

Outro nível de exploração de rupturas no trabalho de Brook sobre a atuação pode ser relacionado com práticas desenvolvidas pelo ensinamento de Gurdjieff, tais como o exercício do "stop"[119]. Nesse exercício, a pessoa deve interromper qualquer coisa que esteja fazendo sem aviso nem preparação. O comando precisa ser externo. O objetivo é superar momentaneamente posturas habituais, mecânicas. Sendo assim, ao adotar posturas não familiares, a pessoa abre a possibilidade para si mesma de experienciar novas percepções, pensamentos, sensações e sentimentos.

De acordo com os ensinamentos de Gurdjieff, a pessoa que atinge seu pleno desenvolvimento possuirá não um, mas quatro corpos "compostos de substâncias que se tornam progressivamente mais e mais finas, que se interpenetram e formam organismos independentes"[120]. Esse processo é fruto de um

---

118 Ver Apêndice, infra p. 215-220.
119 A inserção desse exercício neste ensaio justifica-se por eu tê-lo experienciado em termos práticos durante o trabalho que fiz entre 2002 e 2006 com grupos de estudo de Gurdjieff, em Paris e em Londres. A partir de tais experiências, pude perceber de maneira mais clara as implicações associadas com essa prática. Dentre as fontes que mencionam esse exercício, ver P. D. Ouspensky, *In Search of the Miraculous the Teachings of G. I. Gurdjieff*, p. 356-358.
120 Idem, p. 40.

INVESTIGANDO A ARTE DE CONTAR HISTÓRIAS 131

trabalho prático graças ao qual os principais centros humanos – motor, emocional e intelectual – são dissociados. Tal dissociação representa um aspecto importante dos ensinamentos de Gurdjieff, uma vez que sem ela a pessoa não atingirá os graus mais complexos de seu ser. Se os centros humanos não forem dissociados, hábitos automáticos, que constituem o primeiro obstáculo a ser combatido nesse processo, não serão superados. Desse modo, é a partir do centro motor que o trabalho sobre si mesmo geralmente tem início:

> É preciso entender que os três principais centros, o intelectual, o emocional e o motor estão conectados e, na pessoa comum, sempre trabalham em uníssono. Tal uníssono é o que gera a maior dificuldade no trabalho sobre si mesmo. Isto significa que a maneira de funcionar do centro intelectual está inevitavelmente conectada com a maneira de funcionar dos centros emocional e motor – ou seja, significa que um certo tipo de pensamento está inevitavelmente conectado a um certo tipo de emoção (ou estado mental) e com um certo tipo de movimento (ou postura); um evoca o outro, isto é, um certo tipo de emoção (ou estado mental) evoca certos movimentos ou posturas e certos pensamentos, e um certo tipo de movimento ou postura evoca certas emoções ou estados mentais, e assim por diante. Tudo está conectado e um não pode existir sem o outro[121].

Segundo Tapa Sudana[122], durante os ensaios de algumas produções, tais como *A Conferência dos Pássaros*, Brook explorou o exercício do "stop". Ao experiencia-lo o ator está trabalhando com a ruptura. Em termos de atuação, esse exercício pode ser explorado para que o ator expanda suas próprias potencialidades expressivas. Dado que novas posturas podem gerar novos pensamentos e emoções, o ator, ao praticar esse exercício, pode ampliar seu próprio horizonte perceptivo, e aprofundar seu trabalho com os seres ficcionais, por exemplo[123].

121 P. Ouspensky, op. cit., p. 347-348.
122 Ver Apêndice, infra p. 221-224.
123 A exploração do exercício do "stop" por Brook representa outra convergência entre ele e Grotóvski. De fato, durante um evento em Paris onde especialistas discutiram as implicações do trabalho desenvolvido pelo diretor polonês (Revisiter Grotowski – Université de Paris Sorbonne iv, em 5 de junho de

A maneira pela qual Brook desenvolveu a ideia de espaço em seu trabalho pode também ser visto como ruptura, nesse caso, envolvendo o uso de elementos relacionados com a linguagem fílmica. Segundo Williams, "como diretor, Brook assimilou muito da linguagem do cinema"[124], e o próprio diretor inglês reconheceu pontos de contato entre o teatro e o cinema em seu trabalho: "No teatro, há equivalências em relação aos movimentos de câmera no cinema: plano médio, plano americano, *close-ups* etc. Esses movimentos transmitem uma passagem contínua entre dois planos – um objetivo, e outro subjetivo"[125]. Em sua análise descritiva de *O Mahabharata*, Williams fornece alguns exemplos da exploração da linguagem fílmica por Brook[126]. Procedimentos equivalentes à montagem cinematográfica podem ser percebidos na maneira como o diretor inglês construiu sequências de redefinições espaciais em *O Mahabharata*, tal como na cena da chegada de Karna[127].

Ao construir tais redefinições espaciais, implicações foram geradas não somente quanto à cenografia, mas também em relação à atuação. Em outras palavras, ao determinar as dinâmicas espaciais das cenas, Brook definiu também o modo como as personagens foram retratadas. Como demonstrado por Edward T. Hall em suas elaborações sobre a proxêmica[128], o espaço entre pessoas, objetos etc. representa um aspecto que produz significados em vários níveis. Sendo assim, quando Brook situa as personagens em diferentes áreas do espaço cênico, ele está manifestando a maneira como quer que tais personagens sejam percebidas pelo público. Consequentemente, não somente a distância entre o ator e o público, mas também

---

2004), perguntei a Ludwik Flaszen sobre a importância dos ensinamentos de Gurdjieff no trabalho de Grotóvski. Dentre os aspectos descritos por Flaszen, o exercício do "stop" foi referido como uma prática constante explorada pelo diretor polonês no trabalho com seus atores durante os anos 60.

124 The Great Poem of the World..., em D. Williams (org.), op. cit., p. 188.

125 P. Brook apud J. Kalman, Any Event Stems from Combustion, op. cit., p. 109.

126 The Great Poem of the World..., em D. Williams (org.), op. cit., p. 144-145.

127 Idem, p. 129-133.

128 O termo proxêmica foi introduzido pelo antropólogo Edward T. Hall em *The Hidden Dimension* para analisar distâncias mensuráveis entre pessoas enquanto interagem. Sua análise reflete também sobre a constituição de espaços específicos, tais como o jardim Zen, focalizando a disposição de seus elementos internos.

INVESTIGANDO A ARTE DE CONTAR HISTÓRIAS 133

a posição em que a ação é executada pelo ator (lateral, frontal etc.) pode ser considerada como um fator produtor de significado. Brook estava consciente desses processos. De fato, ele foi chamado por Williams de "mestre da proxêmica"[129].

Baseado em tais considerações, é possível perceber como a exploração do espaço envolveu a questão da ruptura no trabalho de Brook sobre a atuação. A distância entre as personagens e o público produz significados não somente em termos de recepção, mas também em termos de produção, ou seja, sob o ponto de vista do ator. Se a distância entre as personagens é alterada, a situação em que elas se encontram pode se transformar completamente; da mesma forma, quando há alteração da distância entre as personagens e o público. Além disso, a área em que a ação se desenvolve pode produzir diferentes implicações; a ação pode transmitir qualidades épicas quando atuadas no fundo do palco, e qualidades íntimas, subjetivas, perto do público, por exemplo. Dessa forma, quando tais variações de distância e mudanças da área de atuação permeiam as ações da personagem, o ator está novamente lidando com a ruptura.

Uma vez examinados alguns aspectos relacionados com a ruptura, passemos ao próximo estágio envolvido na produção de fluidez na atuação – a remontagem dos materiais – tal como desenvolvido por Brook e seus atores após 1974.

Remontagem de Materiais

Ao explorar o treinamento como *poiesis* e seus modos constitutivos de improvisação, os atores de Brook, depois da abertura do CICT, deveriam estar preparados não somente para construir materiais de atuação, mas também para descartá-los.

Quando alguém diz "construir uma personagem" ele está de fato dizendo algo enganoso. A abordagem criativa envolve a fabricação de uma série de simulações temporárias, consciente do fato que mesmo se um dia você vier a sentir que descobriu a personagem, isso não pode durar [...] O verdadeiro processo de construção envolve ao mesmo tempo uma espécie de demolição [...] É

---

129 The Great Poem of the World..., em D. Williams (org.), op. cit., p. 129.

134 A CINÉTICA DO INVISÍVEL

necessário fazer um trabalho de preparação a fim de descartá-lo, construir para demolir[130].

A noção de acordo com a qual o ator deve ser capaz de "demolir para construir" exerceu um papel relevante no trabalho de Brook sobre a atuação desde o início dos anos 70. Trabalhando sobre os *carpet shows*, por exemplo, os atores exploraram a inter-relação entre forma flutuante e improvisação como canal para tentar estabelecer um contato consistente com o público na África, e nesse sentido eles deveriam produzir e descartar materiais o tempo todo. Materiais de atuação eram vistos na época como temporários por Brook e seus atores. No entanto, após a abertura do CICT, essa questão passou a ser vista de maneira diferente. Daí em diante, as práticas desenvolvidas por eles serviram a criação de espetáculos teatrais, e, como resultado, processos específicos emergiram.

Como vimos, a exploração de rupturas envolve, do ponto de vista do ator, a interrupção e também um processo de conexão entre materiais de atuação. Examinaremos agora outras implicações geradas por esse processo.

Oida e Sudana, por exemplo, referem-se ao processo segundo o qual, após coletar materiais na fase inicial de ensaios de vários espetáculos dirigidos por Brook, eles deveriam buscar desafios:

YOSHI OIDA: [...] Quando você trabalha, é fundamental perceber o que deve ser mantido e o que deve ser descartado. [...] Em minha relação com Brook, mesmo quando ele está em silêncio, eu posso perceber o que está funcionando e o que não está, ou se estou me repetindo mecanicamente. Assim, você deve procurar outros estímulos, para que sejam desenvolvidos...

TAPA SUDANA: quando você sente que tudo se tornou muito fácil, esse é o momento em que você deve buscar desafios, e Brook me estimulou muitas vezes a fazê-lo[131].

---

130 P. Brook, *The Open Door*, p. 28-29.
131 Ver Apêndice, p. 212 e 214, respectivamente.

INVESTIGANDO A ARTE DE CONTAR HISTÓRIAS   135

Podemos notar aqui que materiais são descartados pelo ator quando não funcionam mais. Mas o que está envolvido nesse processo? Oida e Sudana deram algumas respostas:

MATTEO BONFITTO: Como você sabe se deve manter ou descartar algo que você criou?

Y.O.: [...] em minha relação com Brook pude reconhecer esse processo, mas o ator deve perceber isso sem precisar de um diretor. Você deve perceber quando algo ressoa em você, e quando o que faz não está funcionando.

Quando coloquei a mesma questão para Tapa Sudana, ele respondeu:

T.S.: Quanto mais você desenvolve as suas ações, mais você percebe o que funciona. Mas esse não é um processo que vem do nada, não é algo que acontece somente dentro de você. Você precisa estar conectado, o tempo todo com algo, um bastão, um objeto, com seu parceiro de cena, com a história. Você não pode esquecer a história. Brook disse isso algumas vezes durante os ensaios: "vamos ajudar a história". Então, você deve também perceber se o que está fazendo está contribuindo para o desenvolvimento da história[132].

Considerando também as respostas dadas por Oida e Sudana, podemos dizer que dois diferentes processos estão envolvidos no estágio em questão, ou seja, a remontagem de materiais de atuação: um processo que envolve a produção e percepção de ações psicofísicas pelo ator; e outro, em que o ator deve "servir a história" e contribuir para o desenvolvimento de uma história. A fim de examinar esses processos de maneira mais detalhada, dois momentos ocorridos nos *workshops* com Oida e Sudana serão descritos a seguir.

No *workshop* com Oida, após construir a transição entre a sequência com a cadeira e o trabalho desenvolvido com o fragmento de *Orghast*, processo já referido aqui, apresentei o trabalho. Oida então disse: "Ok. Agora selecione o que você precisa manter, e descarte o resto". Duas horas depois mostrei a ele os materiais editados e ele disse a mesma coisa. Esse processo continuou e ele repetiu o mesmo pedido. Dois dias mais

---

132   Idem, p. 212 e 215, respectivamente.

136   A CINÉTICA DO INVISÍVEL

tarde, a inteira sequência havia sido reduzida de quinze para três minutos. Entendi que a redução não estava relacionada ao tempo em si. Foi mantido o material que ressoava de fato em mim; a sequência de três minutos representou o material que funcionava como uma espécie de gerador de processos psicofísicos, em que processos internos e externos estavam completamente integrados[133]. Nesse caso, portanto, enquanto alguns materiais foram descartados, outros foram remontados, a fim de intensificar minha qualidade de presença.

No *workshop* com Tapa Sudana, vivenciei um processo diferente. Trabalhando com dois outros atores, um francês e um italiano, nós deveríamos criar uma história e improvisá-la. Dispúnhamos de vinte minutos para completar a tarefa. Decidimos iniciar uma história com um encontro entre um mudo, um surdo e um cego, e após definir a circunstância inicial, começamos a improvisar. Logo depois da apresentação Sudana observou:

> Certo, interessante. Mas quando pedi a vocês para criar uma história, eu esperava ver mais do que a sua descrição. Eu esperava ver o que há por trás dela, o que dá vida a ela. Se vocês executam somente o que a história dá a vocês, ela não está sendo desenvolvida[134].

Após retrabalhar nossa improvisação, nós a reapresentamos para ele. Como resultado desse processo, ele selecionou alguns fragmentos e pediu que nós a remontássemos, mudando a ordem original dos fragmentos. Quando concluímos, percebi que a remontagem proposta por Sudana gerou um processo em que palavras e ações não se ilustravam mutuamente; além disso, tal processo nos deu espaço para explorar certas qualidades expressivas, emanações sensíveis impossíveis de serem explicadas. O modo como remontou os materiais, enfim, nos deu a possibilidade de materializar o indizível através da atuação.

Ao trabalhar com Oida e Sudana, ruptura e remontagem de materiais estavam intrinsecamente relacionados. Além disso, outro aspecto pode ser visto como uma conexão entre esses estágios, que envolve a produção de processos psicofísicos. Nas atividades com Oida, processos psicofísicos determi-

133 Idem, p. 221-224.
134 Idem, p. 223.

INVESTIGANDO A ARTE DE CONTAR HISTÓRIAS   137

naram a maneira pela qual os materiais foram selecionados e remontados, e tal fato pode ser reconhecido também no trabalho com Sudana. Graças à experiência com este, ficou claro que para o ator ser capaz de ir além da ilustração de uma história, ele necessita produzir materiais psicofísicos, ou seja, materiais através dos quais processos interiores e exteriores funcionam como um todo integrado. O próprio Sudana reconheceu isso, quando disse durante o *workshop*: "se você quer desenvolver uma história, você precisa antes de tudo estar completamente envolvido naquilo que está fazendo"[135].

Essas experiências não aconteceram durante os ensaios de um espetáculo dirigido por Brook, mas foram produzidas através de práticas desenvolvidas por dois de seus colaboradores, cujas abordagens sobre a atuação foram profundamente influenciadas por Brook. Além disso, o objetivo aqui é tentar perceber de maneira clara aspectos colocados pelo próprio diretor inglês. O fato que seus atores deveriam ser capazes de "demolir para construir" fez com que lidassem com procedimentos relacionados com ruptura e remontagem de materiais, e através das experiências com Oida e Sudana, implicações associadas com tais aspectos puderam ser percebidos de maneira mais profunda.

Nos espetáculos examinados neste estudo, ruptura e remontagem de materiais foram explorados em diferentes níveis, e consequentemente tramas não foram simplesmente ilustradas. Nesse sentido, os atores deveriam estar completamente envolvidos naquilo que faziam, como na cena de *Mahabharata*, em que Maurice Bénichou atuou Ganesha que atuou Krishna: "Bénichou/Ganesha [...] descreve ao garoto a riqueza do universo hindu [...] as palavras eram radiantes, produzindo ressonâncias em nossas imaginações [...]: nada era ilustrado"[136]. Nesse ponto, o terceiro estágio envolvido na produção da fluidez – naturalização dos materiais – será analisado.

135 Idem, p. 223-224.
136 D. Williams, The Great Poem of the World..., em D. Williams, (org.), op. cit., p. 131.

Naturalização de Materiais

Este estágio envolve igualmente a produção de processos psico-físicos. Portanto, ele pode ser relacionado com os estágios precedentes já vistos. No entanto, se nos dois primeiros estágios envolvidos na produção da fluidez materiais de atuação eram descartados a qualquer momento, no estágio de naturalização o ator trabalha com materiais já selecionados e articulados. É quando os materiais são, de certa forma, acabados, polidos, a fim de que eles se tornem mais eficientes. Desse modo, a estreia de um espetáculo não define a conclusão desse processo.

A noção de "naturalização" nesse caso não está relacionada com a produção de materiais realistas, ela não se refere a nenhum estilo específico. O processo através do qual o ator naturaliza os materiais com que está trabalhando envolve, acima de tudo, questões ligadas à incorporação (*embodiment*) que se dá em um nível profundo. Tal processo pode ser associado com qualquer linguagem cênica, da farsa à tragédia, da máscara ao *cartoon* etc. além de contribuir para a criação de novas linguagens. Sendo assim, no que diz respeito ao processo de naturalização de materiais de atuação, cabe apontar dois aspectos que representam procedimentos frequentemente explorados por Brook e seus atores após 1974: o detalhamento e a repetição.

Em relação ao detalhamento, examinemos um momento específico dos ensaios de *Carmen* (1981), descrito por Michael Rostain, em que Brook trabalhou com dois atores/cantores:

> Um cantor escolhe uma frase bem desenvolvida da partitura e se coloca em uma extremidade da cena. Na outra extremidade um parceiro silencioso será o destinatário dessa frase. Peter pede ao cantor que cante três vezes seguidas a mesma frase, mas respeitando as nuances dinâmicas de uma repetição à outra. Por exemplo, passar do *mezzo-forte* ao piano e depois ao fortíssimo. Evidentemente, se trata antes de tudo de respeitar essas nuances. Mas, além disso, há alguma coisa que favorece o estabelecimento do jogo com o interlocutor, em função das diferenças dinâmicas, e em função da repetição em si. Há uma relação que precisa ganhar vida, uma história. E isso obriga a ir além das conotações psicológicas simplistas do tipo fortíssimo = cólera etc. Peter insiste sobre

INVESTIGANDO A ARTE DE CONTAR HISTÓRIAS 139

a duração dos sons. Trabalhamos durante dois meses sobre a liberdade do corpo, dos gestos em relação à voz, sobre a invenção, sobre a relação etc. Agora, precisamos trabalhar sobre a duração, a continuidade, a respiração, a trajetória a ser desenvolvida. Além do instante, há a vida que suporta esse instante, ou seja, seu passado e o impulso que o anima[137].

Na passagem acima, Brook, ao trabalhar com a dinâmica das ações e com a duração, queria aprofundar a articulação entre impulso e ritmo, a fim de intensificar a qualidade de relação entre os atores/cantores. Desse modo, o detalhamento exerceu um papel significativo. De fato, nuances das frases foram apontadas por Brook, e os estímulos produzidos através do contato direto entre os atores/cantores deveriam ser percebidos por eles. Além disso, a respiração, a continuidade e a trajetória dos sons podem ser igualmente vistos como detalhes que deveriam ser incorporados pelos atores/cantores.

O trabalho de detalhamento é visto por Brook como um procedimento fundamental, que precisa ser profundamente explorado pelo ator: "A qualidade pode ser encontrada no detalhe"[138]. Durante os *workshops* com Oida e Sudana, eles se referiram sobre a importância do detalhe no trabalho com Brook, e enfatizaram a função exercida pelo detalhe na atuação. No *workshop* com Oida, após explorar ruptura e remontagem dos materiais, eu tive de detalhar minha sequência de ações psicofísicas. No início, a dificuldade em lidar com esse processo foi grande, sobretudo em função do fato de que, como observado por Oida, o ator deve selecionar os detalhes que necessita desenvolver: "quando você conhece o material que você irá trabalhar, você deve selecionar detalhes a fim de desenvolvê-los"[139]. Nesse momento eu perguntei a ele: "Como posso escolher os detalhes que preciso desenvolver? Todos eles parecem ser importantes". Oida observou:

quanto mais você trabalha com o material, mais você percebe que há muitas diferenças contidas nele. Então, você verá que internamente o material é composto de detalhes que não têm o mesmo

---

137 Apud G. Banu (org.), *Brook*, p. 214.
138 *The Open Door*, p. 91.
139 Ver Apêndice, p. 219-220.

140 A CINÉTICA DO INVISÍVEL

valor, a mesma importância. Então, você verá que, internamente, o material é formado por detalhes que você precisa desenvolver[140].

Oida pediu-me então para desenvolver esse processo de maneiras diferentes, algumas vezes dilatando minhas ações, outras reduzindo-as, miniaturizando-as. Além do mais, ele disse para que eu concentrasse minha energia sobre diferentes partes de meu corpo, durante o desenvolvimento das ações. Acrescentou que essa forma de trabalhar poderia ser útil, uma vez que os detalhes a seu ver não podem ser selecionados intelectualmente. De fato, ao desenvolver minhas ações dessa maneira, eu passei a direcionar minha atenção não somente para ideias, mas para tensões musculares, imagens, sensações e posturas corporais, e tais aspectos me ajudaram a perceber quais detalhes de minha sequência de ações eu deveria explorar.

Também no *workshop* com Sudana o processo de detalhamento foi bem focalizado. Nessa ocasião, ele me fez perceber que os detalhes representam elementos que caracterizam o percurso do ser ficcional que está sendo criado pelo ator. Em outras palavras, os detalhes esclarecem as mudanças que ocorrem com a personagem, e o ator precisa estar absolutamente consciente desse processo.

Em ambas as ocasiões, no trabalho com Oida e Sudana, a exploração de detalhes estava profundamente relacionada com o uso de repetições, e tal fato pode ser igualmente constatado nas práticas exploradas por Brook, como descrito por Rostain no fragmento sobre o ensaio de *Carmen*, citado acima. De acordo com Rostain, Brook associou implicitamente o trabalho de detalhamento com o desenvolvimento das relações entre os atores/cantores, processo que envolveu, por sua vez, o uso de repetições: "Mas além disso, há alguma coisa que favorece o estabelecimento do jogo com o interlocutor, em função das diferenças dinâmicas, e em função da repetição em si"[141].

140 Ver Apêndice, p. 220.
141 Apud G. Banu (org.), op. cit., p. 214.

Detalhamento e repetição estão intrinsecamente ligados no trabalho de Brook sobre a atuação[142]. Ao naturalizar os materiais de atuação, o ator lida com essa correlação. A fim de definir e aprofundar os detalhes de seu trabalho, o ator precisa repeti-los. A repetição aqui não implica uma reprodução automática de ações, mas um processo de constante redefinição e articulação.

Uma vez definidos os estágios referidos acima, é possível dizer que a fluidez na atuação, tal como explorado por Brook e seus atores desde a abertura do CICT, pode ser percebida de diferentes pontos de vista. Partindo da recepção, ela pode transmitir uma qualidade em que os atores parecem desenvolver as próprias ações dinamicamente, suavemente; situada quanto à produção, ou seja, sob o ponto de vista do ator, a fluidez envolve um processo composto por três estágios inter-relacionados: ruptura, remontagem de materiais, e naturalização de materiais.

FLUIDEZ NA ATUAÇÃO (CICT)[143]

Ruptura
↓
Remontagem de Materiais
↓
Naturalisação de Materiais
↓
FLUIDEZ

---

[142] Ao descrever no primeiro capítulo as características do treinamento como *poiesis* em Brook, foi colocado que em relação às práticas desenvolvidas pelos atores, a vetorização prevaleceu sobre a repetição. Cabe ressaltar aqui que tal afirmação não exclui a possibilidade do ator de explorar a repetição quando está trabalhando sobre a criação de personagens. A exploração da repetição por seus atores representa um procedimento necessário, que contribui para o desenvolvimento de processos psicofísicos.

[143] Cabe apontar aqui uma conexão entre a abordagem concebida nesse estudo sobre a fluidez na atuação e as concepções de Csikszentmihalyi sobre a teoria da fluidez, já descritas anteriormente. Se por um lado tais concepções não envolvem o percurso construído aqui, composto por três estágios específicos, por outro, como veremos no terceiro capítulo, a noção de fluidez nos dois casos implica um processo em que o ser humano pode ultrapassar o horizonte de suas experiências pessoais.

A CINÉTICA DO INVISÍVEL

Além dos exemplos já dados, o trabalho desenvolvido por Adrian Lester em *A Tragédia de Hamlet* compreende mais uma evidência desse processo. De fato, ruptura, remontagem e naturalização de materiais podem ser reconhecidas na maneira como Lester transitou entre diferentes modos de atuação, que foram, por sua vez, profundamente incorporados por ele.

Além dos estágios já examinados, ulteriores implicações podem ser associadas à fluidez na atuação no teatro de Brook. A fim de analisá-las, um outro processo será focalizado agora. Tal processo tem como objetivo a produção do que é denominado neste estudo "momento presente".

Da Fluidez ao Momento Presente

De maneira semelhante ao modo como a fluidez foi desenvolvida pelos atores de Brook, a abordagem sobre o momento presente. colocada em prática por eles, envolveu três estágios ou aspectos inter-relacionados: *sphota*, a dupla imagem do teatro, e as centelhas de vida. Antes de examiná-los, cabe aqui um esclarecimento. Ao analisar a fluidez, a perspectiva da produção prevaleceu sobre aquela da recepção. Em outras palavras, ao examinar a fluidez na atuação, o objetivo foi lidar com aspectos envolvidos em sua produção pelos atores do CICT. Por outro lado, a fim de analisar o processo que se dá no trabalho de Brook sobre a atuação, da exploração da *sphota* à emergência do momento presente, ambas perspectivas, produção e recepção, serão associadas. A fluidez foi percebida seguindo o ponto de vista do ator para esclarecer alguns procedimentos utilizados em sua confecção. Em contraste com isso, a fim de examinar os processos associados com a emergência do momento presente, produção e recepção não podem ser dissociados. Como veremos nesta seção, os estágios ou aspectos mencionados acima foram gerados no trabalho de Brook através do contato direto entre ator e público.

Enquanto a produção da fluidez nos faz perceber processos significativos relacionados à atuação em Brook, cabe reconhecer que o trabalho desenvolvido por seus atores não se conclui no último estágio da fluidez já examinado, ou seja, a

14. *O modo como Adrian Lester retratou* Hamlet *pode ser visto como a expressão da fluidez na atuação, tal como produzida no teatro de Peter Brook. Nessa foto de* A Tragédia de Hamlet *vemos um momento do solilóquio "ser ou não ser".*

144 A CINÉTICA DO INVISÍVEL

naturalização de materiais. Uma vez em contato direto com o público, a produção da fluidez irá gerar outros processos que levarão à produção do momento presente. Para Brook, o momento presente representa um aspecto único, que revela a especificidade do teatro enquanto forma de arte.

O teatro como palavra é tão vago, que chega a não ter sentido, ou confunde porque uma pessoa pode observar um aspecto e outra algo completamente diferente. É como falar sobre a vida. A palavra é grande demais para conter um significado [...] A essência do teatro está contida em algo misterioso chamado "o momento presente"[144].

De qualquer forma, a seu ver, para que tal momento possa emergir, alguns aspectos necessitam contribuir nesse processo, tais como *sphota*, centelhas de vida e a dupla imagem do teatro: "Se o momento presente é bem vindo de maneira particularmente intensa, e se as condições são favoráveis para a *sphota*, as fugidias centelhas de vida podem aparecer nos sons, gestos, olhares, relações"[145].

Em relação à dupla imagem do teatro, Brook a associa com uma espécie de tensão que envolveria, por um lado, o aqui e agora, e, por outro, a dimensão ficcional produzida pelo trabalho do ator. É a partir dessa tensão que, a seu ver, impressões teatrais podem ser produzidas[146]. "É através do jogo constante da tensão, do conflito e da harmonia do aqui e agora, e a dupla imagem, que vêm juntas ou não, que se produz algo que é essencialmente uma impressão teatral"[147].

Dado que "essa dupla imagem é a força, a potência e o significado de tudo que está relacionado com o teatro"[148] e visto que o momento presente representa a essência do teatro para Brook, portanto, a seu ver, a dupla imagem do teatro está necessariamente envolvida na produção do momento presente. Sendo assim, como sugerido pelo diretor inglês, o momento

144 *The Open Door*, p. 97.
145 Idem, p. 71-72.
146 A noção de impressão deve ser considerada através das concepções de Gurdjieff. Segundo ele, assim como o ar e os alimentos, impressões nutrem o ser humano; elas são absorvidas e processadas pelo organismo humano.
147 P. Brook apud M. Croyden, op. cit., p. 177.
148 Idem, p. 175.

INVESTIGANDO A ARTE DE CONTAR HISTÓRIAS 145

presente emergiria da inter-relação entre os aspectos referidos acima, ou seja, *sphota*, a dupla imagem do teatro, e as centelhas de vida. Examinemos assim tais aspectos separadamente, a fim de perceber as implicações associadas com cada um deles.

Sphota

O conceito de *sphota* representa um aspecto central da teoria da linguagem concebida pelo filósofo e poeta hinduista Bhartrhari (570-651 d.C.). Bhartrhari não criou esse conceito, mas o reformulou a partir do original védico, que remete a um período entre 4000 e 1000 a.c. Considerando assim as raízes de tal conceito, chamado *sphut*, que significa "revelar", "surgir", Bhartrhari concebeu a ideia de "lançar para fora" em termos de estado mental. Em outras palavras, a seu ver *sphota* não é criado, mas se dá através da fala; os ritmos e qualidades da verbalização levam à emergência da *sphota*. Segundo Gaurinath Sastri, em *A Study in the Dialetics of Sphota* (Um Estudo sobre a Dialética da *Sphota*), a produção da *sphota* envolve a percepção produzida por uma espécie de reconhecimento, um *flash* instantâneo (*pratibhâ*), sempre quando o ouvinte captura os significados latentes em sua consciência.

Em relação às análises ocidentais desse conceito, Coward afirma que, em geral, *sphota* é considerada difícil de traduzir em termos técnicos. A palavra "símbolo" é utilizada para definir tal conceito, enfatizando sua característica de signo linguístico. Além disso, ele descreve *sphota* como um complexo processo que envolve aspectos específicos, tais como vibração e ritmo[149]. Refletindo sobre a concepção de *sphota* em Bhartrhari, Kristeva a considera uma totalidade, o fundamento ontológico da linguagem. Segundo ela *sphota* não pode ser pronunciada; ela é "o que está sob a pronúncia e a sonoridade da fala"[150]. Sendo assim, Kristeva enfatiza um aspecto significativo formulado por Bhartrhari e igualmente descrito por Coward, que está relacionado com a energia interna (*kartu*)

---

149 Ver H. Coward, *Mantra*, p. 34-39.
150 *Language*, p. 86.

146 A CINÉTICA DO INVISÍVEL

contida na *sphota*, e que busca emergir, tornar-se expressão. O que parece ser unitário é, assim, visto como elemento que contém múltiplas possibilidades, referido nesses termos também por Coward[151].

Bhartrhari sugere dois modos através dos quais a energia da fala causa a fenomenalização da *sphota*: a potencialidade expressiva, latente, contida na *sphota*, e o desejo de comunicação manifestada por quem fala. Para Bhartrhari, *sphota* é o substrato real, a unidade linguística que coincide com seu significado. No entanto, a linguagem não seria o veículo de significados ou o transmissor de pensamentos. O pensamento funciona como uma âncora para a linguagem e vice-versa. Além disso, Bhartrhari inter-relaciona a *sphota* com dois outros elementos: *dhvani* e *nada*. Enquanto a *sphota* é associada com as unidades internas que transmitem significado, *dhvanis* são partículas imperceptíveis que se materializam fisicamente e *nada* envolve a produção de sons que emanam vibrações[152]. A potência vibratória da voz é também descrita por Yogananda, que examina a natureza do sânscrito enquanto linguagem ritual. Ele se refere às suas possibilidades vibratórias explosivas, as quais "podem ser sabiamente utilizadas como meio para superar dificuldades encontradas pelo ser humano"[153]. No que diz respeito às potencialidades do som, Yogananda acrescenta: "Qualquer palavra materializada claramente com a ajuda de uma concentração profunda pode adquirir um valor concreto"[154].

Em sintonia com os aspectos mencionados acima, Brook associou a *sphota* com a produção de ressonâncias que materializam potencialidades expressivas específicas: "Qualquer nascimento é expresso através de uma forma [...] É o que os indianos chamam de *sphota*. Entre o que é e o que não é manifestado há uma espécie de onda de energias sem forma, e em certos momentos emergem certas explosões que correspondem à esse termo: 'Sphota!'. Essa forma pode ser considerada uma 'encarnação'"[155].

151 Derrida and Bhartrhari's Vākyapadiya on the Origin of Language, *Philosophy East and West*, n. 1, p. 9.
152 H. Coward, *Mantra*, p. 34-39.
153 *Autobiography of a Yogi*, p. 13.
154 Idem, ibidem.
155 *The Open Door*, p. 60.

INVESTIGANDO A ARTE DE CONTAR HISTÓRIAS

Como já examinado, Brook, antes da abertura do CICT em 1974, havia feito várias referências à forma. Nesse sentido, cabe notar que, pela primeira vez em sua carreira, ele associou a noção de forma a um conceito específico:

A questão central, então, é aquela relacionada à forma, a forma precisa, a forma apta [...] Mas o que significa forma? Independentemente da frequência com a qual retorno a essa questão, sou inevitavelmente levado para a *sphota* [...] Uma forma é o virtual que se manifesta, é o espírito que adquire um corpo[156].

Ao adotar *sphota* como seu conceito definitivo de forma, Brook propicia a pertinência das formulações desenvolvidas na primeira parte de nosso estudo, de acordo com as quais a forma flutuante representa uma concepção sintética de forma colocada em prática por seus atores. De fato, o conceito de *sphota* está em profunda sintonia com a noção de forma flutuante. Ambos envolvem todos os tipos de forma já examinados aqui, ou seja, forma como estrutura, organismo perecível e como forma latente: "*sphota* é como uma planta em crescimento que desabrocha, vive durante um certo tempo, murcha, e depois produz espaço para outra planta"[157].

Uma vez examinados os aspectos associados com a *sphota*, dirijamos nossa atenção agora para outro elemento envolvido na produção do momento presente no trabalho de Brook, ou seja, a dupla imagem do teatro.

A Dupla Imagem do Teatro

Quando Artaud se referiu aos vários duplos relacionados ao teatro[158], ele olhou para aspectos gerados por diferentes dimensões existenciais, da ética à metafísica. Apesar dos pontos de contato existentes entre Brook e Artaud no que diz respeito à noção de duplo, tal como o papel exercido pela imaginação, Brook a percebeu de maneira mais específica, associando-a,

156 Idem, p. 106.
157 Idem, p. 62.
158 Ver *O Teatro e seu Duplo*.

148 A CINÉTICA DO INVISÍVEL

na maioria das vezes, ao *modus operandi* do ator. De fato, a expressão "dupla imagem" foi frequentemente utilizada por Brook para descrever os processos de atuação. Quando entrevistado por Croyden, por exemplo, ele observou:

Em qualquer forma de teatro em que o ator e o público compartilham o mesmo espaço, a possibilidade da dupla imagem emerge. A dupla imagem é aquele algo que sempre vem à tona através da atuação. Todos os jogos infantis são baseados nessa ideia. As crianças não esquecem que estão correndo em um *playground*, e ainda assim elas experienciam a dupla imagem através da qual elas se tornam ao mesmo tempo piratas em um navio, ou *gangsters* em uma esquina. Ela é evocada com um bastão. Ela é evocada com um graveto. Ela é evocada pela postura ou pelo modo de gritar[159].

Essa passagem sugere que duplas imagens podem ser evocadas através da exploração dos assim chamados "objetos vazios", já analisados aqui. Em *Ubu no Bouffes*, em *A Conferência dos Pássaros*, e em *O Mahabharata*, por exemplo, o trabalho com objetos vazios foi profundamente explorado pelos atores de Brook. De qualquer maneira, em relação à produção que explorou esse recurso, ele mencionou igualmente "o constante jogo, a tensão, o conflito, a harmonia entre o aqui e agora, e a dupla imagem"[160]. Examinemos, então, de maneira mais detalhada, a relação entre o "aqui e agora" e a "dupla imagem" no trabalho do diretor inglês. Ao comentar sobre *Os Iks*, ele afirmou:

Os Iks pode ser relacionado com o que fazemos toda a noite quando contamos uma história a uma criança. Começamos de maneira simples, com certos elementos que atraem a sua atenção – através de algo que pode ser compartilhado. Mas uma vez feito isso, é preciso saber que a história não é tudo. A história é o eixo e o suporte. E se tal história é tocante e provoca um interesse real nas pessoas que a estão assistindo, ela permite que algo mais surja: um sentido de aqui e agora. Eis porque em *Os Iks* quisemos construir uma história de modo realista e convincente [...] O que nos interessou com relação a *Os Iks* foi desencadear um processo através do qual, ao dizer a história dos *iks*, as pessoas pudessem se dar conta que estávamos falando delas[161].

159 P. Brook apud M. Croyden, op. cit., p. 175.
160 Idem, p. 177.
161 Idem, p. 174.

INVESTIGANDO A ARTE DE CONTAR HISTÓRIAS 149

De acordo com Brook, o público deve perceber que a história que está sendo contada pelo ator poderia acontecer aqui e agora, em seu próprio contexto: "Nós dizemos, 'Contaremos uma história sobre a África', e, ao mesmo tempo, estamos de fato contando uma história sobre Nova York, ou se estamos apresentando em Paris, sobre Paris"[162].

Brook nos faz perceber que ao produzir o aqui e agora, ou seja, ao fazer com que o público sinta que a história que está sendo contada poderia acontecer em seu próprio contexto, a dupla imagem pode emergir:

Se podemos manter as duas (as duas imagens, nesse caso a imagem da África e a imagem gerada pelo contexto do público), podemos produzir a ilusão de que as pessoas, ao verem *Os Iks*, veem um americano, um inglês, um alemão, um japonês e um africano, porque não há alguma pretensão em relação a isso, assim, eles (o público) experienciam a dupla imagem. Quando a história se desenvolve, saberão que ela é sobre africanos; todos tentarão preservar a natureza africana da história, até um certo ponto. E ainda assim, em outro nível, tentamos manter o contato com o público, de modo que não sairemos daqui para ir até a África. Uma vez que estamos aqui e agora, permaneceremos aqui e agora juntos[163].

A produção do jogo entre o aqui e agora e a dupla imagem requer do ator a capacidade de fazer com que o material utilizado pareça real. Sendo assim, objetos vazios, por exemplo, serão investidos de significados e a ficção se tornará, de certa maneira, realidade. É importante perceber que no trabalho de Brook a tarefa de fazer com que o material pareça real não está relacionada com a produção de materiais realistas, mas envolve a produção de diferentes ordens de representação.

Em *Os Iks*, *A Conferência dos Pássaros*, e *Quem Vem Lá?*, por exmplo, dentre outros espetáculos dirigidos por Brook depois de 1974, diferentes ordens de representação foram produzidas pelos atores. Em *Os Iks* os atores de Brook exploraram o jogo entre o narrador, o ik, e um ser ficcional a meio caminho entre o narrador e o ik; em *A Conferência dos Pássaros* eles exploraram o jogo entre o narrador, o pássaro, e o narra-

162 Idem, p. 177.
163 Idem, ibidem.

150 A CINÉTICA DO INVISÍVEL

dor-pássaro; em *Quem Vem Lá?* eles exploraram o jogo entre personagens extraídas de *Hamlet* de Shakespeare e seres ficcionais que atuaram fragmentos de escritos de Stanislávski, Craig, Meierhold, Brecht, Artaud e Zeami. A produção de diferentes ordens de representação exerceu um papel central nesses espetáculos e está diretamente associada ao jogo estabelecido entre o aqui e agora e a dupla imagem do teatro, tal como explorado no trabalho de Brook. Esse jogo revela que entre as dimensões de identificação e estranhamento há um *continuum*. Ao usar a terceira pessoa enquanto atuavam as ações das personagens, por exemplo, eles transitaram não somente entre mundos ficcionais e o aqui e agora, mas também entre processos interiores e exteriores: "O verdadeiro ator reconhece que a liberdade real ocorre no momento em que se produz uma fusão perfeita entre o que provém de fora e o que emerge de dentro"[164]. Portanto, a dupla imagem do teatro não pode ser dissociada no trabalho de Brook sobre o aqui e agora. É graças a tal conexão que a dupla imagem pode emergir. Dessa forma, o ator-contador de histórias de Brook deve ser capaz de fazer com que o material a ser trabalhado pareça real, e para alcançar seu objetivo ele deve explorar não somente processos de identificação e estranhamento, mas também o *continuum* que existe potencialmente entre tais extremos.

Outro aspecto envolvido na produção do momento presente no teatro de Brook – as centelhas de vida – será examinado agora.

Centelhas de Vida

Brook se referiu às centelhas de vida como uma questão fundamental do fazer teatral:

O inteiro problema reside em tentar saber se, momento por momento, no texto ou na atuação, há uma centelha, a pequena chama que se acende e dá intensidade para aquele momento destilado, comprimido. Porque compressão e condensação não são suficientes. Podemos sempre reduzir uma peça que é muito longa,

164 P. Brook, *The Open Door*, p. 83.

INVESTIGANDO A ARTE DE CONTAR HISTÓRIAS   151

muito verborrágica, e ainda ter algo entediante. A centelha é o que importa, e a centelha está raramente em cena. Isso demonstra em que nível a forma teatral é assustadoramente frágil e exigente, porque essa pequena centelha precisa estar presente a cada segundo[165].

A seu ver, a produção de centelhas de vida não está relacionada com os textos dramáticos nem com as intenções artísticas. Algumas vezes, ele afirmou, é possível perceber uma centelha de vida em espetáculos comerciais banais, que podem ter uma qualidade superior à dos experimentais[166]. Para o diretor inglês, o elemento humano é o que conta na produção de fenômenos vivos no teatro[167]. Cabe aqui uma pergunta: de que modo as centelhas de vida estão relacionadas com o elemento humano? A fim de tentar responder a essa questão, consideraremos alguns aspectos associados aos ensinamentos de Gurdjieff.

O ensinamento de Gurdjieff é altamente considerado por Brook: "Para mim, a pessoa mais interessante dentre todos os exploradores e professores, o mais amplo, e o que mais desenvolveu uma visão científica eficaz, que é constantemente confirmada pelas nossas descobertas – é Gurdjieff"[168]. Em 1979, Brook dirigiu *Meetings with Remarkable Men* (Encontros com Homens Notáveis), baseado no livro homônimo de Gurdjieff, e ao realizá-lo o diretor inglês tentou "capturar o sentido do que é transmitido pela palavra *pesquisador*"[169].

Como sugerido em *Threads of Time* (Fios do Tempo), o primeiro contato estabelecido por Brook com os ensinamentos de Gurdjieff ocorreu na metade dos anos de 1940[170]. Após descobrir o livro de Ouspensky *In Search of the Miraculous: The Teachings of G. I. Gurdjieff* (À Procura do Milagroso: Os Ensinamentos de G. I. Gurdjieff), Brook foi apresentado a Jane Heap, que liderava em Londres um grupo de estudos sobre Gurdjieff. No entanto, ele continuou a tomar parte no "tra-

---

165 Idem, p. 13-14.
166 Idem, p. 14-15.
167 Idem, p. 16.
168 P. Brook apud M. Croyden, op. cit., p. 278.
169 Idem, p. 280.
170 Ver *Threads of Time*, p. 63-65.

152 A CINÉTICA DO INVISÍVEL

balho". De qualquer forma, devido a natureza específica dos ensinamentos de Gurdjieff, Brook não deve ser considerado seu discípulo. Como observado pelo próprio diretor inglês, Gurdjieff nunca iniciou um movimento, ele sempre buscou "gerar pensamentos e provocar atividades independentes em outras pessoas"[171].

A presença de Gurdjieff no trabalho do diretor inglês é clara[172]. Alguns aspectos associados com seus ensinamentos foram mencionados aqui, quando examinamos processos relacionados com a ruptura em Brook. O trabalho desenvolvido por Gurdjieff sobre os centros humanos – os principais centros: motor, emocional e intelectual; e os dois centros subordinados: instintivo e sexual[173] – que representam uma prática central de seus ensinamentos, é necessário para que a pessoa atinja os mais complexos níveis de seu ser. Se os cinco centros humanos não estão dissociados, os hábitos automáticos, primeiro obstáculo a ser superado nesse processo, não serão transformados. Nesse sentido, o centro motor foi referido como o elemento a partir do qual o trabalho geralmente tem início. Sem o trabalho sobre si mesmo os seres humanos são vistos como máquinas que acreditam ter sua própria individualidade: "Individualidade, o singular e permanente eu, consciência, vontade, habilidades práticas, o estado de liberdade interna, todas essas são qualidades que o homem comum não possui"[174]. No trabalho proposto por Gurdjieff, a fim de desenvolver sua real individualidade, a fim de "ser", a pessoa necessita fazer um grande esforço, que envolve muitas intervenções conscientes sobre si mesmo, da auto-observação à ruptura de hábitos automáticos:

---

171 P. Brook apud M. Croyden, op. cit., p. 119.
172 A relação entre os ensinamentos de Gurdjieff e o trabalho de Peter Brook foi examinada por Basarab Nicolescu a partir de um ponto de vista denominado em seu artigo "Pensamento Tradicional". Tradição é definida por Nicolescu como "o conjunto de doutrinas e práticas religiosas ou morais, transmitidas ao longo dos séculos, originalmente de forma oral". Longe de ser um objeto de reificação e exotização, tal pensamento tradicional produz implicações que estão associadas com o conhecimento científico. Algumas dessas implicações são apontadas por Nicolescu. Ver B. Nicolescu, Peter Brook et la pensée traditionnelle, em G. Banu (org.), *Brook*, p. 143-161.
173 Ver P. Ouspensky, op. cit., p. 99-115.
174 Idem, p. 159.

INVESTIGANDO A ARTE DE CONTAR HISTÓRIAS   153

O crescimento interior do ser humano não pode começar enquanto a ordem das coisas permanecer imutável [...] Se a pessoa deseja atingir sua própria individualidade ele precisa se liberar das leis gerais [...] No trabalho, somente super-esforços contam, além do normal, além do necessário[175].

Com o objetivo de tentar perceber de maneira mais clara a associação entre as centelhas de vida e o elemento humano no trabalho de Brook sobre a atuação, cabe discorrer sobre um aspecto específico dos ensinamentos de Gurdjieff, referido por Ouspensky como "graus de materialidade".

As pessoas estão acostumadas a pensar que a matéria é igual por toda a parte. Todo o corpo de conhecimentos da física, da astrofísica, da química, os métodos da espectroanálise etc. estão baseados nessa hipótese. É verdade que a matéria é a mesma, mas a materialidade é diferente. Diferentes graus de materialidade dependem diretamente das qualidades e propriedades de energia manifestadas em um dado momento[176].

A materialidade pode ser percebida em seus diferentes graus graças à conexão entre matéria e energia. É através de um preciso uso da energia, visto aí como um combustível do organismo humano, que, de acordo com os ensinamentos de Gurdjieff, a "matéria mais rústica" pode se transformar em "matéria fina". Devido ao papel exercido pela energia, seu desperdício precisa ser evitado: "A energia é desperdiçada devido ao trabalho errado dos centros; à desnecessária tensão dos músculos, desproporcional ao trabalho produzido; ao perpétuo falatório [...] devido ao desperdício constante da força de atenção"[177].

O modo como a pessoa utiliza sua energia determinará a transformação da matéria, de rústica à mais refinada. Sendo assim, uma implicação significativa associada com os graus de materialidade é gerada por esse processo, o qual envolve a densidade das vibrações. "A expressão 'densidade de vibrações' corresponde à 'frequência das vibrações' e é usada como sendo o oposto de 'densidade da matéria', ou seja, quanto

---

175 Idem, p. 163, 165, 347.
176 Idem, p. 86.
177 Idem, p. 179.

154   A CINÉTICA DO INVISÍVEL

maior a 'densidade da matéria', menor a 'densidade de vibrações', e vice-versa. A maior 'densidade de vibrações' será encontrada na mais fina, mais rarefeita, matéria"[178].

O grau de materialidade experienciado por uma pessoa irá variar de acordo com a dinâmica e a correlação entre a densidade da matéria e a densidade das vibrações. Uma das consequências desse processo, que deve ser discutida aqui, é que ele afeta a expressão humana. Em outras palavras, quanto maior a densidade de vibrações, menor a densidade da matéria, e isso levaria, de acordo com os ensinamentos de Gurdjieff, à produção de ocorrências expressivas particulares, a uma maior qualidade de presença. É exatamente aí que podemos retornar às centelhas de vida em Brook. Centelhas de vida estão diretamente ligadas às qualidades variáveis de expressão humana, aos diferentes graus de presença humana. A fim de tentar controlar a correlação dinâmica existente entre a densidade da matéria e a densidade das vibrações, muitas práticas são desenvolvidas nos ensinamentos de Gurdjieff, tal como o trabalho com os centros humanos, prática essa que foi, por sua vez, adotada por Brook[179]. Durante os ensaios de *Carmen*, por exemplo, o diretor experimentou alguns exercícios porque eles "permitiriam fazer uma 'fotografia' do funcionamento dos centros em um dado momento", e Rostain acrescenta ainda que:

> Em muitos exercícios propostos por Brook nós buscamos justamente assegurar uma unidade entre o pensamento, o corpo e os sentimentos, liberando o ator de uma atitude muito mental [...]. Nesse trabalho de pesquisa descobrimos gradualmente um aspecto importante do funcionamento dos centros [...]. Na preparação de Carmen, pedimos aos atores para caminharem emitindo um som e passarem do piano ao fortíssimo sem variar o ritmo dos passos. A dificuldade demonstrada nesse exercício revelou a desarmonia dos centros, o bloqueio dos centros rápidos para o centro intelectual. A mesma observação pode ser feita em relação ao exercício em que deveríamos

178   Idem, p. 170.
179   Além do trabalho com os centros humanos, muitos procedimentos foram desenvolvidos a partir de ensinamentos de Gurdjieff, tal como a execução de sequências de movimentos. Ver idem, p. 351-356; B. de Panafieu, *Georges Ivanovitch Gurdjieff*; *Gurdjieff: Essays and reflections on the Man and his Teachings*; J. Moore, *Gurdjieff: A Biography*; e G. I. Gurdjieff, *Meetings with Remarkable Men*; *Gurdjieff parle à ses élèves*.

INVESTIGANDO A ARTE DE CONTAR HISTÓRIAS 155

marcar com os pés ritmos quaternários, ao mesmo tempo que as mãos deveriam marcar ritmos ternários [...]. Cristalizado em uma certa atitude, o ator pode descobrir o funcionamento contraditório destes diferentes centros e encontrar, assim, de maneira experimental, o caminho para um funcionamento harmonioso[180].

Os aspectos envolvidos na produção dos graus de materialidade em Gurdjieff podem nos fazer perceber o modo pelo qual as centelhas de vida estão associadas ao elemento humano no trabalho de Brook sobre a atuação. Através do desenvolvimento dos centros humanos, a correlação entre a densidade da matéria e a densidade das vibrações pode ser manipulada para gerar o que Brook chamou de centelhas de vida, intensificando desse modo a qualidade de presença do ator.

Cabe ressaltar, porém, que aspectos associados aos ensinamentos de Gurdjieff não permearam somente o trabalho desenvolvido por Brook com seus atores, mas também a relação entre ator e público: "o importante é apresentar imediatamente um material que seja capaz de conectar progressivamente e simultaneamente o corpo, o coração e a cabeça do espectador"[181].

Após analisar a *sphota*, a dupla imagem do teatro, e as centelhas de vida, examinaremos a produção do momento presente no trabalho do diretor inglês.

O Momento Presente

Com relação ao momento presente no trabalho de Brook sobre a atuação, dois níveis distintos são perceptíveis. Com relação ao primeiro nível, o momento presente está associado a cada momento do espetáculo, através de uma relação consistente entre o ator e o público, que é construída gradualmente:

No instante que tem a duração de um milésimo de segundo, quando ator e público interagem, como em um abraço físico, é a densidade, a espessura, as múltiplas camadas, a riqueza – em outras palavras, é a qualidade do momento que conta. Sendo assim,

180 Apud G. Banu, op. cit., p. 152 e 215, respectivamente.
181 P. Brook apud J. Kalman, Any Event Stems from Combustion, op. cit., p. 107.

156   A CINÉTICA DO INVISÍVEL

cada momento pode ser frágil, desprovido de grande interesse, ou ao contrário, profundo em qualidade[182].

Em outro nível, o momento presente representa o ápice de um processo desenvolvido durante o espetáculo, fato esse que gera resultados específicos: "'O momento presente' é incrível. Como um fragmento quebrado de um holograma, sua transparência é enganosa. Quando esse átomo de tempo é partido, sua infinita pequenez contém o universo inteiro"[183].

No trabalho de Brook, esses níveis não são vistos como antitéticos, mas sim complementares. Sua combinação gera um processo que pode levar à produção de experiências compartilhadas e significativas, como descrito pelo próprio diretor inglês quando entrevistado por Jean Kalman. Nessa entrevista, Brook associa a produção do momento presente com o princípio japonês do *jo-ha-kyu*. Para o diretor inglês, no estágio *jo* a introdução de um tema deve capturar a atenção do público, e dessa forma o espetáculo deve começar diretamente, de maneira simples, como em *O Mahabharata*: "Para introduzir *O Mahabharata* escolhemos começar com um narrador, no estilo do popular contador de histórias – alguém que pisca e imediatamente inicia a falar de espermas, e assim por diante. Isso relaxa e surpreende o público intimidado pela perspectiva de assistir a um trabalho muito solene"[184]. Esse modo de proceder exerce para Brook uma função de preenchimento de um espaço que sempre existe inicialmente entre o público e o espetáculo. O estágio seguinte *ha* representa a passagem "da fase preparatória para a fábula em si". O desenvolvimento dessa fase requer grande atenção porque "se o contato é quebrado por trinta segundos, você retorna ao ponto de partida novamente"[185]. É durante esse estágio que ocorre uma alternância de planos, entre o psicológico e o antipsicológico, entre o subjetivo e o objetivo, é aí que a riqueza de pontos de vista sustenta a vida do espetáculo segundo Brook[186]. É através do desenvolvimento desse movimento contínuo que o próximo estágio *kyu* começa. Nele,

---

182 P. Brook, *The Open Door*, p. 100.
183 Idem, p. 97-98.
184 P. Brook apud J. Kalman, Any Event Stems from Combustion, op. cit., p. 108.
185 Idem, p. 109.
186 Idem, ibidem.

INVESTIGANDO A ARTE DE CONTAR HISTÓRIAS 157

há a emergência de um "acontecimento": "até esse ponto, há somente a preparação, um processo permeado por sub-acontecimentos – e então de repente acontece uma combustão"[187].

Dentre as implicações que emergem da analogia feita por Brook entre o desenvolvimento de um espetáculo e o princípio japonês de *jo-ha-kyu*, duas serão apontadas aqui. O princípio de *jo-ha-kyu* permeia a cultura japonesa em muitos níveis, da relação com a natureza até a produção de formas artísticas. Ele é definido em *Kadensho* de Zeami como um modelo rítmico composto por três estágios – introdução, desenvolvimento e resolução – e é referido como a base da construção artística do Teatro Nô: "O *jo-ha-kyu* está presente em todas as formas de arte, assim como no Teatro Nô"[188]. Dessa maneira, a primeira implicação mencionada acima deriva do fato de que a analogia feita por Brook pode transmitir a ideia de que o *jo-ha-kyu* corresponde somente à estrutura geral do espetáculo. Em contraste, segundo Marshall e Williams, no teatro japonês, o *jo-ha-kyu*

é utilizado como suporte de todos os momentos do espetáculo assim como de sua estrutura [e consequentemente] cada ação e cada cena é permeado pelo *jo-ha-kyu*, e cada fala individual será caracterizada por seu próprio *jo-ha-kyu* interno. Mesmo um único gesto tal como levantar um braço começará com um certo ritmo e terminará com um ritmo levemente mais rápido[189].

Portanto, visto isoladamente, a correlação estabelecida por Brook descreve parcialmente a função exercida pelo princípio em questão. No entanto, tal descrição é pertinente ao tema tratado nessa entrevista, de acordo com a qual os espetáculos teatrais são examinados como "acontecimentos", e tal fato nos leva à segunda implicação a ser apontada aqui.

Para Brook, os espetáculos teatrais não geram necessariamente acontecimentos. Ao contrário, muitos espetáculos produzem um teatro morto, e tais casos são associados a não-acontecimentos. A seu ver, para que um acontecimento se produza no teatro, duas condições são necessárias: "Em primeiro

187 Idem, p. 110.
188 M. Zeami, *Kadensho*, p. 39.
189 Y. Oida; L. Marshall, *The Invisible Actor*, p. 31. O princípio de *jo-ha-kyu* foi significativamente explorado no *workshop* liderado por Oida, ver Apêndice, p. 218-219.

158 A CINÉTICA DO INVISÍVEL

lugar uma explosão – em outras palavras, a mudança de temperatura gerada por um encontro; e, em seguida, que tal encontro produza uma ação que é interessante segundo sua significação – e esse é de fato o acontecimento real"[190].

O público representa uma fonte múltipla de energia, mas dado que ela não está concentrada no início do espetáculo, é necessário que se dê um processo de "afinação" entre ator e público. Tal processo é visto pelo diretor inglês como sendo uma condição *sine qua non* para que ocorra um acontecimento no teatro[191]. Além disso, ao longo do espetáculo, através do contato direto entre ator e público, uma cadeia de sub-acontecimentos levaria à produção de um acontecimento real, momento em que se materializaria uma experiência compartilhada: "o aspecto de realidade que o ator está evocando precisa desencadear uma resposta dentro da mesma área em cada espectador, de modo que por um instante o público vivencie uma impressão coletiva"[192]. Sendo assim, através da maneira pela qual Brook percebe o fato teatral como acontecimento, é possível reconhecer de maneira ainda mais clara a inter-relação entre a *sphota*, a dupla imagem do teatro, as centelhas de vida e o momento presente.

Brook vê a produção de um acontecimento no teatro como uma explosão ou combustão: "Um acontecimento requer duas condições: em primeiro lugar uma explosão [...] Um esquema puro não pode gerar um acontecimento. O esquemático não contém calor, e todo acontecimento é produzido por uma combustão"[193]. Mas ao mesmo tempo ele se refere a um processo em que sub-acontecimentos levam aos "acontecimentos reais"[194]. Descrevendo a fase *ha* de um espetáculo, ele aponta ainda a emergência de uma alternância de planos que por sua vez gera um movimento contínuo[195]. Dessa forma, baseado nas análises anteriores desenvolvidas neste capítulo, podemos reconhecer que a *sphota*, a dupla imagem do teatro e as centelhas de vida contribuem para a produção do momento presente, ou seja, contribuem para a produção de acontecimentos no teatro.

190 P. Brook apud J. Kalman, Any Event Stems from Combustion, op. cit., p. 107.
191 Idem, p. 108.
192 P. Brook, *The Open Door*, p. 99.
193 Apud J. Kalman, Any Event Stems from Combustion, op. cit., p. 107, 111.
194 Idem, p. 110.
195 Idem, p. 109.

INVESTIGANDO A ARTE DE CONTAR HISTÓRIAS

De fato, a *sphota* é comparada por Brook a "uma planta em crescimento que desabrocha, vive durante um certo tempo, murcha, e depois produz espaço para outra planta"[196]; e, ao mesmo tempo, ele considera a *sphota* como um catalisador do não-manifesto que produz explosões[197]. A dupla imagem do teatro envolve uma combinação de procedimentos para criar um movimento entre dimensões, entre subjetivo e objetivo, entre identificação e estranhamento[198]. E as centelhas de vida são desenvolvidas pelos atores através do jogo entre densidades de vibração e densidades de matéria, processo que permearia cada momento do espetáculo. Como já mencionado acima, todos os atributos associados a esses aspectos são referidos pelo diretor inglês em sua descrição sobre a produção de acontecimentos no teatro. Consequentemente, tais aspectos devem ser vistos como constitutivos do acontecimento teatral em Brook.

Além disso, uma vez que, como já examinado, a *sphota*, a dupla imagem do teatro e as centelhas de vida podem ser produzidas através de diferentes níveis de exploração, a relação entre tais aspectos dá vida a um processo dinâmico, constituído por muitas camadas, que são progressivamente materializadas durante o espetáculo: "nada é um acontecimento inicialmente. Um acontecimento não é jamais predeterminado. Tudo precisa ser gerado"[199]. Sendo assim, podemos dizer que esses aspectos se entrelaçam, se transformam mutuamente a fim de que um acontecimento venha à tona no teatro. Portanto, eles poderiam ser comparados às partículas elementares segundo o ponto de vista da mecânica quântica, em que a energia é produzida não linearmente, mas por saltos[200].

Se o *jo* se realiza, haverá melhor qualidade de sintonia ou escuta, e uma energia mais intensa irá fluir. É como um *quantum*, um salto de energia. Você ultrapassa a barreira do som, e se move em direção ao próximo estágio com o *ha* [...]. Em sua sabedoria, os

196 *The Open Door*, p. 62.
197 Idem, p. 60.
198 Ver P. Brook apud M. Croyden, op. cit., p. 174, 177.
199 P. Brook apud J. Kalman, Any Event Stems from Combustion, op. cit., p. 111.
200 Nicolescu, referindo-se à percepção não-linear de tempo-espaço revelado pela física quântica, descreve a produção de um *événement*, em que o observador se transforma em participante. Ver B. Nicolescu, Peter Brook et la pensée traditionnelle, em G. Banu (org.), op. cit., p. 153.

japoneses reconheceram que esse não é um movimento interrompido, mas um salto inesperado[201].

Dessa maneira, a relação entre *sphota*, a dupla imagem do teatro e as centelhas de vida não se daria de maneira linear no teatro de Brook. A fim de produzir o momento presente ou acontecimento, a relação entre esses aspectos criaria assim uma espécie de campo.

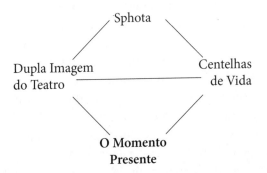

Antes de concluir esta análise, cabe notar que a visão de Brook a respeito do acontecimento está em profunda sintonia com certas formulações contemporâneas sobre o tema, tais como aquelas concebidas por Gilles Deleuze, Jean-François Lyotard, e Alain Badiou. Deleuze descreve o acontecimento como "uma vibração que veicula uma infinidade de harmônicos ou submúltiplos, tal como uma onda sonora, luminosa, ou ainda como espaço cada vez menor percebido durante um tempo cada vez mais curto"[202]. Para Deleuze, os acontecimentos são vistos como linhas de intensidade que abrem possibilidades de vida e ação. Eles formam uma espécie de tela, uma membrana elástica disforme, um campo eletromagnético[203]. Para Lyotard, a produção da experiência, ou seja, a emergência do que é chamado por ele "o acontecimento de uma frase", permanece necessariamente inacessível à nossa compreensão, devido à indeterminação envolvida na ligação entre as frases. Uma das implicações marcantes nesse processo é que seu conceito de acontecimento

---

201 P. Brook apud J. Kalman, Any Event Stems from Combustion, op. cit., p. 109.
202 *The Fold: Leibniz and the Baroque*, p. 77-78.
203 Idem, p. 76.

INVESTIGANDO A ARTE DE CONTAR HISTÓRIAS

pode ser visto como uma elaboração que diverge da concepção de experiência como representação. De fato, para Lyotard o acontecimento está intrinsecamente relacionado a forças não-racionais que propiciam a emergência do não-representável[204]. Já de acordo com Badiou, "um acontecimento é o que define a zona de indiscernibilidade enciclopédica"[205]. Em outras palavras, um acontecimento envolve a nomeação de algo em relação ao qual a "enciclopédia de conhecimentos" não possui linguagem. Nesse sentido, refere-se por exemplo ao acontecimento copernicano de nomear o sistema solar heliocêntrico, que contradizia o conhecimento da época o qual afirmava que o sol girava em torno do planeta terra. Além disso, segundo Badiou a emergência de acontecimentos leva à produção de novas verdades. Elas não representam a Verdade, mas abrem caminho para certas verdades. Ou seja, a emergência de uma verdade particular está associada à produção de um acontecimento particular. Desse modo, não haveria "a Verdade" segundo Badiou, mas "uma verdade", que é produzida por um processo dinâmico. Ao gerar uma verdade, o acontecimento faz emergir uma reação em cadeia que reorganiza o saber assimilado precedentemente, uma vez que "uma verdade é sempre aquilo que produz um buraco no conhecimento"[206].

Apesar das implicações associadas com cada uma das referências descritas acima – Deleuze, Lyotard e Badiou – podemos reconhecer alguns pontos de convergência entre essas formulações e a percepção de Brook sobre o acontecimento. Como vimos, Deleuze se refere ao acontecimento utilizando metáforas musicais: "uma vibração que veicula uma infinidade de harmônicos ou submúltiplos, tal como uma onda sonora, luminosa, ou ainda como espaço cada vez menor percebido durante um tempo cada vez mais curto"[207]. No discurso de Brook, tal metáfora é igualmente utilizada:

> Em nós, a todo momento, como um instrumento musical gigante pronto para ser utilizado, há cordas cujas tonalidades e harmonias

---

204 Ver G. Bennington, *Lyotard: Writing the Event*; J.-F. Lyotard, *The Differend*.
205 *Theoretical Writings*, p. 147.
206 A. Badiou, *Being and Event*, p. 327.
207 Op. cit., p. 77-78.

162 A CINÉTICA DO INVISÍVEL

revelam nossa capacidade de responder a vibrações produzidas no mundo espiritual invisível que frequentemente ignoramos, e que ainda assim estamos em contato a cada nova respiração[208].

Em sintonia com Deleuze, os acontecimentos no teatro de Brook funcionam como processos que abrem possibilidades de vida e ação, e que produzem por sua vez uma espécie de campo magnético: "e então inesperadamente há uma combustão, e assim algo toca a sensibilidade do público [...] um acontecimento cria o futuro"[209].

Quanto à percepção de acontecimento em Lyotard, de acordo com a qual aspectos inacessíveis da experiência são determinados por forças não-racionais que levam à emergência do que não é representável, ela também pode ser associada à visão de Brook sobre esse tema. Descrevendo as potencialidades do momento presente, por exemplo, o diretor inglês observou:

Se fosse possível inesperadamente liberar nessa sala todas as imagens, impulsos e movimentos que estão escondidos em nós, seria algo parecido com uma explosão nuclear, e o vórtice de impressões caóticas seria potente demais para que qualquer um de nós pudesse absorvê-lo[210].

Em Badiou, como vimos, o acontecimento é associado à emergência de verdades que produzem "buracos" em nosso conhecimento. Brook, por sua vez, acredita que o artista deve lidar com processos em que "nada é dado, nada é fixo", e que "o acontecimento não é jamais predeterminado. Tudo precisa ser gerado"[211]. Portanto, o artista, ou, nesse caso, o ator-contador de histórias deve estar preparado para produzir buracos em seu repertório de conhecimentos, no que lhe é familiar, a fim de lidar com o desconhecido. A emergência de uma verdade para Brook envolve a construção de uma qualidade de contato entre ator e público. Segundo ele

---

208 *The Open Door*, p. 98.
209 P. Brook apud J. Kalman, Any Event Stems from Combustion, op. cit., p. 110.
210 *The Open Door*, p. 98.
211 Apud J. Kalman, Any Event Stems from Combustion, op. cit., p. 111.

no instante que tem a duração de um milésimo de segundo, quando ator e público interagem, como em um abraço físico, é a densidade, a espessura, as múltiplas camadas, a riqueza – em outras palavras, é a qualidade do momento que conta. Sendo assim, cada momento pode ser frágil, desprovido de grande interesse, ou ao contrário, profundo em qualidade[212].

Uma vez examinados os aspectos envolvidos na produção do momento presente em Brook, tornemos ao trabalho com a arte do contador de histórias desenvolvido por ele e seus atores após 1974.

Um Modelo Gerativo

Aspectos relacionados com a arte de contar histórias foram explorados por Brook e seus atores desde a abertura do CICT, como já visto, tais como o trabalho com os objetos vazios; a utilização da autoconsciência do contar histórias; e a consciência existencial das personagens. Eles se aproveitaram da "liberdade de contar histórias" de acordo com a qual as personagens podem interagir mesmo quando associadas a diferentes lugares ficcionais ou realidades. Além disso, como já observado, graças também à exploração desses elementos e procedimentos, os espetáculos dirigidos por Brook desde 1974 funcionaram como catalisadores teatrais, em que modos de atuação foram gerados através de três processos: o trabalho com códigos já existentes; a hibridação de códigos; e a invenção de novos códigos de atuação. O desenvolvimento de tais processos nos permite perceber que Brook e seus atores não se utilizaram simplesmente de convenções já estabelecidas para o contar histórias, mas as desenvolveram para tornar-se meio expressivo, em termos de atuação. Após analisar os estágios envolvidos na produção da fluidez na atuação e os aspectos constitutivos do momento presente, tal fato pode ser claramente constatado.

Nesse caso, a fluidez e o momento presente envolveram o desenvolvimento de processos e elementos específicos relacionados à atuação. Com relação à fluidez, ruptura, remontagem

---

212 *The Open Door*, p. 100.

164 A CINÉTICA DO INVISÍVEL

de materiais e naturalização de materiais, concretizaram-se em muitos níveis, gerando assim diferentes resultados. No que diz respeito ao momento presente, sua produção envolveu interações dinâmicas entre a *sphota*, a dupla imagem do teatro, e as centelhas de vida. Tendo já examinado esses estágios e aspectos, é importante reconhecer que eles estão intrinsecamente conectados no trabalho de Brook. Em outras palavras, a fluidez na atuação representa uma condição *sine qua non* para que o momento presente possa emergir. Nesse sentido, a passagem da naturalização de materiais, último estágio envolvido na produção da fluidez, à *sphota*, merece uma atenção especial.

O estágio da naturalização de materiais, como vimos, envolve a produção de processos psicofísicos através do trabalho com materiais selecionados. Esse é o estágio onde os materiais são detalhados, lapidados, a fim de que eles aumentem a própria eficácia expressiva. A naturalização aí envolve processos de incorporação que acontecem de maneira profunda no ator e se utiliza de procedimentos tais como o detalhamento e a repetição. Com relação à *sphota*, outras implicações serão apontadas agora.

Brook se refere à *sphota* como "encarnação", e a percebe como "o virtual que se torna manifesto, o espírito que toma corpo"[213]. Ora, se algo funciona como veículo de uma encarnação, que torna o virtual manifesto, isso significa que estamos lidando com um processo em que algo estava oculto, e emtão emerge. Nada provém do nada e dessa forma a *sphota* exerceria uma função precisa nesse processo: a *sphota* seria aqui o catalisador de elementos produzidos pela fluidez na atuação, revelando assim o que é gerado pelo estágio de naturalização de materiais. O próprio Brook reconheceu tal processo quando escreveu que a *sphota* "toma sua forma a partir dos elementos presentes em seu nascimento".

Portanto, com relação à abordagem de Brook sobre a arte de contar histórias, ela revela um percurso que vai da exploração da ruptura à emergência do momento presente. Além disso, o treinamento como *poiesis* não pode ser dissociado desse processo. De fato, seus modos de improvisação e sua

213 *The Open Door*, p. 60 e 106.

forma flutuante criaram as condições para que o trabalho feito por Brook e seus atores pudesse ser desenvolvido após a abertura do CICT.

De acordo com essa abordagem sobre a arte de contar histórias, uma vez que o ator produziu a qualidade de fluidez através da exploração de rupturas, da remontagem de materiais e da naturalização de materiais, um outro processo seria desencadeado. Em contato direto com o público, a *sphota*, a dupla imagem do teatro e as centelhas de vida se inter-relacionariam dinamicamente, criando assim as condições para a emergência do momento presente, ou seja, do acontecimento teatral.

O TRABALHO DE BROOK COM A ARTE DE CONTAR HISTÓRIAS
(CICT)

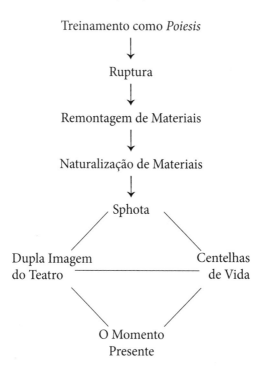

Essa abordagem pode ainda ser vista com um modelo gerativo, que se concretiza de diferentes modos e em diferentes níveis. Em outras palavras, apesar da fluidez ser produzida através do desenvolvimento de certos estágios e de o momento presente emergir da inter-relação de certos aspectos, tal percurso

166 A CINÉTICA DO INVISÍVEL

pode ser experenciado por cada ator-contador de histórias de maneira específica, o que pode levar à produção de diferentes resultados em termos de atuação. De fato, esse modelo parece ter permeado a criação de diferentes espetáculos teatrais dirigidos por Brook, tais como *Timão de Atenas, Os Iks, Conferência dos Pássaros, O Mahabharata, A Tempestade, Quem Vem Lá?* e *A Tragédia de Hamlet,* dentre outros. Além disso, a construção de um modelo gerativo cumpre um papel importante aqui, uma vez que, como apontado por Bourdieu: "Provavelmente o único modo de dar conta da coerência prática de práticas e obras é o de construir modelos gerativos que reproduzam em seus próprios termos a lógica pela qual aquela coerência foi gerada"[214].

Em sintonia com as formulações de Bourdieu, o modelo gerativo aqui relacionado ao trabalho de Brook com a arte de contar histórias teve como objetivo dar conta da coerência prática desenvolvida por ele e seus atores desde a abertura do CICT. Nesse sentido, enquanto alguns termos foram criados, outros foram emprestados dos escritos do diretor inglês. De qualquer forma, os termos emprestados dele foram associados neste estudo com várias referências, produzindo assim implicações que aprofundaram e ampliaram suas conotações originárias.

Cabe acrescentar ainda que o modelo elaborado por David Williams[215] contribuiu significativamente para a construção daquele modelo concebido aqui. Apesar das características específicas associadas a cada um desses modelos – enquanto no modelo de Williams a atenção foi dirigida para vários aspectos do espetáculo *O Mahabharata* dirigido por Brook (cenografia, iluminação, atuação etc...), neste ensaio, os processos de atuação colocados em prática pelos atores do CICT representaram o foco central – as ideias e formulações desenvolvidas por Williams funcionaram como uma referência relevante para a criação do modelo descrito aqui.

No início deste capítulo examinamos uma espécie de fissura operacional que parece ter surgido no trabalho de Brook

---

214 *The Logic of Practice,* p. 92.
215 Ver *Peter Brook and The Mahabharata,* p. 117-192. Williams se referiu à sua própria análise descritiva de *O Mahabharata* como "um modelo de contar histórias em cena". Ver L. Marshall; D. Williams, Peter Brook: Transparency and the Invisible Network, em A. Hodge, (org.), *Twentieth Century Actor Training,* p. 190, nota 4.

INVESTIGANDO A ARTE DE CONTAR HISTÓRIAS

no início dos anos 70. Ela envolveu, por um lado, uma busca por qualidades expressivas que deveriam ser produzidas pelos atores; e, por outro, o trabalho com tramas e histórias. Naquele momento esses aspectos pareciam ser percebidos como antitéticos pelos membros do CIRT. Com a abertura do CICT tal situação se transformou. O trabalho com a arte de contar histórias desenvolvido por Brook e seus atores desde aí assimilou não somente as potencialidades associadas com os elementos envolvidos na fissura operacional, como absorveu também as práticas que haviam sido experimentadas antes, durante os anos 60. Desse modo, o contar histórias no teatro de Brook se tornou progressivamente um catalisador de uma extensa gama de procedimentos e técnicas de atuação, articulados através do percurso representado aqui por um modelo gerativo. Por meio desse modelo, é possível perceber a especificidade da abordagem de Brook sobre o contar histórias. Em termos de atuação, tal abordagem é permeada por processos não-lineares, o que reflete a percepção de teatro proeminente no trabalho do diretor inglês:

O teatro não reproduz a vida, ele a sugere clareando e abrindo espaços em torno da ação. Nesse regenerado, focalizado espaço, o tempo não é linear como o é na vida cotidiana – não estamos mais sujeitos ao tempo dos relógios [...]. Assim, o tempo linear da narrativa pode ser simultaneamente atravessado de maneira prismática por outras dimensões temporais, como o livre jogo de ecos e espelhos que encontramos no teatro de Shakespeare [...]. Todos esses aspectos relacionados ao tempo interior são articulados em torno de uma estrutura básica do tempo linear da narrativa, que é a mais forte dessas correntes, uma vez que ela permite ativar o interesse do grande público. Erraríamos se a rejeitássemos. Por outro lado, de qualquer forma, se nos restringimos demais a essa narrativa, corremos o risco de perder aquela estranha possibilidade que o teatro tem que é a de ativar e habitar muitos níveis diferentes ao mesmo tempo: fazer viver na história a camada do mito, com suas raízes e ressonâncias no inconsciente, e ao mesmo tempo aquela do jogo, com um grupo que se articula seja como contraponto seja como estrutura sinfônica[216].

---

216 P. Brook apud J. Kalman, Any Event Stems from Combustion, op. cit., p. 110-111.

Através da exploração dos estágios e aspectos envolvidos no modelo gerativo elaborado aqui, as potencialidades expressivas da arte do contador de histórias foram expandidas, dando assim espaço para que o ator e o público possam habitar, como observou o diretor inglês, diferentes níveis perceptivos ao mesmo tempo, para que possam habitar diferentes ordens de realidade. Os atores/contadores de histórias de Brook se moveram constantemente nos espetáculos examinados aqui entre a identificação e a distância, entre o mito e o jogo. Eles investiram de significado diferentes materiais e deram vida a diferentes tipos de seres ficcionais: indivíduos, tipos e, ainda, actantes que funcionaram como significantes móveis. Tendo focalizado tais aspectos, no próximo capítulo examinaremos a concepção de ator-contador de histórias em Brook através de uma específica rede de tensões.

3. Rede de Tensões:

o contador de histórias no teatro de Peter Brook

Com relação às investigações desenvolvidas por Brook no campo da atuação desde a abertura do Centre Internatio-nal de Création Théâtrale (Centro Internacional de Cria-ção Teatral – CICT), é possível reconhecer que o contador de histórias funcionou como um catalisador de diferentes práticas.

Brook estabeleceu uma diferença entre o "ator", que habita completamente uma personagem imaginária, mergulhando sua personalidade em um ato de identificação e auto-transformação, e o 'performer', uma Piaf ou Garland que se impregna totalmente somente quando a sua individualidade floresce sob o foco de aten-ção do público. Brook estimulou os membros do Centro para que amalgamassem as duas vertentes descritas acima no habilidoso contador de histórias, que preserva a capacidade de transforma-ção e empatia psicofísica do ator, e ao mesmo tempo se livra das armadilhas geradas pela personificação naturalista, celebrando sua própria individualidade [...] o contador de histórias pode assim colocar a sua personagem à frente, ou deslizar em direção a um estado de "transparência" e "invisibilidade", camuflando a sua per-sonagem e priorizando sua função como instrumento narrativo,

170 A CINÉTICA DO INVISÍVEL

disponível para servir às necessidades de um momento e de um contexto particular[1].

Como vimos no segundo capítulo deste ensaio, em *Timão de Atenas*, *Os Iks*, *A Conferência dos Pássaros*, *O Mahabharata*, *A Tempestade*, *Quem Vem Lá?* e *A Tragédia de Hamlet*, os membros do grupo internacional em determinados momentos mergulharam em suas personagens colocando-as em primeiro plano, e em outros as camuflaram, a fim de servir às necessidades da narrativa. Além disso, o movimento dinâmico experienciado pelo contador de histórias de Brook ao atuar as suas personagens, explorou não somente a identificação e o estranhamento, mas também procedimentos situados entre tais dimensões. Através desses processos, um aspecto específico ganhou relevo no trabalho do diretor inglês. O fato de que os membros do grupo internacional não eram solicitados somente a expressar a própria individualidade, mas a ultrapassar o horizonte de suas experiências pessoais. Uma das implicações geradas por tal fato foi a emergência de uma tensão constante experienciada por eles entre o que poderíamos chamar de pessoal e impessoal na atuação. Dada a importância central desse aspecto para o trabalho do contador de histórias em Brook, ele necessita ser examinado mais atentamente.

ENTRE O PESSOAL E O IMPESSOAL: NÃO-AÇÃO, VAZIO, NÃO-EU

A concepção de contador de histórias no teatro de Brook foi desenvolvida de maneira mais consistente após a abertura do CICT em 1974. Porém, esse processo não pode ser dissociado das investigações feitas precedentemente por ele e por seus atores. De fato, o contador de histórias funcionou como um catalisador de tais investigações. A tensão entre o pessoal e o impessoal na atuação, por exemplo, aspecto central na concepção brookiana do contador de histórias, permeou signi-

---

1 D. Williams, *Theatre of Innocence and of Experience: Peter Brook's International Centre, an Introduction*, em D. Williams (org.), *Peter Brook and The Mahabharata*, p. 23.

REDE DE TENSÕES 171

ficativamente as experimentações feitas pelo diretor inglês desde os anos 60.

Durante os ensaios de *Édipo* (1968), Brook mencionou em vários momentos suas ideias a respeito do que chamou de atuação impessoal, descrevendo-a como "um problema central da atuação contemporânea"[2]. As implicações geradas pelas práticas desenvolvidas nos ensaios dessa produção foram associadas na primeira parte de nosso estudo com os processos de individuação, em termos junguianos. Naquela ocasião o ator sob a direção de Brook deveria experienciar uma espécie de expansão de seu ego a fim de revelar as potencialidades expressivas relacionadas com o texto de Sêneca. De qualquer maneira, esse fato pode ser visto como o ápice de uma trajetória que começou no início dos anos 60. Como vimos, de *O Teatro da Crueldade* em diante, é possível reconhecer uma exploração, por parte de Brook e seus atores, de diferentes tipos de seres ficcionais, não somente indivíduos e tipos mas também actantes que funcionaram como significantes móveis, como identidades em movimento, e tal exploração gerou por sua vez uma necessidade vivenciada pelo ator de ir além da expressão de suas experiências pessoais. Como já colocado, isso não significa de forma alguma que o ator não deveria estar envolvido naquilo que fazia. Desde os anos 60, os atores de Brook deveriam estar "completamente envolvidos e ainda assim distantes – distanciados sem distanciamento"[3]. Ou seja, eles deveriam experienciar uma tensão constante entre o pessoal e o impessoal enquanto atuavam.

Durante os ensaios de *Orghast*, que aconteceram no início dos anos 70, analogamente ao que havia ocorrido antes nos ensaios de *Édipo*, Brook e seus atores investigaram aspectos relacionados ao ritual, e, ao desenvolverem essa exploração, pretendiam capturar e revelar as potencialidades expressivas contidas nos materiais com os quais estavam trabalhando. Quando no mesmo período conheceram o Teatro Ru'hozi iraniano, Brook percebeu a possibilidade de explorar o que ele chamou de "comunicação-antes-da-compreensão"[4], e tal percepção

---

2 Ver A. Hunt; G. Reeves, *Peter Brook*, p. 64-65.
3 Ver P. Brook, Tell me Lies in America, *The Times*, p. 131.
4 Ver A. C. H. Smith, *Orghast at Persepolis*, p. 49.

15. Foi durante os ensaios de Édipo que Brook se referiu, pela primeira vez em sua carreira, ao conceito de atuação impessoal. Em cena, Irene Worth atua Jocasta e John Gielgud, Édipo.

exerceria desde então um papel importante em suas investigações sobre a atuação.

Em conexão com esses processos, outro fato relevante ocorreu no início dos anos 70. Enquanto nos ensaios de *Édipo* Brook havia se perguntado se o ator, como o escritor, poderia algum dia se tornar um mensageiro, mais tarde na África ele traz uma resposta, quando afirma: "atores são mensageiros"[5]. Como já visto, a concepção de ator como mensageiro foi trabalhada em termos práticos através das apresentações dos *carpet shows*, ocasiões em que a improvisação como canal e a forma flutuante foram intrinsecamente relacionadas a fim de estabelecer um contato consistente com o público na África. Naquela época, Brook queria que seus atores experienciassem uma espécie de possessão e devido a esse fato eles exploraram processos de

5 Ver P. Brook apud J. Heilpern, *Conference of the Birds*, p. 71-72.

REDE DE TENSÕES   173

fluidez, análogos em certa medida àqueles examinados por Csikszentmihalyi. Eles deveriam ultrapassar suas próprias individualidades para vivenciar um estado em que "você é e não é"[6]. Portanto, também no início dos anos 70 a tensão entre o pessoal e o impessoal permeou o trabalho de Brook sobre a atuação.

Após a abertura do CICT, como vimos, os atores dirigidos pelo diretor inglês precisavam estar preparados não somente para construir materiais, mas também para descartá-los: "O ator precisa fazer os preparativos para depois descartá-los, construir a fim de demolir"[7]. No entanto, cabe ressaltar que a noção segundo a qual o ator deve ser capaz de "demolir para construir" havia contribuido para o desenvolvimento do trabalho de Brook sobre a atuação desde o período das viagens do Centro Internacional de Pesquisas Teatrais (CIRT), no início dos anos 70. Ao apresentar os *carpet shows*, por exemplo, seus atores deveriam construir e descartar materiais o tempo todo. Desde 1974, materiais continuariam a ser construídos e descartados por eles, mas é possível reconhecer uma mudança nesse processo. Após a abertura do CICT, suas práticas se relacionaram a um trabalho específico sobre a arte do contador de histórias, e nesse sentido os atores de Brook passaram a produzir e a descartar materiais de atuação sobretudo nas fases iniciais dos ensaios. As implicações que emergiram desse processo podem ser diretamente ligadas à tensão examinada aqui, ou seja, àquela entre o pessoal e o impessoal na atuação. A fim de perceber em que termos essa ligação pode ser estabelecida, o estágio de remontagem de materiais, já visto anteriormente, será examinado agora de maneira mais detalhada.

Com relação ao trabalho do CICT com a arte de contar histórias, como já referido, durante o estágio de remontagem de materiais o ator deve selecioná-los e rearticulá-los. Um dos aspectos apontados anteriormente é que os materiais remontados são materiais que produzem uma espécie de ressonância, gerando processos psicofísicos no ator. Deve ser acrescentado agora outro fator que pode estar envolvido nesse estágio do tra-

---

6 Ver The Nancho Consultations, Nancho Consults Peter Brook, em <www.nancho.net/advisors/brook.html>; e P. Brook, *Threads of Time*, p. 165-166.

7 P. Brook, *The Open Door*, p. 28-29.

174 A CINÉTICA DO INVISÍVEL

balho. Ele diz respeito a uma busca de novos estímulos pelo ator, que tem como objetivo criar desafios que permitirão a ele aprofundar sua exploração dos materiais de atuação. Em outras palavras, durante o processo de criação dos espetáculos produzidos pelo CICT, após a primeira fase de exploração de materiais, os atores de Brook deveriam buscar novos estímulos. Tais estímulos funcionaram como desafios que o ator necessitava lidar durante seu trabalho preparatório. Analogamente ao processo biomecânico envolvido em um salto, em que o corpo precisa abaixar para poder se lançar no ar, o ator, uma vez conectado com os materiais, persegue novos elementos a fim de fazer com que tais materiais se tornem desconhecidos novamente. Pode-se perceber que os desafios são procurados pelo ator aqui somente após construir um contato com os materiais que está trabalhando, ou seja, somente após ter desencadeado determinados processos psicofísicos. Uma das implicações geradas por esse processo é que, ao experienciar essa espécie de "espiral criativa", em que o desconhecido se torna conhecido para então se tornar desconhecido novamente em outro nível, o ator se fortalece, sentindo-se assim mais capaz de assumir riscos e de lidar com o que não lhe é familiar. Na entrevista com Oida e Sudana esse aspecto foi claramente referido por eles:

Y.O.: [...] Quando trabalhar com um material, você deve perceber muitas coisas. [...] Por exemplo, se o processo se torna muito confortável, você deve buscar desafios e inserir novos elementos que podem produzir novos estímulos.

M.B.: Nesse caso, o que você entende por "confortável"?

Y.O.: Confortável significa um estado que o ator pode experienciar, ele emerge quando o ator sente que está fazendo algo que se tornou fácil. Isso pode ser muito perigoso, porque dessa forma ele interromperá a exploração do material, e é a partir daí que o ator começa a perder tudo. No trabalho com Brook, ele sempre estimulou o ator a ir além do que lhe é familiar[8].

Na entrevista com Sudana, ele disse:

T.S.: [...] É necessário ter prazer com o que se está fazendo durante os ensaios e em cena, mas você deve estar atento. Se você pensa

8 Ver Apêndice, p. 211.

que sabe tudo a respeito de sua personagem, por exemplo, você correrá o risco de reproduzir algo que não está mais vivo. Brook costumava nos lembrar desse risco durante os ensaios. O trabalho do ator é uma busca que não termina, e ele precisa ir além de seu ponto de vista pessoal. A personagem não é você[9].

Além disso, nos *workshops* feitos com Oida e Sudana, não somente a remontagem, mas também a naturalização de materiais foi permeada pela busca de desafios, através dos quais eu deveria ir além do que me era familiar, e esse processo aconteceu de diferentes maneiras. Trabalhando com a minha sequência de ações de duração de três minutos, Oida me fez explorar o princípio japonês de *jo-ha-kyu*[10]. Ao explorar tal princípio, essas ações revelaram potencialidades expressivas que eu não havia percebido até então, e esse fato transformou a minha qualidade de atuação. Em outra ocasião, durante esse *workshop*, ele observou: "não tenha consciência somente das circunstâncias que envolvem as suas ações, pense sobre o fio que o conecta ao céu e à terra"[11]. Eu deveria assim direcionar minha atenção para diferentes aspectos, e em função disso pude perceber como os materiais podem ser explorados em diferentes níveis em um mesmo trabalho. No *workshop* com Sudana, ele sublinhou que eu deveria ser o veículo através do qual a personagem passa a existir. Ele mostrou como ao trabalhar com um material, a busca por novos estímulos precisa estar relacionada com a personagem que está sendo criada[12].

Baseado em tais considerações, podemos dizer que a procura de novos estímulos durante os estágios de remontagem e naturalização de materiais nos faz perceber aspectos importantes relacionados ao trabalho de Brook sobre a atuação, os quais estão associados, por sua vez, com a tensão examinada nesta seção. A busca por novos estímulos representa um procedimento que permitirá ao ator manter a organicidade de seu trabalho, mas não podemos deixar de notar que tal busca gera ao mesmo tempo a necessidade no ator de ir além do horizonte de suas próprias experiências pessoais. Quando almeja

9 Idem, p. 215
10 Idem, p. 218-219
11 Idem, p. 220.
12 Idem, p. 221-222.

176 A CINÉTICA DO INVISÍVEL

desafios, o ator deve estar apto a lidar com o que não lhe é familiar, e dessa forma seu horizonte perceptivo poderá ser ampliado. Nos *workshops* com Oida e Sudana, após me conectar aos materiais que estava trabalhando, fui solicitado a tentar novos ritmos, a mudar posturas e a ordem de minhas ações, a vivenciar processos específicos de visualização, a explorar realidades não familiares. Fui forçado a ir além dos limites de meu horizonte pessoal, e através desse processo pude viver a tensão referida nesta seção, de acordo com a qual o ator deve estar completamente envolvido no que faz e está ao mesmo tempo distanciado. O termo "distância" aqui não significa que o ator não esteja envolvido com o que está fazendo, mas reflete um nível específico de consciência que ele pode experienciar quando atua. Nesse ponto, podemos retornar ao trabalho do contador de histórias em Brook.

Em relação a essa questão, Williams mencionou um processo em que o contador de histórias "celebra sua própria individualidade", e tal processo é associado no mesmo fragmento já citado, ao fato que o contador de histórias "se livra das armadilhas geradas pela personificação naturalista"[13]. Como pudemos verificar, o trabalho desenvolvido pelo ator-contador de histórias nos espetáculos examinados no segundo capítulo deste estudo não foi limitado por procedimentos associados com a personificação naturalista. De qualquer forma, o fato de que o contador de histórias no teatro de Brook celebra sua própria individualidade necessita ser esclarecido.

Desde o início dos anos 60 os atores de Brook foram solicitados a ultrapassar o horizonte de suas próprias experiências pessoais, e as entrevistas assim como os *workshops* já descritos podem ser considerados como evidências desse processo. Uma das implicações significativas que emergem aqui envolve os processos de individuação. Individuação não deve ser associada com alguma concepção específica; nesse caso, ela diz respeito a diferentes referências e práticas. Considerando o que foi examinado até agora, podemos dizer que a individuação no trabalho de Brook sobre a atuação pode ser relacionada com as formulações de Jung, de acordo com as quais o ser humano

---

13 D. Williams, Theatre of Innocence and of Experience…, D. Williams (org.), op. cit., p. 23.

experiencia um movimento que parte de seu ego em direção ao seu *self*. Podemos dizer que o trabalho com a individuação explorou processos de fluidez, análogos àqueles formulados por Csikszentmihalyi, através dos quais o ser humano pode ultrapassar os limites da própria individualidade; e que a individuação foi trabalhada também através de procedimentos colocados em prática nos ensinamentos de Gurdjieff, de acordo com os quais o praticante pode atingir sua real individualidade. Apesar das implicações associadas com cada uma dessas abordagens, um denominador comum é presente em todas elas, que é o desenvolvimento do indivíduo. De qualquer maneira, a fim de perceber ulteriores implicações relacionadas com a individuação produzidas pelo trabalho de Brook, é preciso se debruçar sobre os conceitos de vazio, não-ação e não-eu.

Vazio, Não-Ação, Não-Eu

A noção de vazio em relação à atuação foi explorada por Brook desde o início dos anos 60, como sugerido por ele em *Brook by Brook*, filme dirigido por seu filho:

> Foi minha primeira viagem ao México [...] o que me tocou muito foi essa escultura. Eles a chamam em Vera Cruz de *Laughing Lady* (A Mulher Que Ri) e é realmente preciosa. Esse objeto modificou completamente a minha ideia sobre a atuação. Porque até esse encontro eu pensava que o ator fosse alguém que, de maneira complicada, construía sua personagem. O ator é alguém que precisa esvaziar a si mesmo. Embora seja um objeto vazio, em sua atitude podemos sentir alegria, satisfação. É realmente a expressão de pura alegria [...] você parte dessa atitude [...] qualquer gesto [...] você segura a sua mão assim... sua mão pode ser ou vazia ou viva ou cheia. Esses são termos [...] Alguém poderia dizer: é um modo seco e abstrato de falar [...] Mas o que importa é que o ator entenda que é através dessa desconstrução de habilidades que ele pode atingir isso. Eu a mantenho sempre aqui [Brook recoloca a escultura sobre a prateleira de sua estante] É como um exemplo direto do que um ator vivo é[14].

---

14 De fato, a viagem para o México mencionada por Brook aconteceu, podemos dizer com certeza, antes de 1961, uma vez que a fotografia de *A Mulher Que*

178 A CINÉTICA DO INVISÍVEL

No final dos anos 60, Brook se referiu ao espaço vazio não somente como área de atuação desprovida de elementos cenográficos, mas também como dimensão através da qual algo significativo pode ocorrer[15], e tal aspecto foi enfatizado por ele ao longo de sua carreira.

Para que alguma coisa de qualidade possa acontecer, um espaço vazio precisa ser criado. Um espaço vazio possibilita o surgimento de um novo fenômeno, porque qualquer coisa que envolva conteúdo, expressão, linguagem e significado pode existir somente se a experiência é fresca e nova. De qualquer forma, nenhuma experiência fresca e nova pode surgir se não há um espaço puro, virgem, pronto para recebê-la[16].

Refletindo sobre os *carpet shows* apresentados na África, Brook associou de maneira mais precisa o espaço vazio com a atuação. Nesse caso, o vazio é descrito como um estado de prontidão que é experienciado pelo ator, desde que seu corpo esteja treinado para isso. "Quando o instrumento do ator, seu corpo, é afinado pelos exercícios, as inúteis tensões e hábitos desaparecem. Ele está agora pronto para se abrir para possibilidades ilimitadas de vazio"[17].

No entanto, esse estado de prontidão associado com o vazio representa um forte desafio para o ator:

Mas há um preço a pagar: em frente a esse vazio não familiar, vem à tona, naturalmente, o medo. Mesmo quando se tem uma longa experiência, a cada vez que se começa, quando se está próximo do tapete, esse medo – do vazio que está dentro, e do vazio no espaço – reaparece[18].

A partir dos fragmentos citados acima, podemos perceber que o vazio em relação à atuação é associado por Brook com um processo em que o ator desconstrói suas próprias habilidades e é relacionado por ele com uma espécie de não-ação,

Ri foi inserida em "Search for a Hunger", artigo escrito por Brook e publicado nesse mesmo ano.

15 Ver Tell me Lies in America, op. cit.
16 P. Brook, *The Open Door*, p. 4.
17 Idem, p. 24.
18 Idem, ibidem.

REDE DE TENSÕES 179

um estado que precisa ser cultivado pelo ator a fim de que ele esteja "pronto". Nesse sentido, uma hipótese pode ser levantada aqui, segundo a qual algumas analogias são reconhecíveis entre e noção de vazio em Brook e certos aspectos formulados por doutrinas budistas.

O budismo é uma religião não-teísta e uma filosofia. Ele é também conhecido como Buda Dharma ou Dharma, que envolve os ensinamentos escritos em sânscrito ou pali, linguagens em que os textos budistas antigos foram criados. O budismo foi fundado no quinto século antes de Cristo por Siddhartha Gautama, que, após a sua morte, foi chamado como 'O Buda'. As três principais divisões do budismo são o Theravāda, Mahāyāna, e o Vajrayāna[19]. Em termos budistas, o vazio corresponde ao conceito de *śūnyatā* (vazio). Ele permeia as verdades básicas da experiência budista, tais como *anicca* – impermanência; *anattā* – conceito segundo o qual todas as coisas são vazias; e *dukkha* – a insatisfatoriedade dos fenômenos. No budismo, a existência é percebida em sua temporalidade:

> Os elementos da existência são aparências temporárias, flashes passageiros [...] eles desaparecem tão rápido como aparecem, e são seguidos no momento seguinte por outra existência momentânea [...]. O desaparecimento é a verdadeira essência da existência; o que não desaparece não existe[20].

Como colocado por George, a noção de *śūnyatā* transpõe *anattā* da condição subjetiva para a objetiva, ela "cancela qualquer distinção entre sujeito e objeto: ambos são vazios, unidos no vazio"[21]. Apesar das múltiplas interpretações existentes em relação ao conceito de *nirvāna*, sua conexão com o vazio é claramente estabelecida no budismo. Nirvana envolve a liberdade da consciência cotidiana, que é possível atingir através de um tipo de vazio produzido na meditação. De fato, nirvana pode ser visto como um estado cognitivo, como um estado de Iluminação, como a concretização do vazio. De acordo com as doutrinas budistas, todas as coisas são vazias, o vazio existe através dos fenô-

19 Ver D. George, *Buddhism as/in Performance*, p. VIII.
20 T. I. Stcherbatsky, *The Central Conception of Buddhism*, p. 37-38.
21 D. George, op. cit., p. 142.

180   A CINÉTICA DO INVISÍVEL

menos, e os fenômenos existem apenas "vaziamente". Brook, por sua vez, com relação ao vazio, acredita, como vimos, que

para que alguma coisa de qualidade possa acontecer, um espaço vazio precisa ser criado. [A seu ver] um espaço vazio possibilita o surgimento de um novo fenômeno, porque qualquer coisa que envolva conteúdo, expressão, linguagem e significado pode existir somente se a experiência é fresca e nova[22].

Ele considera o vazio não como uma dimensão desprovida de tudo, não como ausência, mas como um estado que gera possibilidades ilimitadas. O vazio representa a condição *sine qua non* para a emergência de um ator vivo[23]. Sendo assim, não somente a exploração do treinamento como *poiesis*, mas também os estágios associados com a produção da fluidez na atuação podem ser vistos como formas de explorar o vazio que permearam as práticas desenvolvidas pelos atores/contadores de histórias de Brook. Em tais processos, é perceptível que não só objetos, mas qualquer material pôde ser investido de diferentes significados. Como resultado, ator e material, sujeito e objeto, tiveram suas fronteiras dissolvidas. Através dessas interações, o ator e o material se transformaram mutuamente. Como vimos, nos *workshops* com Oida e Sudana, os materiais foram explorados exatamente dessa maneira.

Além disso, a desconstrução das habilidades e a noção de não-ação referidas por Brook podem ser igualmente associadas com as concepções budistas. No que diz respeito à desconstrução de habilidades, Storry observou:

Uma parte vital do treinamento Zen é destinado a liberar o *honsho* do ser humano, ou 'verdadeiro caráter'. Esse processo não envolve tanto a construção, mas o descartar, o desprender de todos os elementos externos, até que o estado de *Mu*, vazio, não-ser, seja atingido[24].

No que diz respeito à não-ação, Brook reconheceu que:

É necessário ter uma autoconfiança verdadeira para sentar e ficar parado ou permanecer em silêncio. Uma grande parte de

---

22 *The Open Door*, p. 4.
23 Ver *Brook by Brook*.
24 *The Way of The Samurai*, p. 48.

REDE DE TENSÕES

181

nossas excessivas, desnecessárias manifestações provém do terror segundo o qual se não estamos de alguma forma sinalizando o tempo todo que existimos, não estaremos mais onde acreditamos estar. Esse é um problema da vida cotidiana, onde pessoas superexcitadas, nervosas, podem nos fazer subir pelas paredes, mas no teatro, onde as energias precisam convergir para o mesmo objetivo, a capacidade de reconhecer que se pode estar totalmente "lá" aparentemente sem "fazer" nada, é de suprema importância[25].

Para o Zen budismo, a "não-mente" (*mindlessness*) transcende a mente, e os momentos de "não-ação" provocam maior interesse do que aqueles onde prevalece a ação. A não-ação, nesse caso, não quer dizer ausência de atividade, mas é associada a um estado de imobilidade concentrada. No Japão, o Zen, além de ter influenciado o desenvolvimento das artes marciais, tais como o kenjutsu, o tiro com o arco, o judô e o aiquidô, ele contribuiu também para o processo de criação do Teatro Nô[26]. De fato, a não-ação representa um aspecto central da atuação nessa forma teatral uma vez que

as bases da dança Nô consistem em interromper cada movimento no momento em que os músculos estão tensos. Certamente, as formas de movimento concentram um poder dramático em momentos de imobilidade [...] nós podemos concluir que os momentos de ação no Teatro Nô existem para beneficiar os momentos de imobilidade, e que a atitude e o andar são as bases não do movimento, mas da aquisição da técnica do não-movimento[27].

Zeami Motokiyo (1363-1443), o fundador do Nô, juntamente com seu pai Kannami (1333-1384), descreveu o momento de imobilidade silenciosa total como sendo a maior e mais secreta habilidade do ator: "quando falamos de um ator

---

25 *The Open Door*, p. 25.
26 A associação entre o Teatro Nô e o Zen é apontada por George: "Uma explicação para essa crescente convergência entre Nô e Zen, não é difícil de encontrar; a relação entre eles é baseada não somente em análises textuais e teorias especulativas; ela pode ser reconhecida historicamente. A carreira de Zeami e as origens do Nô coincidem com a Era Muromachi, período durante o qual o Zen se tornou a forma mais autenticamente japonesa de budismo, e, além disso, se tornou igualmente a base da estética japonesa enquanto tal", cf. D. George, op. cit., p. 158.
27 K. Komparu, *The Noh Theatre*, p. 216.

182 A CINÉTICA DO INVISÍVEL

que não 'faz nada' nesse caso, estamos nos referindo ao intervalo que existe entre duas ações físicas"[28].

Essa imobilidade concentrada pode ser percebida em vários espetáculos dirigidos por Brook após a abertura do CICT, tais como *A Conferência dos Pássaros, O Mahabharata, A Tempestade, Quem Vem Lá?* e *A Tragédia de Hamlet*. Em vários momentos desses espetáculos, os atores reduziram a cadência das próprias ações e "paravam", produzindo assim uma potente qualidade de presença, como na cena em que Oida atua a morte de Drona. Antes de esvaziar uma grande vasilha cheia de sangue sobre a cabeça, Oida-Drona permaneceu imóvel, e naquele momento de não-ação sua qualidade de presença se intensificou perceptivelmente. Esse foi um dos momentos mais marcantes dessa produção de *O Mahabharata*.

Além disso, no *workshop* com Oida, ele observou: "você deve saber qual é o momento em que deve desenvolver suas ações, e qual é o momento em que você deve permanecer imóvel. A ação não termina, ela se torna mais concentrada"[29]. Eu deveria assim explorar tal imobilidade em momentos específicos, momentos que poderiam ser considerados como ápices de minha ação. Dessa maneira, baseado em tais considerações, podemos dizer que a noção de não-ação em Brook e suas implicações estão aparentemente em sintonia com as concepções budistas relacionadas com a mesma noção, tal como concebidas e aplicadas por Zeami.

Uma vez reconhecidas determinadas analogias entre a percepção de vazio e de não-ação em Brook, de um lado, e concepções e práticas de matriz budista do outro, nesse ponto a conexão entre o trabalho desenvolvido pelo diretor inglês e as doutrinas budistas será examinada através da noção de "não-eu".

Há uma intrínseca relação no budismo entre não-eu, *anattā*, e *śūnyatā*. Como mencionado, *śūnyatā* transpõe *anattā* da condição subjetiva para a objetiva, cancelando assim qualquer distinção entre sujeito e objeto. Em termos budistas, ambos, sujeito e objeto, são vazios, unidos pelo vazio[30]. Como explicado por George, através do desenvolvimento de diferentes práticas, como a meditação, o Eu-como-Sujeito e o Eu-como-

---

28 Apud D. George, op. cit., p. 156.
29 Ver Apêndice, p. 310.
30 D. George, op. cit., p. 142.

REDE DE TENSÕES 183

-Objeto se distinguem: o primeiro se torna uma espécie de espectador do segundo, e o segundo é visto como uma construção temporária de atividades[31]. No budismo, "o ser individual é considerado em seu *tornar-se*, um vir-a-ser, como algo que acontece, como um evento ou um processo"[32].

Nesse sentido, a maneira pela qual Brook se referiu à atuação impessoal no final dos anos 60, assim como o modo como ele relacionou a sua noção de possessão com a sua concepção de ator como mensageiro no início dos anos 70, podem ser associados, em certa medida, ao conceito budista de não-eu. Enquanto no final dos anos 60 o diretor inglês afirmou que o ator deveria estar, enquanto trabalha, "completamente envolvido e ainda assim distante – distanciado sem distanciamento"[33], no início dos anos 70 seu ator deveria cultivar um estado de acordo com o qual ele "está e não está"[34]. No que diz respeito às práticas desenvolvidas por Brook e seus atores após a abertura do CICT, elas podem igualmente ser associadas ao conceito budista de não-eu. Como vimos no segundo capítulo deste ensaio, após 1974 o ator do grupo internacional deveria estar completamente envolvido no que estava fazendo, e, ao mesmo tempo, ele era constantemente solicitado a ultrapassar os limites impostos por seu ego, a fim de explorar os materiais de atuação de maneira consistente, e a fim de permanecer dinamicamente conectado consigo mesmo, com seus parceiros e com o público. Em termos mais específicos, ao remontar materiais, o ator de Brook lida com desafios que podem levá-lo a expandir seu próprio horizonte perceptivo. Portanto, em práticas exploradas pelos atores de Brook assim como em práticas budistas, o ser humano é visto em seu devir, ele está envolvido em um processo de contínua transformação: "O mundo existe, não somente como um objeto visto por um indivíduo, mas, ao mesmo tempo, como algo que é criado por cada indivíduo e está em processo de con-

31 Esse aspecto colocado por George é controverso, uma vez que para o budismo não há uma formulação sobre o eu-agente e o eu-observante. Pressupõe-se, dessa maneira, que essa seja uma tentativa de tradução de valores budistas em termos que são familiares para as culturas ocidentais.

32 Malalasekera apud D. George, op. cit., p. 53.

33 Ver Tell me Lies in America, op. cit., p 131

34 Apud The Nancho Consultations, Nancho Consults Peter Brook, op. cit.; *The Open Door*, p. 165-166.

184 A CINÉTICA DO INVISÍVEL

tínua transformação. O indivíduo não é simplesmente um observador, mas é também um ator"[35].

As analogias feitas aqui entre aspectos relacionados com as doutrinas budistas – vazio, não-ação e não-eu –[36] e práticas desenvolvidas pelos atores do CICT, nos fazem perceber de maneira mais clara implicações específicas associadas com a individuação no trabalho de Brook sobre a atuação. Através dessas analogias, é possível reconhecer que, além das concepções de Jung, da noção de fluidez em Csiksentmihalyi, e dos ensinamentos de Gurdjieff, no que diz respeito aos processos de individuação em Brook, também a inter-relação entre vazio, não-ação e não-eu precisa ser considerada. Portanto, quando Williams afirma que o contador de histórias no teatro de Brook "celebra sua individualidade"[37], é preciso perceber que individualidade não deve ser confundida com ego. Aqui, ela envolve necessariamente a exploração de processos em que

35 Ueda apud D. George, op. cit., p. 53.

36 Implicações associadas com o vazio e o *self* na cultura japonesa podem ser percebidas também através da relação entre *ma, ningen* e *aidagara*. Como descrito por Hall, uma das implicações importantes relacionadas com o *ma* (ou *mu*) é a falta de dualismo que ele implica. Ele não significa "ausência de matéria"; tampouco ele significa "matéria", ver E. T. Hall, *The Hidden Dimension*, p. 152-154. A fim de compreender *ma* é preciso considerar um outro conceito: o de *aidagara*. De acordo com o filósofo japonês Watsuji Tetsurô, *aidagara* significa "estar entre", e é considerado por ele como central na cultura japonesa. De fato, ele permeia não somente a vida política e social, mas também o modo como o eu (*self*) é percebido em tal cultura. Como descrito por Tetsurô, um *ningen* (ser humano) é visto como uma intersecção entre passado e futuro, no presente. *Ningen* é composto por dois caracteres, *nin*, que significa "ser humano", e *gen*, que significa "espaço" ou "estar entre". A concepção de Tetsurô é o resultado de uma operação linguística. Ele transpõe *gen* (ou *ken*) para sua forma anterior, *aida*, que se refere ao espaço ou lugar em que as pessoas estão localizadas, onde os vários cruzamentos e conexões interpessoais são estabelecidos. Ver J. Maraldo, Between Individual and Communal, Subject and Object, Self and Other: Mediating Watsuji Tetsuro's Hermeneutics, em M. Marra (org.), *Japanese Hermeneutics*, p. 76-86. Dessa forma, o *self* é visto através desse espaço que existe "entre" as coisas, ele é visto em seu "between-ness", cancelando assim qualquer possibilidade de isolamento do ego. Baseado em tais considerações, podemos ver que *ma*, em sintonia com as formulações de Tetsurô, é de fato a expressão do *aidagara*. Em outras palavras, *ma* não é a representação da ausência, mas a expressão do que ocorre entre seres humanos e seus espaços, objetivos e subjetivos, internos e externos. Conheci as formulações de Tetsurô através de Yoshi Oida, que mencionou as formulações do filósofo japonês durante o *workshop* já mencionado. Em tais formulações, podemos perceber que a correlação entre vazio e *self* (eu) está profundamente enraizada na cultura japonesa, independentemente de suas crenças religiosas.

37 Theatre of Innocence and of Experience..., D. Williams (org.), op. cit., p. 23.

o contador de histórias é desenvolvido enquanto indivíduo, fato esse que implica por sua vez na possibilidade de ir além dos limites impostos por sua personalidade[38].

A fim de estar completamente envolvido e ainda assim distante, o contador de histórias no teatro de Brook se move entre dimensões que estão em constante tensão: entre identificação e distância; entre pessoal e impessoal. De qualquer maneira, como podemos perceber o funcionamento de alguns aspectos associados à atuação, tal como a intencionalidade?

INTENÇÃO E INTENSÃO:
PERSEGUINDO O NÃO-SABER

A intencionalidade é geralmente vista como uma "propriedade de muitos estados mentais e eventos para os quais eles estão dirigidos"[39]. No entanto, dado que este aspecto pode ser lido a partir de muitos pontos de vista, o objetivo aqui não é discutir os conceitos de intencionalidade em temos gerais, mas considerar as interpretações de tal conceito que podem nos ajudar a entender certas implicações produzidas pelos processos de atuação desenvolvidos no teatro de Brook.

Durante os anos 60, o diretor inglês e seus atores começaram a experimentar uma combinação de práticas, produzindo assim territórios híbridos, um processo associado no primeiro capítulo deste estudo com o desenvolvimento do treinamento como *poiesis*. Em tal treinamento, a exploração de materiais pelo ator não estava limitada por sistemas de referência *a priori*, e tal fato gerou procedimentos específicos. Por exemplo, elementos que poderiam ser vistos como antitéticos, uma vez combinados

---

38 L. Marshall e D. Williams reconheceram a importância dos processos de individuação no teatro de Brook. Ao descreverem os ideais associados ao trabalho do diretor inglês com o CIRT, por exemplo, eles definiram "autopesquisa" como um processo de evolução e desenvolvimento individual, ver P. Brook: Transparency and the Invisible Network, em A. Hodge, (org.), *Twentieth Century Actor Training*, p. 177. Além disso, em relação a essa questão, Williams se referiu também ao cancelamento do próprio ego, feito pelo contador de histórias no teatro de Brook. Ver D. Williams, "Remembering the Others that Are Us": Transculturalism and Myth in the Theatre of Peter Brook, em P. Pavis (org.), *The Intercultural Performance Reader*, p. 77.

39 J. Searle, *Intentionality*, p. 1.

186 A CINÉTICA DO INVISÍVEL

permitiram o surgimento de resultados significativos em termos de atuação. Desse modo, materiais puderam ser constantemente re-significados pelos atores. No que diz respeito ao trabalho desenvolvido no início dos anos 70, durante as viagens do CIRT, a apresentação dos *carpet shows* envolveu a inter-relação entre a improvisação como canal e a forma flutuante. Nessas ocasiões, os atores adaptaram e inventaram materiais durante as apresentações, em contato direto com as plateias africanas. Após a abertura do CICT, ao explorar os estágios de ruptura, remontagem e, de maneira mais acentuada, o estágio de naturalização de materiais, os atores enfrentaram desafios, o que os levou a produzir resultados muitas vezes imprevisíveis. Sendo assim, podemos observar que a maneira pela qual as práticas de atuação foram desenvolvidas no teatro de Brook desde o início dos anos 60 envolveu diferentes modos de intencionalidade. De fato, se por um lado tais práticas experimentadas desde então exerceram funções específicas, como a de materializar universos ficcionais propostos por textos dramáticos ou a de estabelecer uma relação consistente com o público proveniente de diferentes culturas, por outro, juntamente com esse modo de intencionalidade, em que a atuação representa um meio para um fim, houve um outro modo de intencionalidade, "subterrâneo", que foi simultaneamente explorado pelos atores de Brook ao longo de sua carreira. Este segundo modo de intencionalidade está profundamente relacionado com a tensão entre o pessoal e o impessoal; ele emergiu dessa tensão.

Os fatores associados com a tensão entre o pessoal e o impessoal na atuação vistos até agora – a percepção de atuação impessoal surgida no final dos anos 60; a noção de ator como mensageiro trabalhada no início dos anos 70; e a concepção de acordo com a qual o ator deve ser capaz de demolir para construir, que permeou o trabalho do CICT – nos levam a uma convergência entre os dois modos de intencionalidade referidos acima. No final dos anos 60, o diretor inglês se referiu à atuação impessoal como um processo em que o ator deve estar "completamente envolvido e ainda assim distante – distante sem distanciamento"[40]. No início dos anos 70, ele observou que o ator precisa "mirar sem estar mirando"[41]. Além disso,

40 Tell me Lies in America, op. cit., p. 131.
41 Ver P. Brook apud J. Heilpern, op. cit., p. 181.

REDE DE TENSÕES 187

a noção segundo a qual o ator precisa esvaziar a si mesmo[42] permeou as investigações de Brook desde os anos 60 e, através do trabalho com a arte de contar histórias, sua aplicação produziu resultados consistentes. Mas como podemos entender, em termos de intencionalidade, um processo em que o ator deve estar distanciado sem distanciamento, deve mirar sem estar mirando, e deve esvaziar a si mesmo? Em relação a esse problema, Brook comentou:

o praticar e fazer exercícios não tem como objetivo adquirir habilidades, nem adquirir métodos para reproduzir intenções mentais preparadas. O que se iniciou como uma lavagem cerebral agora se encaminha para a lavagem total por meio de todo o seu ser que se torna receptivo, e a partir dessa receptividade emergem formas, gestos, ritmos e ações e isso, por sua vez, faz com que o ator se torne ainda mais receptivo[43].

O processo em que o ator se torna mais receptivo, como sugerido nessa passagem, é associado ao fato de que ele não deve "reproduzir intenções mentais preparadas". Uma das consequências é que, em sintonia com Searle, Brook parece relacionar intenções com estados mentais preparados, ou seja, com estados mentais produzidos no sujeito, que determinam de certa maneira o desenvolvimento de suas ações. No entanto, como apontado acima, se considerarmos as práticas exploradas por Brook e seus atores desde os anos 60, podemos dizer que um outro tipo de intencionalidade as permeou. Para que o ator esteja distanciado sem distanciamento, possa mirar sem estar mirando e consiga esvaziar a si mesmo, em vez de reproduzir intenções mentais preparadas, ele necessita explorar intenções que, poderíamos dizer, "não são preparadas". Intenções que não são preparadas foram examinadas por alguns filósofos. Merleau-Ponty, por exemplo, se refere a uma espécie de intenção que não depende de decisões tomadas por alguém: "Na medida em que eu tenho mãos, pés, um corpo, eu sustento ao meu redor intenções que não dependem de minhas decisões, e que afetam as circunstâncias em que vivo em um modo que não posso

42 Ver *Brook by Brook*.
43 Does Nothing Come from Nothing? *The British Psycho-Analytical Society Bulletin*, n. 1, em <http://nicol.club.fr/ciret/bulletin/b15/b15c1.htm >.

escolher"[44]. A fim de tentar esclarecer as implicações associadas com esse segundo modo de intencionalidade explorado pelos atores de Brook, iremos, uma vez mais, recorrer às doutrinas budistas. Consideraremos o conceito de *pratyaksa*, que significa "apreensão" e envolve um processo de acordo com o qual o desenvolvimento perceptivo é interrompido para que a pessoa experiencie um estado de apreensão que antecede a conceitualização:

Normalmente, a percepção é rapidamente transformada em conceitualização. A clássica sequência é aquela em que a apreensão leva à sensação que leva à percepção que leva à compreensão que leva à conceitualização. Mas o fato de ser uma sequência (mesmo que muita rápida) deixa a porta aberta para algum momento rápido antes que essa série de transformações ocorra[45].

George, se referindo a Chandra Vyas, descreve *pratyaksa* como a possibilidade graças à qual a pessoa pode vivenciar um tipo específico de cognição, "que está livre de construções conceituais"[46]. Antes de levar à compreensão e à conceitualização, a percepção é interrompida. É nesse ponto que podemos retornar à segunda intencionalidade explorada em Brook. O fato de que o ator a seu ver não deve reproduzir intenções mentalmente preparadas não exclui o papel exercido pela intencionalidade, e as implicações associadas com o conceito de *pratyaksa* podem contribuir para o esclarecimento da importância desse aspecto no trabalho desenvolvido pelo diretor inglês com seus atores.

Ao permitir que a apreensão ocorra antes da conceitualização, *pratyaksa* representa uma possibilitade de se evitar a reprodução de intenções preparadas mentalmente, operação essa desejada por Brook. Porém, tal fato não nos mostra como esse processo pode ser associado com a intencionalidade em termos práticos. A fim de perceber tal processo em termos práticos, é necessário considerar a intencionalidade não do ponto de vista cartesiano, onde está estabelecida a separação entre mente e corpo, mas como um processo que envolve a mente-corpo do ser humano e pode ser gerado por "intensões".

44 *Phenomenology of Perception*, p. 440.
45 C. Vyas apud D. George, op. cit., p. 147.
46 Idem, ibidem.

Quando alguém examina a razão pela qual esse intervalo "onde nada acontece" pode parecer tão fascinante, é com certeza em função do fato de que, no fundo, o artista nunca relaxa sua tensão interna. No momento em que a dança para ou o canto cessa ou mesmo em qualquer intervalo que pode ocorrer durante a atuação de uma personagem, o ator nunca deve perder a sua concentração mas precisa manter a consciência dessa tensão interior. É esse sentido de concentração interior que se manifesta para o público[47].

Zeami, incorporando a concepção budista de não-ação, apontou o papel exercido pelas tensões interiores. A seu ver, as não-ações devem ser atuadas pelo ator jamais enquanto meios para fins, mas como específicas fontes de estímulos. Esse processo parece estar em profunda sintonia com o modo pelo qual Brook e seus atores exploraram o segundo modo de intencionalidade referido nessa seção. Como já mencionado, o trabalho com esse segundo modo de intencionalidade emergiu do movimento experienciado pelo ator entre o pessoal e o impessoal e nesse ponto de nosso discurso tal processo pode ser visto de maneira mais clara. De fato, no trabalho de Brook os dois modos de intencionalidade, intenção e intensão, puderam coexistir graças a esse movimento vivenciado pelos atores. Em outras palavras, uma das implicações produzidas pelo fato de que o ator deve estar distanciado sem distanciamento, mirar sem estar mirando, e se esvaziar, é que a sua atenção necessita se voltar não somente para a representação de mundos ficcionais e para a caracterização de seres ficcionais, mas também para as ações em si, para o seu *modus operandi*. Brook reconheceu tal processo quando escreveu:

É necessário ter uma autoconfiança verdadeira para sentar e ficar parado ou permanecer em silêncio [...] no teatro, onde as energias precisam convergir para o mesmo objetivo, a capacidade de reconhecer que se pode estar totalmente "lá" aparentemente sem "fazer" nada, é de suprema importância[48].

A necessidade colocada por Zeami segundo a qual o ator precisa estar consciente de sua tensão interna assim como a

---

47 Zeami apud D. George, op. cit., p. 156.
48 *The Open Door*, p. 25.

190 A CINÉTICA DO INVISÍVEL

percepção descrita por Brook de que o ator deve cultivar a habilidade de estar completamente presente mesmo sem fazer nada, aparentemente, convergem, em termos práticos. De fato, em todos os espetáculos descritos no segundo capítulo deste estudo, existiram momentos em que os atores pareciam interromper as suas ações sem comprometer a própria qualidade de presença. Nesses momentos, é perceptível o papel exercido pelo modo de intencionalidade em questão, ou seja, a intensão. No entanto, como colocado por Oida, intensões podem ser exploradas pelo ator não somente em momentos de não-ação:

Na cena do suicídio, Drona tira parte de seu figurino e então vira sobre a cabeça uma grande vasilha cheia de água cor de sangue, como uma espécie de purificação. O líquido escorreu por seu corpo e molhou a terra. O público sentiu o peso, o amor e o forte desespero do pai. Mas em relação a mim, não pensei "o que deveria aparecer nesse momento?" ou "em que estado psicológico devo estar?" Quando a cena começou, Toshi Tsuchitori (o musicista japonês que participou dessa produção) desenvolveu gradualmente seu trabalho de percussão. Para mim, não havia nada mais. Somente a conexão entre o som e as ações de meu corpo. Claramente, eu permaneci consciente do *jo*, *ha*, *kyu*, e recordei a natureza da situação. Era um momento denso, não alegre, e desse modo eu mantive a consciência da qualidade triste da cena. Não atuei "a tristeza". Ela foi reconhecida através da maneira como eu estava presente. Ao meu ver o trabalho era o de criar uma relação com a percussão, e ao mesmo tempo desenvolver o *jo*, *ha*, *kyu*. Refletindo agora, suspeito que esse momento funcionou porque eu me concentrei tão profundamente sobre uma coisa simples[49].

Descrevendo o modo como ele atuou a morte de Drona em *O Mahabharata*, Oida nos faz perceber a exploração de intensões enquanto desenvolveu as próprias ações. Concentrando-se sobre a relação dinâmica entre suas ações e a música, o ator japonês conseguiu capturar a complexidade da situação. Em sintonia com o conceito budista de *pratyaksa*, ele evitou a conceitualização.

Em *An Actor Adrift* (Um Ator Errante) e *The Invisible Actor* (O Ator Invisível), escritos em parceria com Lorna Marshall,

---

49 Y. Oida; L. Marshall, *The Invisible Actor*, p. 64.

Oida se referiu a vários conceitos budistas. Tais concepções permeiam profundamente o seu trabalho como ator. Dessa maneira, visto que ele representa um dos colaboradores de Brook, senão o seu colaborador mais destacado, podemos dizer que as analogias feitas nesse estudo entre o trabalho de Brook e algumas doutrinas budistas provêm da colaboração artística existente entre eles. Nesse sentido, além de esclarecer aspectos associados com o trabalho de Brook sobre a atuação, tais analogias refletem a importância dessa colaboração. Brook e Oida se influenciaram mutuamente de maneira profunda.

Após reconhecer a existência de dois modos de intencionalidade no trabalho do ator em Brook, analisemos agora alguns aspectos produzidos a partir da exploração de tais modos, feita por seus atores.

Seres Ficcionais, Ingenuidade, Não-Saber

Na passagem citada acima, a exploração dos dois modos de intencionalidade referidos é claramente descrita por Oida. Ele menciona, por um lado, a maneira como "recordou a natureza da situação", ou o modo como ele "manteve a consciência da qualidade triste da cena"; e por outro, o ator japonês apontou o fato de sua atenção ter sido dirigida para a relação entre as ações que estava executando e a música, através da exploração do *jo-ha-kyu*. Sendo assim, ele estava concentrado simultaneamente em dois processos: naquele que envolveu os aspectos relacionados com a situação específica de sua personagem e ao mesmo tempo no diálogo estabelecido entre as ações e a música, misturando intenção e intensão.

A inter-relação entre esses dois modos de intencionalidade exerceu um papel importante no *workshop* liderado por Yoshi Oida. Nessa ocasião, eu e os outro atores deveríamos concentrar a atenção não somente nas circunstâncias que permearam as improvisações e as cenas, mas também em nossas posturas corporais, em nossa utilização da coluna, nas dinâmicas associadas com as tensões musculares, nas direções de nossos movimentos etc... Procedimentos semelhantes foram explorados no *workshop* com o ator balinês

192 A CINÉTICA DO INVISÍVEL

Tapa Sudana[50]. Esse fato ilumina uma questão importante. De fato, a inter-relação entre esses modos de intencionalidade é explorada não somente pelos atores de Brook, mas revela procedimentos que estão profundamente enraizados nas práticas de atuação existentes em várias formas teatrais. Além daquelas provenientes do Japão e Bali, também as formas teatrais indianas[51], e chinesas[52], por exemplo. Em formas teatrais tais como o Nô, o Topeng, o Kathakali e a Ópera de Pequim, as ações executadas pelos atores são construídas através da articulação entre os dois modos de intencionalidade tratados aqui, ou seja, a intenção e a intensão. Porém, voltando a Brook, uma questão pode ser levantada: qual é o papel exercido por esses modos de intencionalidade no trabalho desenvolvido por seu ator-contador de histórias com os seres ficcionais?

Muitas considerações podem ser feitas a esse respeito. Nos espetáculos analisados aqui, seres ficcionais foram produzidos através de uma combinação de procedimentos que envolveram a articulação entre intenção e intensão. Ao atravessar os estágios envolvidos na confecção da fluidez, o ator deveria dirigir a sua atenção não somente para universos ficcionais, mas também para o *modus operandi* da atuação. Além disso, em contato direto com o público, o ator deveria adaptar as qualidades produzidas durante os ensaios a fim de criar as condições para a emergência do momento presente. Os seres ficcionais presentes nos espetáculos de Brook foram assim o resultado da inter-relação dinâmica desses processos[53].

---

50 Ver Apêndice, p. 220 e p. 221-224, respectivamente.
51 Ver P. Zarrilli, *Kathakali Dance-Drama*.
52 Ver Mei-Lang-Fang, My Life on the Stage, *Chinese Literature Monthly*, n. 11.
53 A articulação entre esses modos de intencionalidade durante o trabalho preparatório do ator assim como durante a apresentação de espetáculos representa outra convergência entre Brook e Zeami. Para o fundador do Teatro Nô, a qualidade do trabalho do ator é determinada não somente pelas práticas desenvolvidas durante seu aprendizado, mas também pela percepção das circunstâncias que envolvem cada espetáculo: "Zeami era consciente do fato de que cada espetáculo é único: a classe social dos espectadores, o tamanho da plateia, o lugar do teatro, a hora do dia, ano, o humor. Tudo isso é variável, singular", ver Rimer e Masakazu apud D. George, op. cit., p. 154. Brook, por sua vez, considera cada espetáculo como sendo único e, nesse sentido, seu ator-contador de histórias deve estar consciente das circunstâncias variáveis que emergem a cada vez que o espetáculo se materializa, em contato direto com o público.

REDE DE TENSÕES 193

A exploração da tensão entre o pessoal e o impessoal e a articulação entre os modos de intencionalidade em questão estão intimamente ligados no trabalho desenvolvido pelos atores-contadores de história de Brook. Graças à articulação entre esses modos de intencionalidade, a tensão entre o pessoal e o impessoal na atuação pôde ser experienciada por eles. Seres ficcionais foram produzidos precisamente através desses processos. Além disso, podemos reconhecer que seres ficcionais não resultaram somente de processos associados exclusivamente com a produção, mas também com os processos de recepção. Descrevendo a maneira como atuou a morte de Drona, Oida se referiu claramente a essa coexistência:

Eu simplesmente respeitei a situação, e então me concentrei sobre a música. E essa concentração criou, por sua vez, uma espécie de vazio interior. Nesse vazio, o público pôde projetar sua própria imaginação. Eles puderam inventar muitas histórias a respeito do que eu estava sentindo[54].

Nesse caso, através da articulação entre intenção e intensão, atores e seres ficcionais foram permeados por espaços vazios, processo esse que permitiu uma participação ativa do público no espetáculo. Além do *workshop* com Oida, esse aspecto foi enfatizado no trabalho feito com Sudana. O ator balinês, naquela ocasião, comentou: "se você impõe uma representação rígida de sua personagem, se pensa que já sabe tudo sobre ela, você não terá espaço para explorá-la, e, como resultado, não se estabelecerá um contato real com o público"[55]. Sendo assim, podemos dizer que no trabalho desenvolvido pelo ator-contador de histórias de Brook, a criação de seres ficcionais funcionou como um articulador e um catalisador dos aspectos examinados até aqui.

No entanto, esse processo não se concluiu neste ponto. Cabe acrescentar, no que diz respeito à articulação entre intenção e intensão em Brook, que ela envolveu dois aspectos: a ingenuidade (*naivety*) e o que poderíamos chamar de "não-saber". A importância desses aspectos provém do fato de que eles

---

54 Y. Dida; L. Marshall, op. cit., p. 65.
55 Ver Apêndice, infra p. 224.

194 A CINÉTICA DO INVISÍVEL

representam uma espécie de camada subterrânea do trabalho de Brook sobre a atuação, em que *ethos* e técnica não podem ser dissociados.

A percepção dessa qualidade de ingenuidade surgiu a partir das sessões de trabalho-encontros-entrevistas com Sotigui Kouyaté que se deram em sua casa próxima a Paris em 2004[56]. Esses encontros proporcionaram uma experiência única. Se por um lado reconheci alguns pontos de contato com os *workshops* feitos anteriormente com Oida e Sudana, o encontro com Sotigui me fez perceber que a convergência entre intenção e intensão pode envolver a produção de uma qualidade específica, que, na falta de um termo mais adequado, pode ser definida como ingenuidade. Ao invés de ser associada com a ausência de conhecimento, a ingenuidade aqui está relacionada com uma qualidade expressiva em que o ator está totalmente presente e ao mesmo tempo vivencia um estado de abertura. Brook reconheceu a força da ingenuidade na atuação em seus escritos, assim como em muitas ocasiões, como na palestra dada em 1994: "É muito importante dar peso à questão da ingenuidade. A experiência somente se torna significativa se é constantemente iluminada por uma inocência que está potencialmete presente"[57].

Nessa passagem, Brook sugere que a ingenuidade envolve ao mesmo tempo uma atitude que deve ser cultivada pelo ator e uma qualidade que precisa ser explorada por ele para gerar experiências significativas, em contato direto com o público[58]. É exatamente nesse sentido que percebi a ingenuidade nas sessões de trabalho-encontros-entrevistas com Sotigui Kouyaté. Refiro-me assim a essa experiência porque ela reflete, de maneira mais precisa, como as coisas aconteceram. Em outras palavras, eu deveria entrevistar Kouyaté, mas quando nos encontramos em sua casa, as coisas foram muito além de uma simples entrevista. O que deveria ser uma entrevista se tornou uma série de encontros de trabalho permeados por demonstrações de

---

56 Idem, p. 224-227.
57 Does Nothing Come from Nothing?, op. cit.
58 Ver D. Williams, Theatre of Innocence and of Experience..., D. Williams (org.), op. cit., p. 3-28. O autor se refere à ingenuidade e à inocência no trabalho de Brook.

REDE DE TENSÕES

exercícios e fragmentos de danças e cantos produzidos pela sua cultura, a dos griôs. Tais ocasiões envolveram um processo de transmissão de conhecimentos pragmáticos, e um dos aspectos que mais me surpreendeu foi uma qualidade expressiva materializada por suas ações vocais e corporais. Longe de ser percebido como um objeto de exotização, as ações concretizadas por Kouyaté me tocaram de maneira específica. Elas não eram absolutamente utilitárias ou ilustrativas, e a ingenuidade cumpriu aqui uma função essencial.

Nesse caso, a ingenuidade não pode ser dissociada do *modus operandi* do ator, pois ela está relacionada com a articulação entre os modos de intencionalidade examinados nesta seção. Nos *workshops* com Oida e Sudana, quando eles demonstraram exercícios, eu pude perceber tal articulação de maneira clara. Já com Kouyaté essa articulação era muito mais sutil, mas quando ele atuou suas ações vocais e corporais, ela emergiu. Ele estava concentrado ao mesmo tempo nas histórias que estava contando e nas posturas corporais e variações de timbre que produzia. Uma vez mais, intenção e intensão se articularam. Porém, esses modos de intencionalidade estavam carregados de uma qualidade específica, chamada aqui de ingenuidade. Através dessa experiência pude perceber de maneira palpável a função exercida por esse aspecto, em termos práticos.

Em conexão com a ingenuidade, o outro aspecto envolvido na articulação entre os modos de intencionalidade em questão será referido aqui como "não-saber". Essa noção é profundamente explorada em práticas desenvolvidas pelo Zen budismo, tais como a arte do tiro com o arco e o aiquidô. No primeiro caso, o objetivo não é simplesmente acertar o alvo, mas acertar o próprio arqueiro, que desse modo estará se desenvolvendo espiritualmente. Na introdução do livro de Eugen Herrigel, Suzuki observou: "Se alguém deseja ser o mestre de alguma arte, o conhecimento técnico não é suficiente. É preciso transcender a técnica para que a arte se torne uma 'arte sem arte' que emana do Inconsciente"[59]. Nesse caso, o arqueiro além de precisar abandonar seu ego, deve se liberar de suas

---

59   Foreword, em E. Herrigel, *Zen in the Art of Archery*, p. 7.

intenções. A atenção aqui é dirigida para a postura corporal, para as tensões musculares e para a respiração. Como colocado por Kenzo Awa, o mestre de Herrigel, o treinamento desencadeia um processo em que permanece somente uma "tensão sem intenção"[60].

Seguindo Herrigel, podemos afirmar que o arqueiro não deve adquirir somente um conhecimento técnico, mas cultivar também um estado de não-saber. De fato, o arqueiro não sabe antecipadamente qual é o momento em que a flecha poderá ser lançada, e tal estado é igualmente perceptível no aiquidô. Após a experiência com Oida comecei a praticar aiquidô, e um dos maiores desafios que tive de lidar foi cultivar esse estado. Wendy Palmer, mestre dessa arte marcial, se refere ao não-saber como um estado produzido pela "Mente-do-Não-Saber"[61]. É através desse estado que a seu ver a percepção do aqui-e-agora pode ser desenvolvida: "O não-saber envolve profundidade, espaço, imobilidade. Quanto mais nos desenvolvemos, mais podemos tolerar a sensação do presente"[62]. O não-saber representa um aspecto central do aiquidô: "O não-saber é um estado criativo, receptivo através do qual tudo nasce"[63]. O praticante dessa arte marcial, dentre outras, ao cultivar o estado de não-saber, poderá se tornar mais focalizado no presente, e, ao fazer isso, poderá desenvolver uma atitude de abertura e prontidão.

Considerando a maneira como as práticas de atuação foram experimentadas pelos atores-contadores de histórias de Brook desde a abertura do CICT, podemos reconhecer a presença do estado de não-saber nesses processos. Ao explorar diferentes materiais durante os estágios associados com a fluidez, assim como na apresentação dos espetáculos, em contato direto com o público, eles precisaram cultivar esse estado. Segundo Marshall e Williams, duas qualidades inter-relacionadas funcionam como pré-requisitos para que alguém faça parte do grupo de Brook: o estado de abertura e imediatez, que é chamado por Brook de "transparência"; e o estado de

---

60 Ver E. Herrigel, op. cit., p. 43.
61 *The Intuitive Body*, p. 59.
62 Idem, p. 69.
63 Idem, p. 70.

REDE DE TENSÕES 197

conexão e reatividade, chamado pelo diretor inglês de "rede invisível"[64]. Como vimos acima, ambos estados podem ser gerados pela exploração do não-saber.

Aqui, examinamos a maneira pela qual dois modos associados de intencionalidade foram explorados no trabalho de Brook após 1974. Intenção e intensão se entrelaçaram profundamente nesse período e, como resultado, além de envolver a ingenuidade e o estado de não-saber, tal inter-relação determinou processos relacionados com a criação de seres ficcionais. Além disso, a relevância de tais modos de intencionalidade foi enfatizada neste estudo, uma vez que propiciaram a emergência do movimento entre pessoal e impessoal na atuação, aspecto central no trabalho do ator-contador de histórias de Brook[65].

DESTILANDO O INVISÍVEL

O estado de abertura e imediatez assim como o estado de conexão e reatividade representam dois aspectos significativos do trabalho desenvolvido pelo diretor inglês sobre a atuação, como foi dito na seção anterior. Além das implicações associadas aos modos de intencionalidade já examinados, a inter-relação entre esses estados pode nos fazer perceber, por sua vez, a importância do invisível nesse caso. Desde os anos 60, Brook e seus atores experimentaram processos de atuação para materializar o invisível em cena.

Todas as religiões afirmam que o invisível é visível todo o tempo. E aqui está o problema. O ensinamento religioso – incluindo o Zen – afirma que o visível-invisível não pode ser visto automaticamente – ele pode ser visto somente sob certas condições. Essas condições podem envolver certos estados ou graus de entendimento. Em qualquer caso, a compreensão da visibilidade do invisível requer um trabalho

---

64 Peter Brook: Transparency and the Invisible Network, em A. Hodge, (org.), op. cit., p. 174.

65 Além da analogia com as doutrinas budistas e com as práticas desenvolvidas por Zeami, a relevância da intensão como modo de intencionalidade é reconhecida por estudiosos, tais como Daniel Dennett. Ele usa esse termo para se referir a complexos processos que ocorrem quando o ser humano lida com o que os lógicos chamam de opacidade referencial, ver *Kinds of Minds*, p. 19-55.

198 A CINÉTICA DO INVISÍVEL

que dura a vida toda. A arte sagrada é útil para isso e, assim, chegamos à definição de teatro sagrado. Um teatro sagrado não somente
apresenta o invisível, mas oferece também as condições que fazem
com que a sua percepção se torne possível[66].

Brook, se referindo ao teatro sagrado como "o Teatro do
Invisível-tornado-Visível"[67], reconheceu, como citado acima, o
fato de que ele "não somente apresenta o invisível, como também oferece as condições que fazem com que a sua percepção
se torne possível". Essa visão sobre o teatro sagrado é relevante
para o nosso estudo, sobretudo porque ela permeou as investigações práticas desenvolvidas por ele e seus atores ao longo dos
anos. De fato, se considerarmos a concepção brookiana de teatro sagrado surgida no final dos anos 60, o trabalho feito com
os *carpet shows* no início dos anos 70, e a abordagem sobre a
arte do contador de histórias desenvolvida desde a abertura do
CICT, veremos que a busca pelo invisível representou um fio
que liga essas diferentes experiências. No entanto, cabe ressaltar que o invisível almejado por eles a partir dos anos 70 não
tinha como referência somente o teatro sagrado. Desde então,
a busca envolveria uma relação dinâmica entre os teatros sagrado, imediato e rústico. Em outras palavras, após a abertura
do CICT, Brook e seus atores entrelaçaram de maneira consistente as categorias que o diretor inglês havia descrito em seu
primeiro livro, *The Empty Space* (O Teatro e seu Espaço), e a
busca pelo invisível teve um papel marcante nesse processo.

Mais tarde, em *The Open Door* (A Porta Aberta), o teatro
sagrado é descrito como o catalisador de uma zona invisível
que contém poderosas fontes de energia[68]; o teatro rústico, ou
popular, é referido como a celebração de todos os meios expressivos disponíveis[69]; e o teatro imediato é visto como um modo
de produzir um teatro que focaliza o "aqui-e-agora" e possibilita ao mesmo tempo a articulação entre o teatro sagrado e o
rústico em diferentes níveis, de acordo com as necessidades de
cada espetáculo[70]. Sendo assim, quase trinta anos mais tarde,

66 P. Brook, Tell me Lies in America, op. cit., p. 63.
67 Idem, p. 47.
68 *The Open Door*, p. 70.
69 Idem, p. 72-73.
70 Idem, p. 73-74.

REDE DE TENSÕES

Brook não modificou sua visão a respeito dessas categorias. De qualquer maneira, como já mencionado, foi a partir da abertura do CIRT que tais categorias seriam mais concretamente articuladas, em termos práticos. Ao desenvolver uma abordagem específica sobre a arte de contar histórias, Brook e seus atores tentaram produzir um teatro imediato. Dado que essa categoria envolve a articulação entre o teatro sagrado e o teatro rústico, o invisível associado ao primeiro se tornaria progressivamente uma camada expressiva presente nos espetáculos criados a partir de 1974. A fim de esclarecer como esse processo aconteceu em termos de atuação, examinemos antes de mais nada seu ponto de partida, ou seja, a busca pelas condições que permitem a emergência do invisível conduzida por eles.

No tocante a esse problema, devemos considerar a função desempenhada pelo treinamento como *poiesis* no trabalho de Brook. Através da inter-relação entre forma flutuante e os modos de improvisação já analisados, o treinamento pôde se constituir de maneira mais consistente como percurso exploratório através do qual o ator trabalha com diferentes materiais, sem cair em armadilhas produzidas a partir de conceitos e ideias definidas *a priori*. Isso possibilitou o estabelecimento de articulações subjetivas em muitos níveis, e foi através desse processo que o invisível na atuação teve condições de emergir. Em outras palavras, ao criar as condições para que o ator pudesse explorar articulações subjetivas em muitos níveis, o treinamento como *poiesis* abriu espaço para a emergência do invisível na atuação.

O invisível, com relação ao trabalho do ator, é geralmente examinado do ponto de vista da recepção, ou seja, do espectador. Nesta seção, tentaremos refletir sobre ele em termos de produção, focalizando o *modus operandi* do ator. Portanto, o invisível aqui está associado com os processos experienciados pelo ator, os quais muitas vezes não são reduzíveis a signos; ele está associado, assim, com os "impulsos internos e energias que precedem a constituição de ideias e a expressão verbal"[71]. O invisível aqui está associado com o não-representável.

Como vimos, os estágios relacionados à produção da fluidez na atuação contribuíram para a produção de processos

---

71 D. Williams, "Remembering the Others that Are Us"..., em P. Pavis (org.), op. cit., p. 71.

200 A CINÉTICA DO INVISÍVEL

psicofísicos no ator-contador de histórias de Brook e tais processos envolveram, por sua vez, diferentes modos de intencionalidade. Uma vez examinados tais processos cabe agora destacar que um desses modos de intencionalidade – intensão – contribuiu significativamente para a produção do não-representável na atuação. A exploração de intensões, como vimos, permite ao ator interromper seu processo perceptivo, fazendo com que ele não conceitualize *a priori* durante o trabalho com os seus materiais. Assim, as potencialidades expressivas dos materiais podem ser ampliadas, mas o importante é ressaltar que esse processo possibilita a emergência do não-representável, que, por sua vez, não remete a ocorrências sem significado. Ao contrário, o não-representável faz emergir significados que podem ser produzidos em diferentes níveis, e sua exploração nos faz perceber um nível em que as ocorrências expressivas produzidas pelo ator não podem muitas vezes ser traduzidas e explicadas através de palavras.

A exploração de intensões contribui para a produção do não representável na atuação e isso é claramente perceptível nas formulações a respeito da subpartitura. A noção de subpartitura provém de partitura. De acordo com Pavis, podemos reconhecer a função exercida pela partitura no trabalho desenvolvido por muitos criadores do teatro, de Stanislávski a Bob Wilson[72]. Apesar das implicações associadas a cada caso, partituras envolvem os modos pelos quais o ator executa suas ações vocais e corporais. Pavis descreve dois tipos de partitura: a partitura preparatória e a partitura terminal. Enquanto a primeira "é constituída ao longo dos ensaios por uma sequência de escolhas que se concretizam dentro de uma trama em perpétua evolução", a segunda "é a do espetáculo 'concluído', ou pelo menos tal como é apresentado ao público"[73]. Pavis observa que a análise do trabalho do ator desenvolvida somente a partir do ponto de vista da partitura não é suficiente; para desenvolver tal análise, é necessário considerar o papel exercido pelas subpartituras, ou seja, é preciso se interessar "pelo que está escondido sob a partitura, mas também pelo que a precede, a sustenta, até mesmo a constitui como suporte

---

72 Ver P. Pavis, Una nozione piena d'avvenire: la sottopartitura, em M. De Marinis (org.), *Drammaturgia dell'attore*, p. 63-81.

73 P. Pavis, *A Análise dos Espetáculos*, p. 89-90.

REDE DE TENSÕES 201

e parte imersa do *iceberg*, cujo cume visível é apenas a superfície congelada e congelante do ator"[74]. A subpartitura "se situa *sob* a partitura visível e concreta do ator"[75]. Como resultado, ela envolve o trabalho com as intensões e o não-representável, com o invisível: "[a subpartitura] não está visível, perceptível, assimilável a um signo realizável concretamente. Ela é a ideia por trás da ação, o fundamento da partitura, o ramal de associações ou de imagens, o corpo invisível da ação"[76].

Ao experienciar os estágios de produção da fluidez, o ator-contador de histórias de Brook explorou diferentes modos de intencionalidade. E ao fazê-lo, ele criou subpartituras. De qualquer forma, é importante enfatizar aqui a particularidade da exploração de um desses modos, ou seja, da intensão. De fato, como mencionado acima, tal exploração representa um aspecto central na criação de subpartituras, uma vez que é através desse processo que esquemas de natureza cinestética e emocional podem emergir, gerando assim um nível de significado que é baseado no corpo e em seus estados físicos, como descrito por Johnson.

Na mente incorporada (*embodied mind*), a razão abstrata não está separada do sistema sensório-motor; mas é construída a partir dele. A experiência sensório-motora é esquematizada – como em esquemas visuais (por exemplo, recipientes, percursos, contato, equilíbrio, centralidade) e esquemas motores (agarrar, empurrar, puxar, mover) – que têm "lógicas" que são consequências constantes da percepção e ação. Nossos conceitos mais abstratos são desenvolvidos através de extensões metafóricas dessas estruturas sensório-motoras básicas, e nossa razão abstrata envolve inferências que são basicamente a projeção de estruturas de preservação de inferências sensório-motoras[77].

A exploração de intensões, ativando estruturas sensório-motoras, gera diferentes níveis de significado, e esse processo, por sua vez, exerce um papel central na produção de subpartituras pelo ator. Daí, é possível perceber implicações relacionadas com a observação feita por Brook nos anos 90, de acordo

---

74 Idem, p. 89.
75 Idem, p. 90.
76 Idem, ibidem.
77 M. L. Johnson, Embodied Reason, em G. Weiss; H. F. Haber (orgs.), *Perspectives on Embodiment*, p. 85.

202 A CINÉTICA DO INVISÍVEL

com a qual o teatro representa "uma máquina usada para subir e descer diferentes níveis de significado"[78]. A correlação entre intenção e intensão pode levar o ator a produzir diferentes níveis de significado, mas a função específica exercida pela intensão merece uma atenção especial, uma vez que é através de sua exploração que um fato relevante pode ocorrer: o ator pode produzir significados não planejados com antecedência; significados imprevisíveis, que não podem ser explicados verbalmente. Além de ampliar as potencialidades expressivas dos materiais de atuação, esse processo permite ao ator ir além da linearidade da narrativa. Como descrito por Oida, a exploração de intensões pode produzir momentos de polissemia em que a trama é temporariamente suspensa[79]. No teatro de Brook, os atores-contadores de histórias são "produtores, mais do que simples transmissores de significação"[80].

A produção de subpartituras representa um fator central no trabalho de Brook sobre a atuação, uma vez que, como colocado por Pavis, elas são o corpo invisível das ações desempenhadas pelo ator. Assim, a busca pelo invisível em termos de atuação não pode ser dissociada da produção de subpartituras. Tendo referido sobre o papel exercido pelas intensões, cabe reconhecer a presença marcante de outro aspecto envolvido nesse processo: a intuição.

---

78 *The Open Door*, p. 104.
79 Ver Y. Oida; L. Marshall, op. cit., p. 65.
80 D. Williams, "Remembering the Others that Are Us"…, em P. Pavis (org.), op. cit., p. 73. Cabe enfatizar que a produção de intensões feita pelo ator-contador de histórias de Brook é consequência da exploração do vazio. De fato, é através de tal exploração que ele pode experienciar a emergência de intensões. Nesse sentido, apesar das implicações específicas associadas ao modo pelo qual Deleuze e Guattari leram o conceito artaudiano de corpo-sem-órgãos, a elaboração desenvolvida por eles nesse caso pode ser relacionada com os processos examinados aqui. Deleuze e Guattari, refletindo sobre o corpo sem órgãos, fizeram referência a "corpos vazios, ao invés de preenchidos", ver G. Deleuze; F. Guattari, *A Thousand Plateaus*, p. 150. Eles reconheceram a função exercida pelas "intensidades" atuantes nesse corpo; ver idem, p. 149-166. Além da função desempenhada pelo vazio em ambos os casos, a noção de intensidade descrita por Deleuze e Guattari e o modo como intensões são experienciadas pelo ator-contador de histórias em Brook envolvem a produção de "campos de imanência", ver idem, p. 156-157. Portanto, a convergência entre a percepção de corpo-sem-órgãos em Deleuze e Guattari e certos aspectos associados ao trabalho de Brook sobre a atuação pode ser reconhecida aqui.

REDE DE TENSÕES 203

Ao comentar sobre os processos de ensaio de seus espetáculos, Brook colocou:

> Quando começo a trabalhar com um novo texto, eu inicio com uma profunda intuição disforme que é como um aroma, uma cor, uma sombra. Essa é a base de meu trabalho, minha função – essa é a minha preparação para os ensaios de qualquer espetáculo que faço [...]. Eu trabalho a partir daquele sentimento amorfo, e desse ponto começo minha preparação [...]. Os ensaios devem criar uma atmosfera para que os atores fiquem à vontade para produzir qualquer coisa que eles possam vir a trazer para o espetáculo[81].

Além das conotações relacionadas com tal intuição disforme, também o fato que seus atores deveriam "ficar à vontade para produzir qualquer coisa que pudessem vir a trazer para o espetáculo" nos faz perceber a função exercida pela intuição. Em relação ao trabalho de Brook desenvolvido após a abertura do CICT, seu ator-contador de histórias teve que lidar com processos complexos e delicados. Como vimos, um dos parâmetros que o auxiliaram a selecionar e remontar seus materiais de atuação foi uma qualidade de ressonância que emerge quando processos psicofísicos são produzidos. Nesse caso, uma conexão entre as dimensões interior e exterior gerou efeitos cinestéticos e emocionais no ator. No entanto, não podemos esquecer que esse processo pode ser permeado por ambiguidades e é exatamente em função da existência de tal possibilidade que o papel exercido pela intuição pode ser claramente percebido.

A intuição foi amplamente explorada nos *workshops* com Oida e Sudana. Nessas ocasiões, ao trabalhar com diferentes materiais, em determinados momentos uma compreensão inesperada surgia e, em outros, decisões foram tomadas sem nenhuma base de justificação. Cabe acrescentar que ambos, Oida e Sudana, me estimulavam a lidar com tais momentos. Para eles, tais momentos representam fissuras que devem ser aprofundadas pelo ator. Tendo vivenciado tais experiências, pude perceber dois tipos diferentes de intuição operacional na atuação do ator: intuição como *insight* ou "apreensão imediata"; e intuição como um processo que envolve decisões que não são

81 P. Brook, *Conversations with Peter Brook*, p. 3.

204 A CINÉTICA DO INVISÍVEL

o resultado de conclusões ou explicações racionais. Em termos práticos, esses tipos de intuição geram diferentes implicações. Apesar do fato de ambos serem processos muitas vezes não justificáveis intelectualmente, a intuição enquanto *insight* ou apreensão imediata envolve um grau considerável de certeza, ao passo que a intuição vista como processo pode ocorrer de maneira aparentemente caótica inicialmente e organizar-se aos poucos, envolvendo desse modo não certezas mas uma espécie de sensação de que se está indo na direção certa.

É preciso frisar que os dois tipos de intuição foram profundamente explorados por Brook e seus atores do grupo internacional. De fato, esses tipos contribuíram de maneira significativa para a produção da fluidez na atuação. Em tais estágios, decisões tomadas pelos atores-contadores de história de Brook envolveram complexas articulações subjetivas. Segundo Melrose, a intuição não é gerada pelo acaso: "ela está menos relacionada com a inferência que com a empatia e projeção" e representa um modelo específico de inteligibilidade experienciada pelas pessoas de teatro[82]. Sendo assim, a intuição "pode ser caracterizada como sendo potencialmente multidimensional"; ela pretende "fazer com que as fronteiras se diluam"[83]. Se considerarmos os processos já examinados aqui[84], podemos dizer que os aspectos apontados por Melrose relativos à intuição foram significativamente explorados pelos membros do CICT. Portanto, a intuição, associada à intensão, representa uma componente imprescindível da "lógica da prática" que permeou o trabalho desenvolvido pelo ator-contador de histórias de Brook[85].

82 Ver S. Melrose, Intuition, *Performance Research*, n. 3, p. 77.
83 Ver S. Melrose, The Vanishing or Little Erasures without Significance?, *Performance Research*, n. 2, p. 76.
84 Ver "Da Fluidez ao Momento Presente: Um Modelo Gerativo", "Entre o Pessoal e o Impessoal: Não-Ação, Vazio, Não-Eu" e "Intenção e Intensão: Perseguindo o Não-Saber".
85 Os aspectos relacionados com a intuição – que é operacional em contextos dos espetáculos, como os apontados por Melrose – podem ser associados de certa maneira às concepções de Henri Bergson sobre o tema. De fato, para ele, como em Melsrose, a intuição está intrinsecamente ligada à inteligência; nesse sentido, a intuição, é entendida por ambos como um modelo de inteligibilidade. De acordo com o filósofo francês, a intuição complementa o intelecto e ambos são vistos como protagonistas de um método de produção de conhecimento. Ver H. Bergson, *An introduction to Metaphysics*; e *Matter and Memory*.

REDE DE TENSÕES   205

Do ponto de vista da atuação, o invisível perseguido pelos membros do grupo dirigido por Brook envolveu a produção de subpartituras, o que, por sua vez, abriu espaço para a exploração de intensões e da intuição. O próprio diretor reconheceu que o invisível "pode ser apreendido de muitas maneiras e em vários momentos através de nossas intuições"[86]. Já sob o prisma da recepção, as subpartituras contribuíram igualmente de forma relevante para a produção do invisível. Pavis afirma, em sintonia com Oida, que a subpartitura "pode se manifestar apenas através do espírito e do corpo do espectador"[87]. Consequentemente, a criação de subpartituras por parte do ator-contador de histórias de Brook confirma a relação entre os dois processos constitutivos do modelo concebido aqui. Como já examinamos, o momento presente no teatro de Brook emerge da relação direta com o espectador e tal processo é resultante, por sua vez, da produção da fluidez na atuação. Em sintonia com a concepção de subpartitura elaborada por Pavis, o corpo invisível da ação criada durante os ensaios pelo ator-contador de histórias gera, em contato com o público, um outro nível de invisibilidade.

Esse nível de invisibilidade, que é produzido em contato direto com o público, foi associado neste estudo ao processo de emergência do momento presente. Além dos aspectos já referidos envolvidos em tal processo outros serão mencionados a seguir.

No *workshop* com Yoshi Oida, assim como em *O Ator Invisível*, ele se refere ao conceito de *hana* e à relação entre *tai* e *yu*. Aplicados na prática da atuação por Zeami[88], esses conceitos dizem respeito ao invisível produzido pelo ator em contato direto com o público. *Hana*, que significa "flor", é descrito por Zeami como um elemento central do trabalho desenvolvido no Teatro Nô. Ele envolve *tai*, que seria a estrutura fundamental da flor, e *yu*, seu perfume[89]. Ao produzir *hana*, o ator Nô abre

---

86 *The Open Door*, p. 104.
87 *A Análise dos Espetáculos*, p. 92; ver também Y. Oida; L. Marshall, op. cit.
88 Ver *Kadensho*.
89 Ver Y. Oida; L. Marshall, op. cit., p. 72. Zeami descreve, além disso, a diferença entre *hana* e *shin-no-hana*. Enquanto *hana* pode ser temporariamente produzida por atores inexperientes, *shin-no-hana*, que significa literalmente "a verdadeira flor", é adquirida através de um treino severo e pode durar até o fim da vida do ator. Ver Zeami, op. cit., p 68-81, 100.

206 A CINÉTICA DO INVISÍVEL

caminho para a emergência do *yugen* que é referido por Zeami como a manifestação de uma beleza artisticamente muito refinada; ela envolve a exploração do vazio e está diretamente relacionada ao não-representável na atuação. Como vimos na seção precedente, Oida menciona esse processo quando descreve a maneira pela qual ele atuou a morte de Drona em *O Mahabharata*:

> Eu simplesmente respeitei a situação, e então me concentrei sobre a música. E essa concentração criou, por sua vez, uma espécie de vazio interior. Nesse vazio, o público pôde projetar sua própria imaginação. Eles puderam inventar muitas histórias a respeito do que eu estava sentindo[90].

Se anteriormente utilizamos esta passagem para refletir sobre a exploração de intensões pelo ator-contador de histórias de Brook, aqui ela nos auxilia a perceber como esse processo contribuiu para a emergência do invisível na atuação, não somente do ponto de vista da produção, mas também a partir do contato direto com o público. Uma vez mais podemos ver que o papel exercido pela intuição é significativo. O ator-contador de histórias de Brook deve "sentir" o público, ele deve perceber as sutilezas que determinam a atmosfera dinâmica de cada espetáculo[91]. O invisível aqui permeia os processos de produção e de recepção, processos esses absolutamente instáveis. No teatro de Brook, o invisível funciona como uma conexão ao mesmo tempo potente e escorregadia entre seu ator-contador de histórias e o espectador.

Rede de Tensões

O trabalho desenvolvido pelo ator-contador de histórias no teatro de Brook envolve processos simultâneos e sobrepostos. Como vimos, a tensão entre o pessoal e o impessoal levou à exploração de diversos modos de intencionalidade, que produ-

90 Y. Oida; L. Marshall, op. cit., p. 65.
91 P. Brook apud J. Kalman, Any Event Stems from Combustion, *New Theatre Quarterly*, n. 30.

ziu, por sua vez, vários tipos de seres ficcionais. Nesse ponto, caberia a pergunta: poderíamos considerar a articulação entre esses processos como constitutivos de uma abordagem específica sobre a atuação? Apesar do fato de Brook sempre ter negado tal possibilidade, a articulação apontada aqui nos permite uma resposta: uma abordagem específica sobre a atuação, gradualmente colocada em prática por ele e seus atores desde os anos 60, e aprofundada a partir dos anos 70, pode ser de fato reconhecida, e o modelo concebido neste estudo, assim como as implicações examinadas no terceiro capítulo, representam evidências que sustentam nosso argumento. De qualquer maneira, o fato da abordagem sobre a atuação reconhecida aqui ser considerada específica não significa que ela seja uma abordagem rígida ou estática. Eis porque o modelo concebido neste ensaio teve o nome de "modelo gerativo". O termo gerativo, em sintonia com as implicações apontadas por Bourdieu sobre a lógica da prática, se refere ao fato que seus estágios e elementos constitutivos podem ser articulados de diferentes modos por cada ator-contador de histórias. No entanto, essa flexibilidade não cancela a ligação entre tais estágios e elementos e, portanto, podemos considerá-los constitutivos de uma abordagem específica sobre a atuação. Dada a centralidade da tensão entre o pessoal e o impessoal, poderia ela ser vista como a abordagem de Brook sobre a atuação impessoal?

Mais do que buscar respostas definitivas para essa questão, é necessário perceber a relevância do longo trabalho desenvolvido pelo diretor inglês no teatro. Além de ressonâncias palpáveis relacionadas com a psicanálise, com a relatividade de Einstein, e com a *new physics*, vários pontos de contato podem ser reconhecidos entre as práticas desenvolvidas por Brook e seus atores, e aspectos associados ao pensamento contemporâneo. Como já apontado, analogias podem ser feitas entre a concepção de acontecimento em Gilles Deleuze, Alain Badiou, e Jean-François Lyotard, e a visão de Brook à respeito do evento teatral. Além disso, a desintegração da experiência humana examinada, por exemplo, por Zygmunt Bauman e Paul Virilio[92], pode igualmente ser vista como um aspecto

---

92 Nos escritos de Bauman e Virilio, a desintegração da experiência humana é entendida como um processo crescente em curso no mundo contemporâneo.

significativo que os membros do CICT procuraram introduzir em seus espetáculos. De fato, através da produção da fluidez assim como da emergência do momento presente, o tempo e o espaço podem dilatar, e ao dilatar o tempo e o espaço em contato direto com o público, o ator-contador de histórias de Brook abre a possibilidade de estabelecimento de experiências compartilhadas[93]. Portanto, o trabalho desenvolvido pelo ator-contador de histórias, nesse caso, constitui um ato de resistência contra o processo de desintegração mencionado acima e o invisível cumpre um papel central nesse processo.

O ator-contador de histórias de Brook tem como objetivo transformar o ordinário em algo único, mas isso não implica em uma demonstração de virtuosismo. Ser único nesse caso significa explorar, por exemplo, uma variação rítmica para aprofundar a qualidade de contato com o público, significa produzir impulsos que geram "campos de energia"[94]. No teatro de Brook, "a atuação começa com um pequeno movimento interno, tão sutil que é quase completamente invisível"[95], e atinge uma qualidade em que o momento presente emerge, produzindo, dessa maneira, um outro nível de invisibilidade. Ao experienciar a trajetória que tem início na construção do treinamento como *poiesis* e se desenvolve a fim de produzir momentos presentes, o seu ator-contador de histórias nos faz perceber que o ser humano, em todos os seus aspectos, representa um terreno que necessita ser constantemente explorado. Dessa forma, ele materializa qualidades expressivas que muitas vezes não são vistas, mas percebidas. O seu ator-contador de histórias revela, assim, a cinética do invisível.

Nesse sentido, enquanto Bauman analisa implicações associadas com a "modernidade líquida", Virilio focaliza aspectos relacionados com a compressão espaço-temporal. Ver, por exemplo, Z. Bauman, *Liquid Modernity*; *Liquid Life*; P. Virilio, *Esthétique de la disparition*; e S. Redhead, *The Paul Virilio Reader*.

93 Pode ser reconhecida aqui a convergência entre o ator-contador de histórias de Brook e elaborações a respeito desse tema feitas por Walter Benjamin. No escrito sobre Nikolaj Leskov, Benjamin se refere à sua capacidade, enquanto contador de histórias, de trocar experiências. Analogamente à abordagem de Brook, para Benjamin histórias não devem ser explicadas, mas incorporadas pelo contador de histórias. Ver W. Benjamin, *Illuminations*, p. 83-110.

94 P. Brook, *The Open Door*, p. 70.

95 Tell me Lies in America, op. cit., p. 122.

Apêndice

Esta seção é dedicada à transcrição das experiências práticas e entrevistas. Assim, os diálogos com Yoshi Oida e Tapa Sudana serão reportados à parte dos *workshops* liderados por eles, ao passo que os dados relacionados com as sessões de trabalho-encontros-entrevistas com Sotigui Kouyaté aparecerão no mesmo texto.

Todas as experiências relatadas aqui contribuíram significativamente para o desenvolvimento de minha pesquisa sobre os processos de atuação no teatro de Peter Brook, uma vez que, através delas, pude perceber novas implicações associadas às práticas experimentadas durante os ensaios de vários espetáculos dirigidos pelo diretor inglês. Além disso, tais experiências demonstraram, a meu ver, o nível de entrelaçamento e de fusão que pode se dar entre o teatro e a vida. Para Yoshi Oida, Tapa Sudana e Sotigui Kouyaté, apesar das diferenças existentes entre eles em termos de formação teatral, ser ator representa muito mais do que simplesmente uma atividade profissional. Longe do *glamour* estereotipado e mercantilista que impregna muitas vezes a profissão, eles elevam o ofício do ator a uma condição existencial específica, que permeia todos os aspectos de suas próprias vidas. Nesse sentido, como

210 A CINÉTICA DO INVISÍVEL

mencionado por Georges Banu em um encontro no Café Le Boucheron em Paris, Oida, Sudana e Kouyaté são "mais-que--atores".

ENTREVISTAS

Yoshi Oida – Paris, 2003

Nascido no Japão em 1933, Yoshi Oida estudou formas teatrais clássicas de seu país (Nô, Kyogen, Kabuki e Bunraku). Em 1968, passou a fazer parte do grupo internacional criado por Peter Brook com o apoio do Théâtre des Nations, trabalhando assim em Paris, e depois em Londres num projeto experimental baseado em *A Tempestade* de Shakespeare. Desde então, Oida participou de vários espetáculos dirigidos pelo diretor inglês, tais como *Os Iks* (1975), *Ubu no Bouffes* (1977), *Conferência dos Pássaros* (1979), *O Mahabharata* (1985), *A Tempestade* (1990), *O Homem Que* (1993), *Quem Vem Lá?* (1995), *A Tragédia de Hamlet* (2000) e *Tierno Bokar* (2004). Além disso, Oida dirigiu vários espetáculos, como *Interrogações* (1979), *Madame de Sade* (1996) e *As Criadas* (2001); e óperas, como *Nightingale* (2000), *Nabucco* (2006) e *Il Mondo della Luna* (2007). É co-autor, de dois livros: *Um Ator Errante* (1992) e *O Ator Invisível* (1997).

M.B.: Em seu livro, *The Invisible Actor* (O Ator Invisível), escrito em parceria com Lorna Marshall você descreve muitas práticas e exercícios. Nesse sentido, qual é o papel exercido por alguns termos tais como *yugen* ou *wabi* dentro de sua concepção de invisibilidade na atuação?

Y.O.: Esses conceitos são importantes. De fato, Zeami se referiu a eles em seus escritos. Mas eu não penso sobre eles quando trabalho. Esses conceitos estão profundamente assimilados na cultura japonesa, mas eu não posso ter como objetivo a sua aplicação em meu trabalho prático. Se o ator atua conceitos, ele deixará de explorar os materiais com os quais ele está trabalhando. Em meu livro precedente, *An Actor Adrift* (O Ator Errante), eu mencionei duas palavras, *ken* e *kan*. Me referi a elas porque queria falar sobre o mundo invisível. *Ken* significa olhar para fora, e *kan* significa olhar para a vida interior. Há artistas, pintores por exemplo, que ao pintar fazem com que você veja somente as cores, mas há outros artistas através dos quais você pode ver um mundo invisível.

M.B.: Você mencionou o fato de que se um ator atua conceitos ele não será capaz de explorar os materiais com os quais está trabalhando. Nesse sentido, você poderia dizer qual é a sua visão sobre a relação entre o ator e o material, e como o invisível pode ser produzido a partir dessa relação?

Y.O.: Isso depende do material com o qual está trabalhando. Quando trabalha com um material você deve perceber muitas coisas. Se o ator vê o material como algo que pode ser manipulado, ele não explorará o que o material pode oferecer-lhe. O ator precisa aprender coisas a partir de sua relação com o material. Esse processo é delicado, mas há parâmetros que podem ajudá-lo a perceber como esse processo está sendo desenvolvido. Por exemplo, se o processo se torna muito confortável, você deve buscar desafios e inserir novos elementos que podem produzir novos estímulos.

M.B.: Nesse caso, o que você entende por "confortável"?

Y.O.: Confortável significa um estado que o ator pode experienciar, ele emerge quando o ator sente que está fazendo algo que se tornou fácil. Isso pode ser muito perigoso, porque dessa forma ele interromperá a exploração do material, e é a partir daí que o ator começa a perder tudo. No trabalho com Brook, ele sempre estimulou o ator a ir além do que lhe é familiar. É importante perceber que o material pode fazer você descobrir coisas.

M.B.: Quando um ator explora um material, ele precisa estar atento para ver se não está atuando como se já conhecesse tal material. É isso que você quer dizer?

Y.O.: Sim.

M.B.: Ok, mas e se o ator atinge um ponto em que ele sente que o material não está lhe oferecendo mais nada?

Y.O.: O processo pode acontecer de diferentes maneiras. É necessário ver se o ator está sentindo o que você mencionou

212 A CINÉTICA DO INVISÍVEL

porque ele está lidando com algo que necessita de um aprendizado, de uma competência, ou não. Quero dizer, o ator está sentindo isso porque o material não lhe oferece mais nada, ou porque ele não está disposto a mudar, a aprender a partir da relação com o material?

M.B.: Quando o ator explora um material, e o desenvolve, é possível que a um certo momento ele precise jogar fora parte do material que criou?

Y.O.: Sim, e isso pode ser percebido quando o ator trabalha sozinho, em contato com o diretor, ou com o público também. Quando você trabalha, é fundamental perceber o que deve ser mantido e o que deve ser descartado. De qualquer forma, muitas vezes, ao invés de descartar, é necessário adaptar, ou seja, continuar o processo de desenvolvimento, a cada vez que você atua. Em minha relação com Brook, mesmo quando ele está em silêncio, eu posso perceber o que está funcionando e o que não está, ou se estou me repetindo mecanicamente. Assim, você deve procurar outros estímulos, para que sejam desenvolvidos...

M.B.: Como você sabe se deve manter ou descartar algo que você criou?

Y.O.: Como disse, em minha relação com Brook pude reconhecer esse processo, mas o ator deve perceber isso sem precisar de um diretor. Você deve perceber quando algo ressoa em você, e quando o que faz não está funcionando.

M.B.: E aqui podemos perceber também a presença do invisível, não é?

Y.O.: Sim, mas é somente uma parte do trabalho.

Tapa Sudana – Paris, 2004[1]

Tapa Sudana nasceu em Bali em 1945 e se formou na linguagem balinesa topeng, uma forma teatral em que máscara, dança e palavra são articuladas em muitos níveis pelo ator-contador de histórias. Sudana seguiu vários cursos junto à ASDRAFI,

---

1 A entrevista ocorreu durante o *workshop* ministrado por Sudana, o qual será descrito mais adiante.

APÊNDICE

escola de teatro e cinema localizada em Jakarta, Indonésia. Foi concedido a ele, então, seu nome profissional: I Gede Tapa Sudana. Na Indonésia, trabalhou com W. Rendra, Putu Wijaya e Sadormo Kusumo. Com esse último, Sudana criou, em 1974, o espetáculo *La Sorcière de Dirah* (A Feiticeira de Dirah), apresentado também na Europa. Entre 1974 e 1978, ele trabalhou com David Esrig em *Tabarin* (1975) e apresentou *Patra* (1976-1978), um projeto que explorou técnicas de atuação tradicionais balinesas. Em 1979, Sudana foi convidado por Brook a dar um *workshop* sobre máscaras balinesas. Desde então ele colaborou em vários espetáculos dirigidos pelo diretor inglês, tais como *Conferência dos Pássaros* (1979), *A Tragédia de Carmen* (1981), *O Mahabharata* (1985) e *A Tempestade* (1990).

M.B.: Em seu *workshop*, além de práticas ligadas ao teatro balinês, você trabalha com outras emprestadas de diferentes culturas, tais como o *kodô* japonês, o *tai chi* chinês e canções étnicas. Você poderia falar sobre como desenvolveu sua abordagem a respeito do treinamento do ator?

T.S.: Minha abordagem sobre o treinamento do ator é o resultado de minha experiência como balinês, de minha experiência como um ator que nasceu em Bali, mas também é fruto de outras experiências, de minhas visitas a diferentes países e de minha estadia em Paris desde 1974. Sendo assim, vejo as práticas que exploro em meu trabalho como complementares.

M.B.: Você se refere a seu próprio trabalho como *Tri Buana*, que significa "Os Três Mundos". Como você criou tal concepção?

T.S.: Esses três mundos são os pensamentos, as emoções e o corpo. Eles estão inter-relacionados em meu trabalho prático; não podem ser separados, porque um atua sobre o outro. Em Bali o ator não pensa nesses termos, porque você aprende a atuar a partir de um processo de imitação. Mas os três mundos são desenvolvidos durante a aprendizagem do ator balinês. O fato é que o ator aqui na Europa fala e reflete sobre esses processos. Em Bali é diferente, o ator não pensa sobre isso. Mas minha experiência em Bali foi preciosa, porque pude cultivar a conexão entre os três mundos mencionados, desde o início de meu aprendizado. De qualquer maneira, quando deixei Bali pude experienciar outros processos, pude trabalhar com diferentes atores e diretores que me enriqueceram muito.

MB: Como foi a experiência com Peter Brook?

T.S.: Aprendi muito com Brook. Não somente a partir da relação com ele, como também através da relação com atores de diferentes culturas. Em todos os espetáculos de Brook que tomei parte, o processo de ensaio era desenvolvido lentamente. Tínhamos tempo para entrar em contato uns com os outros, para descobrir como estabelecer esse contato. Inicialmente, foi difícil lidar com tais diferenças. Durante os ensaios de *A Conferência dos Pássaros*, por exemplo, foi difícil ver atores europeus utilizando as máscaras balinesas como brinquedos. Mais tarde aprendi a lidar com isso e descobri então o quanto poderia ao mesmo tempo aprender com eles, não somente com os europeus, mas também com os africanos, os americanos etc... Aprendi muito com Brook também. Com o modo que ele explora diferentes práticas...

M.B.: Ele combinava práticas provenientes de diferentes culturas durante os ensaios?

T.S.: Sim, mas ao mesmo tempo cada ator adaptava a prática. Cada ator tem um modo de aprender.

M.B.: Você e os outros atores durante os ensaios de Brook trabalharam com os movimentos transmitidos por Gurdjieff?

T.S.: Creio que não. Fizemos algumas vezes um exercício em que deveríamos interromper nossas ações repentinamente. Mais tarde me disseram que esse exercício havia sido praticado por Gurdjieff, mas Brook não nos disse nada em relação a isso.

M.B.: O que a seu ver é importante para o ator no processo de exploração de um material?

T.S.: O ator precisa em primeiro lugar ter prazer com essa exploração. Não pode ser algo que se deve fazer porque é uma tarefa, mas porque é necessário e, portanto, não é para ser visto como um problema. Mas ao mesmo tempo, quando você sente que tudo se tornou muito simples, esse

APÊNDICE

é o momento em que você deve buscar algo diferente, e Brook me estimulou muitas vezes a fazê-lo.

M.B.: Como você sabe se deve manter ou descartar algo que criou?

T.S.: Quanto mais você desenvolve as suas ações, mais você pode ver o que está funcionando. Mas esse não é um processo que vem do nada, não é algo que acontece somente dentro de você. Você precisa estar conectado, o tempo todo com algo, um bastão, um objeto, com seu parceiro de cena, com a história. Você não pode esquecer a história. Brook disse isso algumas vezes durante os ensaios: "vamos ajudar a história". Então, você deve também perceber se o que está fazendo está contribuindo para o desenvolvimento da história.

M.B.: Como você trabalha com as personagens?

T.S.: Cada personagem requer um processo específico. De qualquer forma, a personagem não existe por si só. Ela é parte de uma história, e o ator deve servir a história. A personagem existirá a partir da relação com as outras personagens e todas revelarão a riqueza da história. É necessário ter prazer com o que está fazendo durante os ensaios e em cena, mas você deve estar atento. Se você pensa que já sabe tudo a respeito da sua personagem, por exemplo, você correrá o risco de reproduzir algo que não está mais vivo. Brook costumava nos lembrar desse risco durante os ensaios. O trabalho do ator é uma busca que não termina, e ele precisa ir além de seu ponto de vista pessoal. A personagem não é você.

WORKSHOPS E EXPERIÊNCIAS PRÁTICAS

Workshop *com Yoshi Oida:*
Roma (1991) e São Paulo (1999)

A descrição reportada aqui envolverá dois *workshops* feitos com Oida, em Roma e em São Paulo.

As sessões de trabalho iniciaram geralmente com a inter-relação entre respiração e movimentos da coluna. Oida explicou que a coluna precisa ser bem flexível, uma vez que é através dela que os estímulos são enviados para todo o corpo. Nós (eu e os outros atores) exploramos, então, posições básicas dos pés (unidos; paralelos-largura dos ombros; distância maior que os ombros; um pé à frente). Deveríamos perceber aqui como cada posição dos pés afeta as outras partes do corpo. Após esse trabalho inicial, praticamos um exercício que envolvia a visualização de três fios imaginários: um conectado com o topo da cabeça, e os outros dois conectados com os pulsos. Esses fios poderiam nos puxar em direção ao céu, até que ficássemos suspensos com os braços levantados; e quando soltos, sentiríamos então a força de gravidade. O próximo exercício tinha como objetivo reforçar o *hara*, uma área do corpo situada a poucos centímetros abaixo do umbigo. No primeiro encontro, em ambas ocasiões mencionadas acima, Oida nos explicou que, na cultura japonesa, o *hara* não se refere somente a uma área do corpo, ela representa o centro do *self*, que o conecta ao universo. Massageamos o *hara* com a ponta dos quatro dedos (o dedão excluído) no sentido horário a fim de suavizá-lo. Caminhamos então pelo espaço sem perder a consciência dos elementos já trabalhados, ou seja, a posição dos pés, os fios imaginários e o *hara*.

Desse ponto em diante, diferentes exercícios foram feitos nos encontros que se seguiram. Além do "exercício do espelho" já referido neste ensaio, outros focalizaram a conexão entre a voz e o movimento. Nós caminhamos, por exemplo, cantando a palavra *soia*. Em outro exercício deveríamos conectar nossa voz perdendo ao mesmo tempo o equilíbrio. Nele, o som era produzido pelo movimento do corpo, por seu impulso. Em outro exercício, pronunciamos as letras "m", "i", e "a" conectando cada uma com uma parte específica do corpo: o "a" à parte de trás da cabeça; o "m" ao *hara*; e o "i" à terra. O objetivo dos exercícios era sensibilizar os atores, fazendo com que tivéssemos consciência da necessária conexão entre voz e corpo. Oida observou que em muitos casos a voz é gerada por automatismos psicológicos, e nesse sentido podemos reconhecer em muitos casos uma espécie de fissura entre voz e corpo. Frequentemente, atores exploram a própria voz sem uma conexão real com o corpo. Tal conexão precisa ser buscada pelo ator.

APÊNDICE　　　　　217

Após encontrar sua própria voz, o ator pode então, através da conexão com o próprio corpo, expandir suas possibilidades expressivas. Segundo Oida, esse aspecto é importante, uma vez que o problema mencionado é claramente perceptível em muitos atores em todo o mundo. Mesmo quando um ator consegue desenvolver uma voz potente, isso não quer dizer que ela está conectada ao seu corpo, aos seus impulsos mais sutis.

Antes de trabalhar com textos, Oida falou sobre a inter-relação entre *hana, tai* e *yu. Hana* significa flor, e diz respeito a uma qualidade de presença que é produzida pelo ator. De acordo com Zeami, há dois tipos de *hana*: o temporário, que é produzido quando o ator é jovem; e o *hana* real chamado de *shin-no-hana*, que revela a maturidade profissional do ator. *Hana* envolve por sua vez *tai*, que remete à estrutura fundamental da flor; e *yu*, seu perfume.

Trabalhamos, então, com diferentes tipos de textos, escritos em várias línguas. Após explorar Ésquilo em grego antigo, trabalhamos com poemas escoceses, e bashtahondo, uma língua inventada no início dos anos 70 pelos membros do CIRT. Oida pediu para que percebêssemos a qualidade de cada som, de cada língua. Enquanto fazíamos esse trabalho, Oida observou que alguns atores não exploram as potencialidades dos sons, mas reproduzem, sem perceber, códigos culturais, como a musicalidade de apresentadores de televisão etc... Explorar os sons das palavras implica escavar o feio, o estranho, o desconhecido; envolve a capacidade de sermos tocados pelo som que fazemos, assim como a capacidade de perceber a ressonância desse som em nosso corpo, e os efeitos produzidos por esse processo. Desse modo, deveríamos tentar ultrapassar nossos modelos culturais que determinam nossa musicalidade, a entonação das palavras. Podemos, nesse sentido, relacionar as observações de Oida com o que Roland Barthes chamou de "o grão da voz"[2].

Exploramos movimentos também em relação ao ritmo. A fim de nos fazer perceber a importância desse aspecto, Oida descreveu uma cena em que atuou em *O Homem Que* (1993). Nesse espetáculo, ele fez o papel de um paciente que havia perdido a ca-

2 *Image, Music, Text*, p. 179-189.

pacidade de perceber o lado esquerdo de seu rosto. Durante uma cena, aquela referida por Oida, os médicos de um hospital pedem para que a personagem feita por ele raspe a própria barba diante do espelho. Ele obedece. Mas uma vez que ele não tinha consciência da parte esquerda de seu rosto, ele raspou somente a parte direita de sua barba. A personagem estava absolutamente certa de ter raspado toda a barba. Ele estava ao mesmo tempo sendo filmado pelos médicos. Os médicos então pediram para que ele virasse o rosto em direção ao monitor onde a sua imagem estava projetada. No espelho, a parte esquerda de seu rosto aparecia à esquerda, e no monitor ela aparecia à sua direita. Desse modo, ele pôde ver que metade de seu rosto estava ainda coberta com o creme de barbear. Naquele momento a personagem de Oida reconhece seu problema, a existência de sua patologia. Após descrever a cena, Oida nos explicou o modo como percebeu o estado interno de sua personagem através do trabalho com o ritmo. Ele precisava olhar para o monitor e então olhar de volta para o espelho três vezes, para comparar as duas imagens de sua face. Oida, a cada mudança de direção, mudou o seu ritmo, construindo assim a conexão interna necessária para atuar. Após descrever a cena, começamos a trabalhar com o ritmo.

Executamos exercícios básicos de ritmos binários, ternários, e quaternários. Oida então se referiu ao princípio de *jo-ha-kyu* (início-desenvolvimento-conclusão). Ele explicou que esse princípio permeia não somente todos os aspectos da cultura japonesa, mas, como apontado por Zeami, é de fato transcultural, envolve todos os fenômenos naturais. Executando várias ações, Oida demonstrou a aplicação prática desse princípio. Cabe notar nesse caso que essas três fases, *jo*, *ha* e *kyu* podem ser progressivamente exploradas enquanto a ação se desenvolve. Como demonstrado pelo ator japonês, a ação de caminhar até uma cadeira e sentar-se, por exemplo, pode ser permeada pelo princípio em questão como um todo, mas se a repetirmos, tal princípio pode penetrar partes cada vez menores da ação. O modo como o ator caminha até a cadeira pode ser permeado por várias sequências de *jo-ha-kyu*, dependendo de como ele constrói o processo. Quanto mais o ator explorar esse princípio, começando de partes maiores para então fragmentá-las progressivamente, mais sua ação será detalhada, e como resultado ele poderá produzir um efeito de organicidade.

APÊNDICE 219

Oida esclareceu, no entanto, que esse princípio não pode ser dissociado do desenvolvimento de processos interiores. Em outras palavras, quando explorado corretamente, o *jo-ha-kyu* poderá gerar ressonâncias psicofísicas no ator.

Após trabalhar com esse princípio, começamos a explorar improvisações. Deveríamos improvisar utilizando objetos. No meu caso improvisei com uma cadeira. Após construir uma partitura de ações que envolveram diferentes níveis de relação com esse objeto, Oida pediu para que eu explorasse um fragmento extraído do texto de *Orghast*, que havia sido utilizado na produção dirigida por Brook no início dos anos 70. Eu deveria então conectar a sequência produzida com a cadeira com o trabalho desenvolvido com o fragmento de *Orghast*. Após construir a transição entre a sequência com a cadeira e o trabalho com o fragmento de *Orghast*, apresentei o material para Oida, que observou: "Ok. Agora selecione o que deve ser mantido, e descarte o resto". Duas horas mais tarde mostrei a ele as partes editadas e ele fez a mesma observação. Esse processo continuou e ele repetiu o mesmo pedido. Dois dias depois, a sequência inteira havia sido reduzida, de quinze para três minutos. Percebi então que a redução não estava relacionada ao tempo em si. O fato é que o material que permaneceu era aquele que ressoava realmente em mim; a sequência final representa o material que funcionava como um gerador de ações psicofísicas, em que meus processos interiores e exteriores estavam integrados, e nesse sentido a exploração do *jo-ha-kyu* cumpriu um papel importante no processo. Ao explorar esse princípio, as ações revelaram potencialidades expressivas que não havia percebido até então, e tal fato modificou a maneira como tais ações passaram a ser atuadas. Sobre essa exploração, Oida comentou: "você deve saber o momento que deve desenvolver sua ação exterior, e o momento que deve permanecer imóvel. A ação não se interrompe, ela se torna mais concentrada". Eu deveria, assim, explorar momentos de imobilidade que poderiam ser considerados ápices de minhas ações.

No estágio seguinte do trabalho, eu deveria detalhar minha sequência de ações psicofísicas que durava três minutos. No início foi difícil lidar com esse processo, sobretudo porque como apontado por Oida, o ator deve selecionar os detalhes que ele desenvolverá: "quando você conhece o material que você irá trabalhar, você deve selecionar detalhes a fim de desenvolvê-los". Nesse ponto eu então perguntei a ele: "Como posso escolher os detalhes que preciso desenvolver? Todos eles parecem ser importantes".

Oida respondeu: "Quanto mais você trabalha com o material, mais você percebe que há muitas diferenças internas contidas nele. Então, você verá que, internamente, o material é formado por detalhes que não têm o mesmo valor, a mesma importância. Desse modo você perceberá quais são os detalhes que você precisa desenvolver".

Oida me pediu, então, para dar continuidade a esse processo de diferentes maneiras, algumas vezes dilatando minhas ações, noutras, reduzindo-as, miniaturizando-as. Além do mais, ele disse para que eu concentrasse a energia em diferentes partes de meu corpo, enquanto a ação era desenvolvida. Observou que esse modo de trabalhar poderia ser útil porque os detalhes a seu ver não podem ser selecionados intelectualmente. Ao desenvolver minhas ações dessa maneira, dirigi minha atenção para processos perceptivos que envolveram tensão muscular, sensação e posição corporal, e tais aspectos me ajudaram a perceber quais eram os detalhes que deveriam ser escolhidos. Nesse sentido, Oida comentou ainda: "Não tenha consciência somente das circunstâncias que envolvem as suas ações, pense sobre o fio que o conecta ao céu e à terra". Eu deveria voltar minha atenção para diferentes aspectos, e assim perceber que o material pode ser explorado em muitos níveis, gerando assim várias camadas.

No último dia de trabalho do *workshop* ocorrido em Roma, antes da apresentação das partituras de ações criadas por cada ator, Oida comentou sobre a maneira como o *self* é percebido em relação ao vazio na cultura japonesa, aspecto esse examinado pelo filósofo japonês Watsuji Tetsurô. Ele observou que uma qualidade de vazio permeia também a relação entre o ator e o público. Assim, o vazio ajuda o ator a perceber o público, a ajustar suas ações, e a estar completamente presente no que está fazendo.

APÊNDICE 221

Workshop *com Tapa Sudana – Paris (2004)*

Muitas práticas foram desenvolvidas nessa ocasião, do *tai chi* à arte do contador de histórias, dos exercícios taoístas à yoga, do trabalho com o *kéchak* (dança do transe balinesa) à exploração de canções étnicas, do trabalho com tambores japoneses (*kodô*) à utilização de máscaras. Assim, um fato significativo emergiu desde o início do *workshop* com Sudana. Enquanto certas práticas eram associadas ao desenvolvimento de habilidades de atuação, outras foram exploradas e, apesar de ligadas ao desenvolvimento de habilidades, estavam a serviço de uma função mais específica: a de desenvolver em cada ator uma pesquisa sobre si mesmo. Dentre as práticas mencionadas acima, o trabalho com o bastão exerceu um papel marcante.

Os bastões foram utilizados como "objetos vazios" durante as improvisações. De qualquer maneira, uma exploração específica ocorreu aqui. Inicialmente o trabalho com o bastão gerou muitas dificuldades, uma vez que nós, os participantes, deveríamos repetir sequências fixas de movimentos. Além de funcionar como mediadores entre corpo e espaço, no caso uma sala de ensaios, os bastões agiram como "mestres", tal como referido por Sudana. Em outras palavras, os bastões representaram um meio através do qual o indivíduo pode crescer física, espiritual e intelectualmente. De fato, corpo, emoção e pensamento constituem o já mencionado *Tri Buana* explorado por Sudana em seu trabalho como ator.

Conforme as sequências de movimentos eram praticadas, diferentes níveis de dificuldade emergiram. Dessa forma, em termos zarrillianos, o bastão se tornou progressivamente um catalisador de processos psicofísicos, de acordo com os quais a correlação entre respiração, postura e tensão muscular pode gerar diferentes níveis de conexão entre processos interiores e exteriores[3]. De fato, movimentos executados com o bastão produziram gradualmente tensões musculares específicas e geraram a necessidade de explorar diferentes modos de respiração.

---

3 Ver P. Zarrilli, What Does It Mean to "Become the Caracter": Power, Presence, and Transcendence in Asian In-Body Disciplines of Practice, em R. Schechner; W. Appel (orgs.), *By Means of Performance*, p. 131-148; P. Zarrilli (org.), *Acting (Re)considered*; P. Zarrilli, *Kathakali Dance-Drama*.

Sudana frequentemente chamou a nossa atenção para a percepção dos impulsos e para o respeito que deveríamos demonstrar ao trabalhar com o bastão. Mais do que executar desenhos de movimentos, nós éramos estimulados a focalizar pontos de contato entre processos interiores e exteriores. Nesse momento, Sudana nos pediu para "não buscarmos executar ações com o bastão". Nós deveríamos definir o que fazer a partir do contato com o bastão e não guiá-lo, não impor a nossa vontade no processo. Mas ao mesmo tempo nós deveríamos cultivar uma postura ativa, e não passiva. Com o passar dos dias notei que o bastão estava me levando a assumir atitudes não familiares, as quais eu não havia imaginado que fosse capaz de executar. Além disso, os bastões eram utilizados durante nossas conversas em grupo. Nesses casos, eles eram deixados sobre o chão em frente a cada membro do grupo, apontando para o centro do círculo formado pelos participantes. Sudana nos pedia para não olharmos para a pessoa que estava falando, mas para o centro do círculo, para onde todos os bastões convergiam.

Os bastões, portanto, exerceram múltiplas funções durante a experiência guiada por Sudana. Além de funcionar como um "objeto vazio" e como um instrumento utilizado para trabalhar fisicamente, ele foi explorado a fim de expandir as potencialidades expressivas dos atores, processo este que envolveu a produção de experiências cinéticas e o desenvolvimento da autoconsciência. Autoconsciência aqui não diz respeito somente às ocorrências individuais subjetivas, mas também à interação dinâmica entre o indivíduo e estímulos sócio-culturais e/ou ambientais. Além disso, a relação entre o ator e o bastão gerou implicações associadas com a individuação, de acordo com as quais, em termos jungianos, o indivíduo ultrapassa seu próprio ego.

Outro processo relevante experienciado na ocasião foi o trabalho com as máscaras balinesas envolvendo diferentes estágios que requerem não somente corpos flexíveis, mas também uma profunda abertura perceptiva. Por exemplo, antes de vestir uma máscara balinesa, analogamente a outras tradições orientais, o ator precisa observá-la ativamente. Ao trabalhar com as máscaras balinesas, ficou claro pra mim que essa observação ativa envolve um processo complexo no qual intuição, sensibilidade e inteligência se fundem. Em termos práticos, o processo

APÊNDICE 223

de incorporação tem início aqui, através das sensações, visualizações, associações e mudanças respiratórias, as quais são experienciadas pelo ator enquanto ele observa a máscara. Sudana mencionou ainda as regras precisas da preparação que o ator deve seguir antes de vestir a máscara balinesa. Analogamente ao processo descrito acima sobre o trabalho com os bastões, os resultados que podem ser produzidos dependem daquilo que o ator dá. Nesse sentido, o trabalho com as máscaras pode ampliar de maneira significativa a autoconsciência do ator.

No tocante ao trabalho com a arte do contador de histórias, um processo interessante ocorreu. Trabalhando com dois outros atores, um francês e um italiano, deveríamos criar uma história e improvisá-la. Dispúnhamos de vinte minutos para completar essa tarefa. Decidimos iniciar uma história com um encontro entre um mudo, um surdo e um cego, e após definir a circunstância inicial, começamos a improvisar. Logo após a apresentação, Tapa observou:

Certo, interessante. Mas quando pedi a vocês para criar uma história, eu esperava ver mais do que a sua descrição. Eu esperava ver o que há por trás dela, o que dá vida a ela. Se vocês executam somente o que a história dá a vocês, ela não está sendo desenvolvida.

Após retrabalhar nossa improvisação, nós a reapresentamos para ele. Como resultado desse processo, ele selecionou fragmentos dela e pediu que nós a remontássemos, mudando a ordem original dos fragmentos. Quando esse trabalho foi concluído, percebi que a remontagem proposta por Sudana gerou um processo em que palavras e ações não se ilustravam mutuamente; além disso, tal processo nos deu espaço para explorar qualidades expressivas, emanações sensíveis impossíveis de serem explicadas. O modo como ele remontou os materiais, enfim, nos deu a possibilidade de materializar o indizível através da atuação. Através desse processo, ficou claro para mim que para poder ir além da mera ilustração, o ator necessita produzir materiais psicofísicos, ou seja, ele precisa produzir materiais caracterizados por uma profunda integração entre seus processos interiores e exteriores. O próprio Sudana reconheceu tal fato quando observou: "se você quer desenvolver uma história você precisa antes de tudo estar completamente envolvido naquilo que está fazendo".

Em relação direta com o trabalho desenvolvido sobre a arte do contador de histórias, algumas implicações associadas com a criação de seres ficcionais emergiu durante o processo com Sudana, tal como a inter-relação entre a repetição e a exploração de detalhes. No *workshop* com Sudana a atenção aos detalhes foi extremamente estimulada. Ele me fez perceber de maneira clara que os detalhes representam elementos que caracterizam o percurso dos seres ficcionais criados pelo ator. Em outras palavras, os detalhes revelam as transformações que ocorrem com as personagens, e o ator deve ter absoluta consciência desse processo. Ao mesmo tempo, os detalhes emergem da repetição que, nesse caso, não deve remeter a uma reprodução cristalizada do que o ator já sabe, mas envolver um processo de exploração contínua. Assim, a produção de detalhes pode ser gerada através desse processo. Outro aspecto relevante referido por Sudana em relação à criação de seres ficcionais está associado a uma atitude que deve ser cultivada pelo ator. Quando o ator pensa que sabe tudo sobre a sua personagem, ele corre o risco de interromper o processo de exploração dela; consequentemente o ator precisa percebê-la como uma espécie de território desconhecido que requer ao mesmo tempo abertura perceptiva e total atenção: "se você impõe uma representação rígida de sua personagem, se pensa que já sabe tudo sobre ela, você não terá espaço para explorá-la, e como resultado não se estabelecerá um contato real com o público". Sendo assim, a personagem deve funcionar como uma fonte infinita de estímulos. O ator é um veículo através do qual a personagem emerge.

Sessões de Trabalho-Encontros-Entrevistas com Sotigui Kouyaté – Les Lilas (2004)

Sotigui Kouyaté nasceu em Mali em 1936. Não cursou uma escola de arte dramática, sua formação teatral foi transmitida pelos membros de sua cultura, os griôs, atores-contadores de história cujo trabalho não é apresentado somente em contextos

APÊNDICE

artísticos. Eles são convidados a animar várias ocasiões sociais, desde cerimônias de casamento até celebrações de eventos históricos. Porém, os griôs não são meros profissionais do entretenimento. Eles exercem uma função social importante, promovendo a coesão social e contribuindo para a preservação da própria memória cultural. Hoje em dia os griôs estão espalhados por vários países africanos, como Mali, Senegal, Gambia e Guiné (também chamado de Guiné-Conacri). Kouyaté trabalhou com vários profissionais em Mali, como Boubacar Dicko. Em 1984, passou a fazer parte do CICT, atuando em *O Mahabharata* (1985). Kouyaté colaborou com Brook em vários espetáculos, tais como *A Tempestade* (1990), *O Homem Que* (1997), *Quem Vem Lá?* (1995), *A Tragédia de Hamlet* (2000) e *Tierno Bokar* (2004). Em 2003, dirigiu *Le Pont* (A Ponte), e em 1997 fundou, com Jean-Louis Sagot-Duvauroux, Alioune Ifra Nidiaye e Habib Dembélé, o Mandeka Theatre, em Mali.

* * *

Refiro aqui a essas ocasiões nesses termos, porque eles refletem, de maneira mais precisa, como esses processos se deram com Sotigui. De fato, deveria inicialmente entrevistá-lo, mas quando nos encontramos em sua casa, próxima de Paris, as coisas foram muito além de uma simples entrevista. A entrevista se transformou em uma série de encontros que foram permeados por demonstrações de exercícios, de danças e canções produzidas pela sua cultura, a cultura dos griôs. Esses encontros envolveram um processo de transmissão de conhecimentos pragmáticos, e o fato que mais me surpreendeu foi a qualidade expressiva produzida por suas ações vocais e corporais. Longe de ser um objeto de exotização, as ações executadas por Kouyaté me tocaram de maneira particular. Essas ocasiões me possibilitaram vivenciar algo único. Se por um lado eu reconheci alguns pontos de contato com os *workshops* que já havia feito com Oida e Sudana, por outro, durante o encontro com Kouyaté, percebi a produção de uma qualidade, que pode ser definida como inocência ou ingenuidade (*naivety*).

Ao invés de ser associado com ausência de conhecimento, a ingenuidade aqui se refere a uma qualidade em que o ator está ao mesmo tempo totalmente presente e experiencia um estado de abertura. Ele envolve uma atitude que deve ser cultivada pelo ator a fim de que experiências significativas possam emergir em contato direto com o público. É exatamente assim que percebi a ingenuidade nas sessões de trabalho-encontros-entrevistas com Sotigui Kouyaté. Tal ingenuidade não pode ser dissociada do *modus operandi* da atuação. Enquanto executava suas ações vocais e corporais, Kouyaté estava concentrado ao mesmo tempo nas histórias que estava contando assim como em suas posturas corporais e variações de timbre. Tais aspectos ultrapassaram o nível utilitário que transmite somente o necessário para o estabelecimento da comunicação. Através dessas experiências, pude perceber de maneira consistente o papel exercido por essa qualidade de ingenuidade em termos práticos.

Dentre os aspectos colocados por Kouyaté em relação aos griôs, ele enfatizou a importância do trabalho sobre a palavra. Ele demonstrou técnicas de respiração que estariam relacionadas com várias explorações da palavra. Por exemplo, cada técnica de respiração pode revelar diferentes qualidades da mesma palavra. As palavras, de acordo com os griôs, quando proferidas corretamente, podem gerar um efeito de cura em muitos níveis. Nesse caso, Sotigui explorou as palavras em sua musicalidade, e esse processo teve como objetivo capturar o invisível que emana de tal exploração.

É difícil descrever as experiências vividas com Kouyaté. Nossos encontros não foram planejados antecipadamente. Temas, ideias, memórias, aspectos relacionados com a cultura dos griôs etc. surgiram do fluxo de nossas conversas. Em contraste com o que aconteceu nas experiências com Oida e Sudana, essas conversas não envolveram elementos técnicos associados com a atuação *a priori*. Técnicas de atuação representaram aqui não um ponto de partida, mas uma camada subterrânea que não pode ser vista isoladamente. Com Oida e Sudana, as habilidades técnicas eram claramente perceptíveis. Com Kouyaté algo diferente ocorreu. Suas habilidades não foram reveladas por meio do que chamamos no Ocidente de virtuosismo, mas através de ocorrências sensíveis impalpáveis. Enquanto atuava, ele revelou, por exemplo, como uma

APÊNDICE

ação muito simples pode ser carregada de energia, como a ação pode se tornar, assim, única. A transparência de Kouyaté me fez perceber de maneira específica a diferença existente entre atuar e ser. Uma questão permanece: eu vi aquilo que quis ver?

COMPONDO O INVISÍVEL: PERFORMA

As elaborações presentes em *A Cinética do Invisível* envolveram parte das experiências vividas como ator e pesquisador durante os quatro anos da minha estadia na Europa, entre 2002 e 2006, graças a uma bolsa concedida pela Capes. Como mencionado na introdução, considero esta pesquisa um desdobramento daquela feita anteriormente, que resultou em *O Ator Compositor*, publicada em 2002. Interessava na pesquisa anterior tentar perceber como a composição pode estar presente no trabalho do ator, sem que com isso se caia em soluções simplificadoras ou em modelos rígidos, aplicados automaticamente. Nesse sentido, a ação física serviu como um eixo eficaz, pois revelou que seus modos de exploração independem de poéticas e até de especificidades sócio-culturais.

Uma vez concluída essa etapa, deparei-me com a possibilidade de investigar, na prática, o trabalho do ator no teatro de Peter Brook. As razões que justificaram a escolha do tema foram precisas: o trabalho de Brook representava um campo de pesquisa desconhecido por mim até então, que envolve processos que vão muito além da busca, por parte do ator, de aplicação de técnicas de atuação. As experiências vividas então, parcialmente examinadas em *A Cinética do Invisível*, geraram assim uma ampliação de meu horizonte de interesses em relação ao trabalho do ator. O atuar passou a ser um catalisador de diferentes processos perceptivos, sensoriais, afetivos e intelectuais; e o ator, mais do que um maestro que rege confortavelmente tais processos, passou a ser uma ísca que funciona de maneira particular, pois deixa de ser um instrumento que cumpre uma função previsível e passa a ser um elemento desencadeador, que une e muitas vezes funde o pescador e a pesca.

228 A CINÉTICA DO INVISÍVEL

O Surgimento do Núcleo

O surgimento do Performa Núcleo de Pesquisa e Criação Cênica, aconteceu como um desdobramento necessário gerado pelas experiências artísticas vividas por mim no teatro e em territórios cênicos híbridos. O objetivo que motivou a fundação desse núcleo foi criar condições para o desenvolvimento de um trabalho de exploração cênica constante, que pode envolver artistas de diferentes linguagens, assim como profissionais e não-profissionais de diferentes áreas. Portanto, trata-se de um núcleo dinâmico, um espaço onde os colaboradores podem mudar de acordo com o projeto que está sendo desenvolvido.

Assim, a pesquisa e a criação cênica não podem ser dissociadas. Três são os projetos relacionados ao núcleo até o presente momento: *Silêncio, Descartes* e *All Scars are Nice and Clean* (Todos as Feridas são Belas e Limpas). Eles estão, por sua vez, profundamente associados às investigações já desenvolvidas. Dessa maneira, se o espetáculo *Silêncio* pode ser visto como a materialização cênica dos pressupostos examinados em *O Ator Compositor; Descartes* e *All Scares are Nice and Clean*, por sua vez, podem ser vistos como as primeiras explorações de processos abordados em *A Cinética do Invisível*.

Silêncio

Este trabalho representa uma etapa importante no percurso artístico do Performa. Foi o primeiro contato que o núcleo estabeleceu com um texto que pode ser considerado estruturalmente contemporâneo. De fato, o texto de Peter Handke é composto de células ou porções de discurso separados por espaços. Como abordar um texto que não oferece uma situação, não contém uma trama e não define o ser ficcional que atua as suas falas? Foi a partir destas questões que o processo criativo teve início.

Alternávamos – eu e Yedda Chaves, sob a direção de Beth Lopes – improvisações feitas a partir dos conteúdos presentes no texto, com aquelas feitas sobre a palavra. Dessa maneira, as palavras foram inicialmente exploradas a partir de suas qualidades

VENDREDI 18
SAMEDI 19
19h00
Salle Lauga
BAYONNE

Ars Teatro présente : **"SILENCIO"** de Peter Handke — **BRESIL**

• Durée : 1 h 15   Langue : Français
Mise en scène et costumes : **Beth Lopes** • Scénographie : **Marcio Tadeu** • Lumières : **Marisa Bentivegna**
Musique : **Marcelo Pellegrini** • Programmation visuelle : **Herbert Allucci**

Avec : **Matteo Bonfitto et Yedda Chaves**

Une longue table métallique ; deux convives, un homme, une femme. Le dialogue se noue ; conversations de duellistes en opposition permanente, qui stigmatisent deux visions radicalement différentes du monde : l'une féminine, exubérante, prête à enfreindre les petites règles de l'éthique, l'autre masculine, plus contenue et légaliste.
Le tout enveloppé dans un théâtre dissipé où le jeu est privilégié ; celui des corps ou celui des mots... à découvrir !

"Du théâtre expérimental, érotique, violent dont l'interprétation magistrale donne une force singulière et inespérée au texte de Handke."
Folha de S.Paulo

Basada en una novela de Peter Handke, esta conversación de adversarios en continua oposición reproduce dos visiones radicalmente diferentes del mundo. Una masculina, rigurosa, y otra femenina mucho más exhuberante.

Etengabeko oposizio batean diren bi protagonisten arteko elkarrizketa, Peter Handken elaberri batean oinarritua den " Silencio " antzezlanak gaitzezten ditu munduari buruzko bi ikuspegi erabat desberdinak. Bata gizonezkoa, zorrotza, bestea emaztezkoa, ainitzez neurriz gabekoa.

16 e 17. Silêncio, com Matteo Bonfitto e Yedda Chaves. Espetáculo apresentado no Festival Internacional Teatro a Mil, Santiago, Chile, 2001; e no Festival Internacional de Teatro de Bayonne e Biarritz, França, 2002.

18. (no alto à direita) Matteo Bonfitto – cena final de Silêncio.

sonoras, desvinculadas dos conteúdos do texto. Chegou-se assim à construção de partituras físicas e vocais, separadamente. Iniciou-se então uma nova etapa, talvez a mais difícil, em que sobrepomos as partituras físicas e vocais buscando a captação e fixação de sentidos até então desconhecidos. Na fase conclusiva da pesquisa, definiu-se a situação de base do espetáculo: uma reunião entre um homem e uma mulher, que se encontram em um escritório. A partir desta situação, ajustes foram feitos a fim de estabelecer e desenvolver a relação entre os seres ficcionais presentes no espetáculo.

A utilização do termo "seres ficcionais" não é casual. Não foram criadas personagens individualizadas, mas sim actantes. Os seres ficcionais aqui não possuem uma unidade psicológica, não se trata de um ser humano, mas sim de um catalisador de processos que podem envolver diferentes personagens, situações e procedimentos narrativos.

A operação de luz é feita inteiramente em cena pelos actantes. Feita basicamente com lâmpadas caseiras suspensas sobre uma mesa de metal, a iluminação nesse caso deixa de ter uma função simplesmente instrumental, para revelar aspectos significativos do universo ficcional que caracteriza o espetáculo. Os figurinos e adereços também seguem na mesma linha. O ser ficcional atuado por mim utiliza três óculos diferentes em determinados momentos do espetáculo. Mas a razão pela qual ele se utiliza dos óculos não é justificada objetivamente. Ele almeja manifestar, a partir da exploração de tais elementos, diferentes olhares, modos de percepção e pontos de vista. Com *Silêncio* pude compreender, de maneira mais clara, implicações relacionadas não somente ao trabalho com a dramaturgia do ator, mas também com as dramaturgias produzidas pelos outros elementos do espetáculo.

▷ *19. (página ao lado) Descartes – Diferentes versões desse espetáculo-performance foram apresentadas no Festival Internacional de Teatro São José do Rio Preto, 2001; no Studio Theatre de Londres, em 2005; e na Mostra Internacional de Artes do Sesc, em 2008. Na foto, Matteo Bonfitto atua o terceiro movimento: "Do Amor".*

Descartes

Assim como em *Silêncio*, também neste espetáculo-performance pude aprofundar o trabalho com a dramaturgia do ator. Porém, neste caso conseguimos – eu e a diretora Beth Lopes – compreender outras implicações ligadas à exploração prática de tal trabalho. Partimos da leitura da meditação quarta de Descartes "Do Verdadeiro e do Falso".

Em seguida, a partir das reflexões e discussões feitas sobre o texto original, chegamos, eu e Fernando Bonassi, à versão final do texto. Esta experiência desencadeou novas descobertas e percepções, sobretudo em função da escolha de ter como ponto de partida um texto filosófico, que não conta uma história, mas, ao mesmo tempo, é repleto de imagens.

Diante de tal quadro, iniciamos as improvisações com as ações vocais e corporais, e, com a diretora, selecionamos o material a ser detalhado. O aprofundamento da experiência com a dramaturgia do ator se deu na medida em que, assim como em *Silêncio*, a atividade de tecer uma narrativa não foi atribuída ao texto, mas sim à atuação do ator, através dos possíveis sentidos veiculados pelas suas ações vocais e corporais. Neste caso, tal tarefa se fez ainda mais árdua em função da complexidade dos conteúdos presentes no texto de Descartes. Como em *Silêncio*, é na materialidade da atuação que se

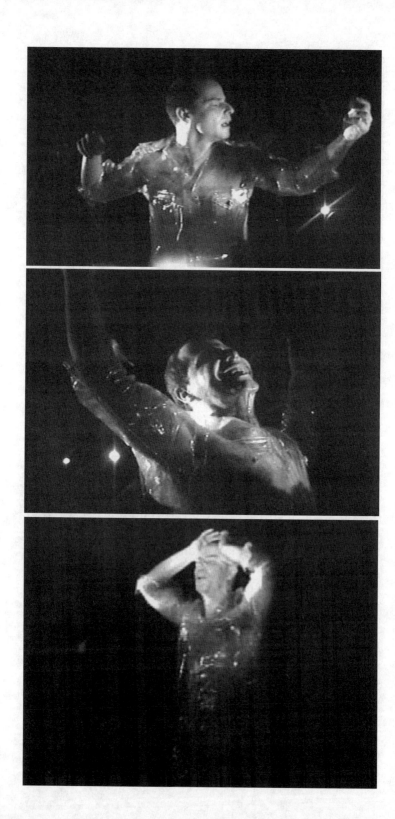

APÊNDICE   233

encontra o eixo semântico do espetáculo. Mas em *Descartes* o arco intertextual e o jogo entre os ambientes cognitivos nos fizeram procurar, em função das novas dificuldades, outros procedimentos de criação.

René Descartes foi um homem de muitas facetas. Longe de ser somente o racionalista que lançou as bases científicas presentes em várias áreas, muitas das quais utilizadas até hoje, ele investigou diferentes campos do saber. Conhecer Descartes somente pelas suas formulações matemáticas e pelo dualismo corpo/mente do *cogito*, é desconhecê-lo. De fato, ele visava perceber o humano com precisão, e diante das muitas dificuldades que encontrou, optou por uma "moral provisória", apaziguadora das dúvidas que ele mesmo havia apontado. Mais do que o fundador do racionalismo, Descartes é visto nesse projeto como um catalisador de contradições, de incertezas, de tensões, que apesar das diferenças contextuais e históricas, encontram ressonâncias profundas e perceptíveis na liquefação das experiências contemporâneas.

Descartes – Sétima Célula: Da Morte

No decorrer das sete células que compõem a estrutura narrativa, o ser ficcional criado nesse espetáculo-performance tenta materializar a busca pela transparência já em seu figurino de plástico. Deslocando-se numa passarela de linóleo amarelo, iluminada pelos espectadores com lanternas e circundado por ovos brancos, o ser ficcional age como um cego que finge ver, alguém que parece saber para onde vai, mas anda em círculos; como alguém que afirma algo com convicção, para em seguida afirmar algo diferente, com ainda mais convicção; como alguém que já não consegue manter o equilíbrio entre o pensar, o falar, o sentir e o fazer. A luz aqui, operada pelos espectadores, ofusca mais do que revela, confunde mais do que esclarece, engana. O lugar onde tal ser ficcional se materializa é a encruzilhada entre o nascimento, a ilusão, a crença, a reflexão e a morte. A alteridade aqui não está no Outro, mas

◁*20 e 21. (página ao lado)* Descartes – *Quarto Movimento: Matteo Bonfitto atua "Do Meu Encontro com Deus".*

234 A CINÉTICA DO INVISÍVEL

permeia e invade o próprio sujeito, tornando-o movediço, desconhecido.

All Scars are Nice and Clean

Em *All Scars are Nice and Clean* vários processos de atuação foram explorados. A partir de fatos reais ocorridos em diferentes contextos, sobretudo no México e na Inglaterra, pude – com o ator Victor Ramirez e sob a orientação de Alison Hodge, diretora e pesquisadora do Drama Department da Royal Holloway University of London – aprofundar na prática aspectos extraídos de minhas experiências com os atores de Brook – Yoshi Oida, Tapa Sudana e Sotigui Kouyaté. Dessa forma, a investigação sobre a arte do contador de histórias, a experimentação com diferentes modos de improvisação e o trabalho com materiais interculturais convergiram para a construção da estrutura narrativa do espetáculo.

O processo criativo foi extremamente estimulante, sobretudo em função do diálogo artístico estabelecido entre Victor, eu e Alison. No tocante ao treinamento, por exemplo, enquanto Victor transmitiu seus conhecimentos de *kalarippayattu* adquiridos com Philip Zarrilli, Alison nos estimulava aplicando princípios de trabalho desenvolvidos pelo grupo polonês Gardzienice, assim como utilizou procedimentos relacionados ao *viewpoints* de Mary Overlie e Anne Bogart. Ao mesmo tempo que tentei perceber as possibilidades expressivas das práticas propostas por Victor e Ali, resgatei processos experienciados com os atores de Brook a fim de aprofundá-los, transformá-los e reinventá-los. Tal processo ampliou meu horizonte como ator e pesquisador, possibilitando um desdobramento do trabalho feito com Oida, Sudana e Kouyaté.

All Scars are Nice and Clean – Cena Final

Dentre os pontos relevantes desse processo, percebi mais claramente as dificuldades envolvidas na abordagem do treina-

▷ *22, 23 e 24 (página ao lado).* All Scars are Nice and Clean – *Studio Theatre, 2006. Na foto, Victor Ramirez e Matteo Bonfitto.*

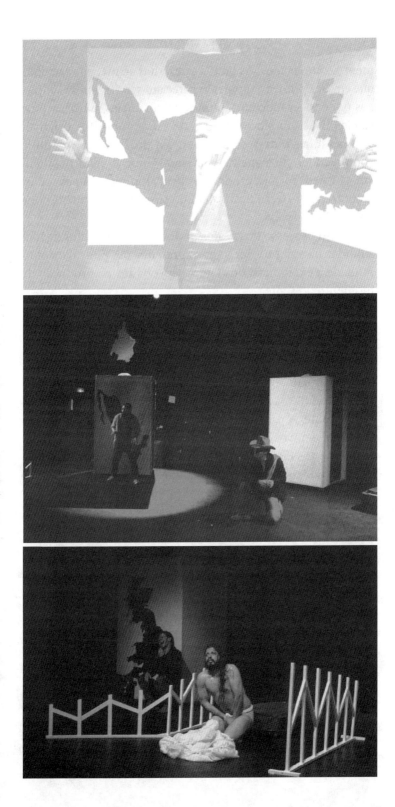

mento como *poiesis*. As práticas descritas acima, por exemplo, que em um primeiro momento pareciam ser desconexas, foram aos poucos gerando elos, pontes, ressonâncias mútuas, como se elas tivessem sido despidas de seus propósitos originais para adquirir outras conotações. Tal processo me permitiu compreender, de maneira mais clara, a noção de forma flutuante, ou seja, formas produzidas pelo ator que estão em constante transformação e vão além do simples desenho corporal ou vocal no espaço.

Se no processo de ensaios pude explorar aspectos ligados à fluidez na atuação, durante as apresentações pude dar continuidade à exploração dos fatores envolvidos na produção do momento presente.

* * *

Para o Performa, *Silêncio*, *Descartes* e *All Scars are Nice and Clean* não representam simplesmente um repertório. Esses espetáculos são territórios que podem ser explorados indefinidamente. A partir da criação de tais obras, outras questões se abrem e novos projetos artísticos começam a nascer. Independente dos materiais e dos procedimentos que serão utilizados, os processos criativos colocados em prática pelo Núcleo continuarão a ser permeados por perguntas. Algumas temporárias, e outras que serão mais resistentes ao tempo. Uma delas: como compor o invisível?

Bibliografia

Espetáculos Dirigidos por Brook e Experienciados como Espectador

A Tempestade (La Tempête) – Verona, Itália (1991)
Quem vem Lá? (Qui est là?) – Paris, França (1995)
A Tragédia de Hamlet (La Tragédie de Hamlet) – São Paulo, Brasil (2001)

Workshops, *Entrevistas e Experiências Práticas com os Atores de Peter Brook*

Workshops e entrevistas com Yoshi Oida (1991, 1999, 2003)
Workshop e entrevista com Tapa Sudana (2004)
Encontros de trabalho e entrevistas com Sotigui Kouyaté (2004)

Materiais Audiovisuais

Moderato Cantabile, filme dirigido por Peter Brook em 1960.
Lord of the Flies, filme dirigido por Peter Brook em 1963.
Marat/Sade, versão cinematográfica do espetáculo dirigido por Peter Brook em 1966.

238 A CINÉTICA DO INVISÍVEL

Tell Me Lies, filme dirigido por Brook em colaboração com Geoffrey Reeves, 1967.

King Lear, filme dirigido por Peter Brook, 1970.

Sur la vie – Une expérience théâtrale en Afrique, filme dirigido por Brook, produzido pelo Office de Radiodiffusion -Télévision Française (ORTF) e CIRT, 1974.

Timon d'Athènes, arquivo audiovisual da Université Sorbonne Nouvelle – Paris III.

Les Iks, arquivo audiovisual da Université Sorbonne Nouvelle – Paris III.

Meetings with Remarkable Men, filme dirigido por Peter Brook, 1979.

Stages: Peter Brook and the CICT in Australia, produzido pela Macau Light Films, 1980.

La Tragédie de Carmen, filme dirigido por Peter Brook, 1983.

The Mahabharata, filme dirigido por Peter Brook (com making of), 1989.

Peter Brook: autour de l'espace vide, três filmes dirigidos por Jean-Gabriel Carasso e Mohamed Charbagi. Paris: CICT/ANRAT, 1992.

I cinque sensi del teatro, documentário produzido pela RAI e pelo Centro per la sperimentazione e la ricerca teatrale di Pontedera, Itália, 1994.

Brook by Brook: A portrait intime. Documentário dirigido por Simon Brook; e *The Tragedy of Hamlet*, versão cinematográfica do espetáculo dirigido por Brook. Paris: ARTE DVD, 2004.

Fontes Eletrônicas

JSTOR

BARBA, Eugenio; SANZENBACH, Simonne. The Kathakali Theatre. Publicado originalmente em *The Tulane Drama Review*, v. 11, n. 4, verão 1967.

COWARD, Harold. Derrida and Bhartrhari's Vākyapadiya on the Origin of Language. Publicado originalmente em *Philosophy East and West*, v. 40, n. 1, jan. 1990.

CROYDEN, Margaret. The Exploration of the Ugly: Brook's Work on *Oedipus*. Entrevista com Colin Blakely. Publicado originalmente em *The Drama Review*, v. 13, n. 3, primavera 1969.

_____. Peter Brook's *Tempest*. Publicado originalmente em *The Drama Review*, v. 13, n. 3, primavera 1969.

FRICKER, Miranda. Intuition and Reason. Publicado originalmente em *The Philosophical Quarterly*, v. 45, n. 179, abr. 1995.

MAROWITZ, Charles. Lear Log. Publicado originalmente em *The Tulane Drama Review*, v. 8, n. 2, inverno 1963.

_____. Notes on the Theatre of Cruelty. Publicado originalmente em *The Tulane Drama Review*, v. 11, n. 2, inverno 1966.

RICHIE, Donald. *A MidsummerNight's Dream* by The Royal Shakespeare Company. Publicado originalmente em *The Tulane Drama Review*, v. 15, n. 2, primavera 1971.

ZARRILLI, Philip. The Aftermath: When Peter Brook Came to India. Publicado originalmente em *The Drama Review*, v. 30, n. 1, primavera 1986.

BIBLIOGRAFIA   239

_____. For Whom Is the "Invisible" Not Visible?: Reflections on Representation in the Work of Eugenio Barba. Publicado originalmente em *Tulane Drama Review*, v. 38, n. 1, primavera 1988.

Internet em Geral

BROOK, Peter. Does Nothing Come from Nothing? Ernest Jones Lecture, palestra dada por Peter Brook em 13 de Junho de 1994 no The Edward Lewis Theatre, UCL, London. Publicada em *The British Psycho-Analytical Society Bulletin*, London, v. 34, n. 1, 1998. Disponível em: < http://nicol.club.fr/ciret/bulletin/b15/b15c1.htm >. Acesso em: 31 mar. 2009.

THE NANCHO CONSULTATIONS. Nancho Consults Peter Brook: On Audience, Energy, and Alchemical Communion. Disponível em: <www.nancho.net/advisors/brook.html>. Acesso em: 31 mar. 2009.

HELLWEG, John. Peter Brook's *The Mahabharata*: The Exigencies of Intercultural and Intersemiotic Translation. Disponível em: <www.smith.edu/metamorphoses/hellweg.htm>. Acesso em: 10 out. 2005.

MAROWITZ, Charles. Peter Brook at Eighty. *Swans Commentary*. Disponível em: <www.swans.com/library/art11/cmarow19.html>. Acesso em: jan. 2009.

Fontes Impressas
Artigos, Entrevistas e Palestras

BROOK, Peter. From Zero to the Infinite. *The Encore Reader*. London: Methuen & Co Ltd, n. 29, maio/jun. 1960.

_____. Search for a Hunger. *Encore*. London: Encore Publishing Company Ltd, n. 32, jul./ago., 1961.

_____. Artaud for Artaud's Sake. *Encore*. London: Encore Publishing Company Ltd, n. 47, maio/jun. 1964.

_____. Tell me Lies in America. *The Times*, 17 ago. 1968.

_____. Oh for Empty Seats!. *The Encore Reader*. London: Methuen & Co Ltd, 1974.

_____. Happy Days and Marienbad. *The Encore Reader*. London: Methuen & Co Ltd, 1974.

_____. The Sleeping Dragon. *Parabola*, v. 15, n. 3, ago. 1990.

_____. Espaces pour un Théâtre. *Le Scarabée International*, n. 2, verão, 1982.

CAMILLERI, Carmel. Culture et Societés: caractères et fonctions. *Les Amis des Sèvres*, n. 4, 1982.

DRUTMAN, Irving. Was Peter Brook Its Brain?. *The New York Times*, jan. 9, 1966.

ERTEL, Évelyne. Éléments pur une sémiologie du théâtre. *Travail Théâtral*, n. 28-29, jul./dez. 1977.

_____. De Briques… et de broc: une esthétique de l'écart, *Travail Théâtral*, n. 29-30, jan./jun. 1978.

KALMAN, Jean. Any Event Stems from Combustion. *New Theatre Quarterly*, v. 8, n. 30, maio 1992.

240 A CINÉTICA DO INVISÍVEL

MAROWITZ, Charles. Notes on the Theatre of Cruelty. *The Tulane Drama Review*, n. 21, 1964.

MELROSE, Susan. The Vanishing or Little Erasures without Significance?. *Performance Research*, v. 11, n. 2, jun. 2006.

_____. Intuition. *Performance Research*, v. 11, n. 3, set. 2006.

MEYRICK, Julian. The Limits of Theory: Academics versus Professionals Understanding of Theatre Problems. *New Theatre Quarterly*, v. 19, n. 3, ago. 2003.

PAVIS, Patrice. El Gestus Brechtiano y sus Avatares en la Posta en Escena Contemporanea. *Revista de la Asociación de Directores de Escena de España*, Madri, n. 70-71, out., 1998.

Livros e Materiais não Publicados

ARISTOTLE. *Metaphysics*. Oxford: Clarendon Press, 1971.

ARTAUD, Antonin. *O Teatro e Seu Duplo*. São Paulo: Max Limonad, 1974.

ASLAN, Odette (org.). *Les Corps en jeu*. Paris: CNRS, 1994.

AUERBACH, Erich. *Mimesis: A Representação da Realidade na Literatura Ocidental*. 5. ed. São Paulo: Perspectiva, 2007.

BABLET, Denis (org.). *Krejča-Brook*. Paris: CNRS, 1982 (col. Arts du spectacle, série Les Voies de la création théâtrale, v. 10).

BACHELARD, Gaston. *The Poetics of Space*. Boston, Massachusetts: Beacon Press, 1994.

BADIOU, Alain. *Being and Event*. London / New York: Continuum, 2005.

_____. *Theoretical Writings*. Editado por Ray Brassier and Alberto Toscano. London / New York: Continuum, 2006.

BANU, Georges (org.). *Brook*. Paris: CNRS Editions, 1985, (col. Arts du spectacle, série Les Voies de la création théâtrale, v. 13).

_____. *Peter Brook: de* Timons d'Athènes *à* Hamlet. Paris: Flammarion, 2001.

BARTHES, Roland. *S/Z: An Essay*. New York: Hill and Wang, 1975.

_____. *Image, Music, Text*. New York: Hill and Wang, 1977.

_____. *Camera Lucida: Reflections on Photography*. London: Vintage, 2000.

BAUMAN, Zygmunt. *Liquid Modernity*. Cambridge: Polity, 2000.

_____. *Liquid Life*. Cambridge: Polity, 2005.

BELTRAME, Paola. *C'è un Segreto tra Noi. Sotigui Kouyaté: il racconto di un Griot a contatto con l'Europa*. Pisa: Titivillus, 1997.

BENJAMIN, Walter. *Illuminations*. New York: Schocken Books, 1969.

BENNINGTON, Geoffrey. *Lyotard: Writing the Event*. Manchester: Manchester University Press, 1988.

BERGSON, Henri. *An introduction to Metaphysics*. Cambridge, Massachusetts: Hackett Publishing Company, 1999.

_____. *Matter and Memory*. New York: Dover Publications, 2004.

BERRY, Ralph. *On Directing Shakespeare: Interviews with Contemporary Directors*. London: Croom Helm, 1977.

BERRY, Cicely. *Voice and the Actor*. London: Macmillan, 1991.

BIBLIOGRAFIA 241

BONFITTO, Matteo. *Il Vuoto: Kabuki. Il lavoro dell'attore nel Teatro Kabuki*. Tesi di Laurea: Università Degli Studi di Bologna, Itália, 1992, tese publicada parcialmente.

_____. *O Ator Compositor: As Ações Físicas como Eixo: de Stanislávski a Barba*. São Paulo: Perspectiva, 2002.

BOURDIEU, Pierre. *The Logic of Practice*. Cambridge: Polity, 1990.

BRADBY, David; WILLIAMS, David; *Directors' Theatre*. London: Macmillan, 1988.

BRADBY, David; SPARKS, Annie. *Mise en Scène: French Theatre Now*. London: Methuen, 1997.

BRADBY, David; DELGADO, Maria M. (Orgs.). *The Paris Jigsaw: Internationalism and The City's Stages*. Manchester: Manchester University Press, 2002.

BRAWN, Edward. *The Theatre of Meyerhold*. London: Methuen, 1979.

BRECHT, Bertolt; WILLETT, John. *Brecht on Theatre*. London: Methuen, 1964.

BRECHT, Bertolt. *Scritti Teatrali vol I, II, III*. Milano: Bulzoni, 1987.

BROCKETT, Oscar G.; HILDY, Franklin J. *History of the Theatre*. London: Allyn & Bacon, 1999.

BROOK, Peter. *The Empty Space*. Harmondsworth: Pelican Books, 1972.

_____. *The Shifting Point*. London: Harper & Row, 1987.

_____. *Conversations with Peter Brook 1970-2000*. London: Harper & Row, 2003.

_____. *The Open Door*. New York: Theatre Communications Group, 1995.

_____. *Threads of Time*. London: Methuen, 1998.

_____. *Evoking Shakespeare (and forgetting!)*. London: Nick Hern Books, 2002.

BROOK, Peter; ESTIENNE, Marie-Hélène. *L'Homme qui* suivi de *Je suis un phénomène*. Arles: Actes Sud – Papiers, 1998.

BROOK, Peter; DALE, Moffitt. *Between Two Silences: Talking with Peter Brook*. New York: Southern Methodist University Press, 1999.

CALVERT, Albert F. *Goya*. London: Arts Collection, 1908.

CASSADY, Marsh. *The Art of Storytelling*. Colorado: Merther Publishing Ltd, 1994.

CHAH, Ajahn. *Being Dharma: The Essence of the Budda's Teachings*. Prefácio de Jack Kornfield. Boston: Shambhala Publications, 2001.

CLEARY, Christopher. *Swampland Flowers: Letters and Lectures of Zen Master Ta Hui*. London: Grove, 1977.

COBLEY, Paul. *Narrative*. London: Routledge, 2001.

COWARD, Harold G. *Mantra: Hearing the Divine in India and America*. New York: Columbia University, 1996.

CROYDEN, Margaret. *Conversations with Peter Brook 1970-2000*. London / New York: Faber and Faber, 2003.

CSIKSZENTMIHALYI, Mihaly. *Flow: The Psychology of Optimal Experience*. New York: Harper & Row, 1990.

DAINTITH, John. *Oxford Dictionary of Physics*. Oxford: Oxford University Press, 2005.

DELEUZE, Gilles; GUATTARI, Félix. *A Thousand Plateaus: Capitalism and Schizophrenia*. Tradução inglesa de Brian Massumi. London: The Athlone Press, 1988.

DELEUZE, Gilles. *Lógica do Sentido*. 4. ed. São Paulo: Perspectiva, 2007.

242 A CINÉTICA DO INVISÍVEL

_____. *The Fold: Leibniz and the Baroque*. Minneapolis: University of Minnesota Press, 1992.

_____. *Francis Bacon: The Logic of Sensation*. London: Continuum, 2003.

DE MARINIS, Marco. (org.). *Drammaturgia dell'attore*. Porretta Terme: I Quaderni del Battelllo Ebbro, 1997.

DENNETT, Daniel. *Kinds of Minds*. New York: HarperCollins Publishers, 1996.

FELDENKRAIS, Moshe. *Awareness through Movement*. New York: HarperCollins, 1990.

_____. *The Potent Self*. Berkeley: North Atlantic Books, 2002.

FOSTER, E. M. *Aspects of the Novel*. London: Edward Arnold, 1927.

GENETTE, Gérard. *Narrative Discourse*. Oxford: Blackwell, 1980.

GEORGE, David. *Buddhism as/in Performance*. New Delhi: D. K. Printworld, 1999.

GHIKA, Matila C. *The Geometry of Art and Life*. New York: Dover, 1977.

GIANNACHI, Gabriella; LUCKHURST, Mary (org.). *On Directing: Interviews with Directors*. London: Faber and Faber, 1999.

GOFFMAN, Erving. *The Presentation of Self in Everyday Life*. London: Penguin Books, 1969.

GREIMAS, Algirdas J. *Narrative Semiotics and Cognitive Discourses*. London: Pinter, 1990.

GREIMAS, Algirdas J.; COURTÉS, Joseph. *Dictionnaire raisonné de la théorie du langage*. Paris: Hachette, 1993.

GROTOWSKI, Jerzy. *Towards a Poor Theatre*. London: Methuen and Co, 1968.

GURDJIEFF, Georges Ivanovitch. *Gurdjieff parle à ses élèves*. Monaco: Éditions du Rocher, 1995.

_____. *Meetings with Remarkable Men*. London: Routledge / Keegan Paul, 1963.

HALL, Edward T. *The Hidden Dimension*. London: The Bodley Head Ltd, 1966.

HALLAM, Elizabeth; STREET, Brian V. (org.). *Cultural Encounters: Representing Otherness*. London / New York: Routledge, 2000.

HARPHAM, Geoffrey Galt. *On the Grotesque*. New Jersey: Princeton University Press, 1982.

HEIDEGGER, Martin. *The Question Concerning Technology and Other Essays*. New York: Harper & Roll, 1977.

HEILPERN, John. *Conference of the Birds*. London: Faber and Faber, 1977.

HELFER, Richard; LONEY, Glenn. *Peter Brook: Oxford to Orghast*. Amsterdam: Harwood Academic Publishers, 1998.

HERRIGEL, Eugen. *Zen in the Art of Archery*. New York: Vintage, 1999.

HODGE, Alison (org.). *Twentieth Century Actor Training*. London / New York: Routledge, 2000.

HOLLOWAY, John. *Narrative and Structure: Exploratory Essays*. Cambridge: Cambridge University Press, 1979.

HUNT, Albert; KUSTOW, Michael; REEVES, Geoffrey. *The Book of us*. London: Calder and Boyars Ltd, 1968.

HUNT, Albert; REEVES, Geoffrey. *Peter Brook*. Cambridge: Cambridge University Press, 1995.

JOHNSTONE, Keith. *Impro for Storytellers*. London: Faber and Faber, 1999.

BIBLIOGRAFIA 243

JONES, Edward Trostle. *Following Directors: a study of Peter Brook*. London: Peter Lang Publishing, 1985.

JUNG, Carl Gustav. *Man and his Symbols*. London: Aldus, 1968.

_____. *Analythical Psychology*. London: Routledge, 1990.

_____. *The Archetypes and the Collective Unconscious*. London: Routledge, 1990.

KAPROW, Allan. *Assemblage, Environments & Happenings*. New York: Harry N. Abrams Publishers, 1966.

KEARNEY, Richard. *On Stories*. London / New York: Routledge, 2001.

KOMPARU, Kunio. *The Noh Theatre: Principles and Perspectives*. Tokyo / New York: Floating World Editions, 2006.

KRISTEVA, Julia. *Language: the Unknown. An Introduction into Linguistics*. London/ Sydney/ Tokyo: Harvester-Wheatsheaf, 1989.

KUHN, Thomas S. *A Estrutura das Revoluções Científicas*. 9. ed. São Paulo: Perspectiva, 2009.

KUMIEGA, Jennifer. *The Theatre of Jerzy Grotowski*. London: Methuen, 1985.

LAKOFF, George; JOHNSON, Mark. *Metaphors We Live by*. Chicago / London: The University of Chicago Press, 1980.

LAVENDER, Andy. *Hamlet in Pieces*. London: Nick Hern Books, 2001.

LAW, Alma; GORDON, Mel. *Meyerhold, Eisenstein and Biomechanics: Actor Training in Revolutionary Russia*. Jefferson, North Carolina / London: McFarland & Company Inc, 1996.

LEACH, Robert; BOROVSKY, Victor. *A History of Russian Theatre*. Cambridge: Cambridge University Press, 1999.

LEDER, Drew. *The Absent Body*. Chicago: University of Chicago Press, 1990.

LÉVI-STRAUSS, Claude. *Structural Anthropology*. Harmondsworth: Penguin, 1972.

_____. *Myth and Meaning*. London/ New York: Routledge, 2002.

LÉVINAS, Emmanuel. *Totality and Infinity: an Essay on Exteriority*. Boston: M. Nijhoff Publishers, 1979.

LÉVY-BRUHL, Lucien. *How Natives Think*. London: Allen & Unwin, 1926.

_____. *The Soul and the Primitive*. London: Allen and Unwin, 1965.

LYOTARD, Jean-François. *The Differend: Phrases in Dispute*. Minneapolis: University of Minnesota Press, 1989.

MACNAUGHTON, Ian. *Body, Breath and Consciousness: a Somatics Anthology*. Prefácio de Peter Levine. Berkeley: North Atlantic Books, 2004.

MARRA, Michael (org.). *Japanese Hermeneutics*. Honolulu: University of Hawaii Press, 2002.

MATTHEWS, John H. *Theatre Dada and Surrealism*. Syracuse, New York: Syracuse University Press, 1974.

MARTIN, Carol; BIAL, Henry. *Brecht Sourcebook*. London / New York: Routledge, 2000.

MEI-LANG-FANG. My Life on the Stage. *Chinese Literature Monthly*, n. 11, 1961. Republicado pela ISTA (International School of Theatre Anthropology), 1986.

MERLEAU-PONTY, Merleau. *Phenomenology of Perception*. London: Routledge, 1989.

_____. *The Visible and The Invisible*. Evanston: Northwestern University Press, 1968 (trad. bras., *O Visível e o Invisível*, 9. ed., São Paulo: Perspectiva, 2009).

244   A CINÉTICA DO INVISÍVEL

MEYERHOLD, Vsevolod. *Écrits I, II*. Lausanne: L'age d'Homme, 1990.

MITTER, Shomit. *Systems of Rehearsal*. London / New York: Routledge, 1995.

MOORE, James. *Gurdjieff: A Biography*. London: Element Books, 1999.

MORAN, Dermot; MOONEY, Timothy (orgs.). *The Phenomenology Reader*. London / New York: Routledge, 2002.

MÜLLER, Carol (org.). *Le Training de l'acteur*. Paris: Actes Sud-Papiers, 2000.

ODDEY, Alison. *Devising Theatre: a Practical and Theoretical Handbook*. London: Routledge, 1994.

OIDA, Yoshi; MARSHALL, Lorna. *An Actor Adrift*. London: Methuen, 1992.

_____. *The Invisible Actor*. London: Routledge, 1997.

OUSPENSKY, Piotr Demianovitch. *In Search of the Miraculous the Teachings of G. I.Gurdjieff*. San Diego / New York / London: Harcourt Inc, 2001.

PALMER, Wendy. *The Intuitive Body*. Berkeley: North Atlantic Books, 1999.

PANAFIEU, Bruno de (org.). *Georges Ivanovitch Gurdjieff*. Paris: L'Age d'homme, 1993.

_____. *Gurdjieff: Essays and Reflections on the Man and his Teachings*. London: Continuum, 1997.

PAUWELS, Louis. *Monsieur Gurdjieff*. Paris: Albin Michel, 1996.

PAVIS, Patrice. *O Teatro no Cruzamento de Culturas*. São Paulo: Perspectiva, 2008.

_____. (org.). *The Intercultural Performance Reader*. London / New York: Routledge, 1996.

_____. *Dicionário de Teatro*. 3. ed. Tradução dirigida por J. Guinsburg e Maria Lúcia Pereira. São Paulo: Perspectiva, 2008.

_____. *A Análise dos Espetáculos*. 2. ed. Tradução de Sérgio Salvia Coelho. São Paulo: Perspectiva, 2008.

PICON-VALLIN, Béatrice. *Meyerhold*. Paris: CNRS, 1990 (Col. Arts du spectacle, série Les Voies de la création théâtrale v. 17).

POLLASTRELLI, Carla; FLASZEN, Ludwik (orgs.). *O Teatro Laboratório de Jerzy Grotowski 1959-1969*. São Paulo: Perspectiva / Sesc, 2007.

REDHEAD, Steve. *The Paul Virilio Reader*. Edinburgh: Edinburgh University Press, 2004.

REICH, Wilhelm. *The Sexual Revolution: Toward a Self-Governing Character Structure*. Tradução de Theodore P. Wolfe. London: Vision, 1969.

_____. *The Impulsive Character and Other Writings*. New York: New American Library, 1974.

RICHARD JONES, David. *Great Directors at Work: Stanislavsky, Brecht, Kazan and Brook*. Berkeley / Los Angeles / London: University of California Press, 1986.

RICHARDS, Thomas. *At Work with Grotowsky on Physical Actions*. London / New York: Routledge, 1995.

RICOEUR, Paul. *Time and Narrative*. Chicago: Chicago University Press, 1984.

ROOSE-EVANS, James. *Experimental Theatre: from Stanislavski to Peter Brook*. London: Routledge, 1997.

SACHS, Oliver. *The Man Who Mistook His Wife for a Hat*. London: Duckworth, 1985.

SARTRE, Jean-Paul. *Psychology of the Imagination*. London: Routledge, 1995.

SASTRI, Gaurinath. *A Study in the Dialetics of Sphota*. Delhi: Motilal Banarsidass, 2005.

BIBLIOGRAFIA 245

SAUSSURE, Ferdinand de. *Course in General Linguistics*. London: Fontana, 1974.

SAVARESE, Nicola; BRUNETTO, Claudia (orgs.). *Training!* Roma: Dino Audino Editore, 2004.

SHAH, Idries. *The Sufis*. New York: Anchor books, 1971.

SCHECHNER, Richard. *Between Theatre and Anthropology*. Philadelphia: University of Pennsylvannia Press, 1985.

SCHECHNER, Richard; APPEL, Willa (orgs.). *By Means of Performance: Intercultural Studies of Theatre and Ritual*. Cambridge: Cambridge University Press, 1990.

_____. *Performance Studies: An Introduction*. London: Routledge, 2002.

SCHNEIDAU, Herbert N. *Ezra Pound: The Image and The Real*. Baton Rouge: Louisiana State University Press, 1969.

SCHUMACHER, Claude. *Naturalism and Symbolism in European Theatre: 1850-1918*. Cambridge: Cambridge University Press, 1996.

SEARLE, John R. *Intentionality: An Essay in the Philosophy of the Mind*. Cambridge: Cambridge University Press, 1983.

SELBOURNE, David. *The Making of* A Midsummer Night's Dream. London: Methuen, 1982.

SLONIM, Marc. *Russian Theatre: from the Empire to the Soviets*. London: Methuen, 1963.

SMITH, Anthony Charles H. *Orghast at Persepolis*. London: Methuen, 1972.

STANISLAVSKI, Constantin. *An Actor Prepares*. London: Eyre Methuen, 1980.

_____. *Building a Character*. London: Methuen, 1979.

_____. *Creating a Role*. New York: Theatre Arts Books, 1961.

_____. *My Life in Art*. London: Eyre Methuen, 1980.

STCHERBATSKY, Theodore I. *The Central Conception of Buddhism*. London: Royal Asiatic Society, 1928.

STORRY, Richard. *The Way of The Samurai*. New York: Putnam Pub Group, 1986.

SUZUKI, Daisetz Teitaro. *The Zen Doctrine of No-Mind: the Significance of the Sūtra of Hui-neng*. London: Rider & Co, 1969.

TODD, Andrew; LECAT, Jean Guy. *The Open Circle: Peter Brook's Theatre Environments*. London: Faber, 2003.

TOPORKOV, Vasily. *Stanislavsky in Rehearsal: The Final Years*. New York: Theatre Arts Books, 1979.

TREWIN, John. *Peter Brook: A Biography*. London: Macdonald, 1971.

TURNBULL, Colin. *The Mountain People*. London: Cape, 1973.

TURNER, Victor W. *The Ritual Process*. Harmondsworth: Penguin Books, 1969.

_____. *From Ritual to Theatre*. New York: Performing Arts Journal, 1982.

VACIS, Gabrielle. *Awareness: Dieci Giorni com Jerzy Grotowski*. Milano: Scuola Holden, 2002.

VAN GENNEP, Arnold. *Rites of Passage*. London: Routledge & Kegan, 1960.

VIRILIO, Paul. *Esthétique de la disparition*. Paris: Galilée, 1989.

VIRMAUX, Alain. *Artaud e o Teatro*. São Paulo: Perspectiva, 2000.

VYAS, Chandra S.; DHARMAKIRTI. *Buddhist Theory of Perception*. Columbia: South Asia Books, 1992.

246 A CINÉTICA DO INVISÍVEL

WEISS, Gail; HABER, Honi Fern (orgs.). *Perspectives on Embodiment*. New York / London: Routledge, 1999.

WILLIAMS, David (org.). *Peter Brook: A Theatrical Casebook*. London: Methuen, 1988.

_____. (org.). *Peter Brook and The Mahabharata: Critical Perspectives*. London / New York: Routledge, 1991.

WILSON, Michael. *Storytelling and Theatre*. New York: Palgrave MacMillan, 2006.

YOGANANDA, Paramhansa. *Autobiography of a Yogi*. New York: The Philosophical Library, 1946.

YUASA, Yasuo. *The Body: Toward a Eastern Mind-Body Theory*. Albany: State University Press of New York, 1987.

ZARRILLI, Philip (org.). *Acting (Re)considered: A Theoretical and Practical Guide*. London: Routledge, 1995.

_____. *Kathakali Dance-Drama: Where Gods and Demons come to Play*. London / New York: Routledge, 2000.

ZEAMI MOTOKIYO. *Kadensho*. Kyoto: Sumiya-Shinobe Publishing Institute, 1968.

MATTEO BONFITTO

Ator, diretor e pesquisador teatral. Atuou em vários espetáculos no Brasil e no exterior. Publicou artigos sobre os processos de atuação e é autor de *O Ator-compositor* (Perspectiva, 2002). Fundador do Performa – Núcleo de Pesquisa e Criação Cênica.

ARTE DO ATOR NA PERSPECTIVA

A Arte do Ator
  Richard Boleslavski (D246)

João Caetano
  Décio de Almeida Prado (E011)

Uma Atriz: Cacilda Becker
  Nanci Fernades e Maria Thereza
  Vargas (orgs.) (E086)

Sobre o Trabalho do Ator
  M. Meiches e S. Fernandes (E103)

O Ator no Século XX
  Odette Aslan (E119)

O Ator Compositor
  Matteo Bonfitto (E177)

O Papel do Corpo no Corpo do Ator
  Sônia Machado Azevedo (E184)

*As Máscaras Mutáveis do Buda
Dourado*
  Mark Olsen (E207)

O Ator como Xamã
  Gilberto Icle (E233)

A Terra de Cinzas e Diamantes
  Eugenio Barba (E235)

A Cinética do Invisível
  Matteo Bonfitto (E268)

Eleonora Duse: Vida e Arte
  Giovanni Pontiero (PERS)

Ninguém se Livra de seus Fantasmas
  Nydia Lícia (PERS)

Dicionário de Teatro
  Patrice Pavis (LSC)

*Dicionário do Teatro Brasileiro:
Temas, Formas e Conceitos*
  J. Guinsburg, João Roberto Faria
  e Mariângela Alves de Lima (orgs.)
  (LSC)

História Mundial do Teatro
  Margot Berthold (LSC)

Este livro foi impresso em agosto de 2009,
nas oficinas da Cherma Indústria da Arte Gráfica,
em Guarulhos, para a Editora Perspectiva S.A.